KB216822

의사는 이렇게도 일한다

의사는 이렇게도 일한다

이해원 지음

가운을 벗은,
진료실 밖에서 길을 찾은 의사들

청년의사

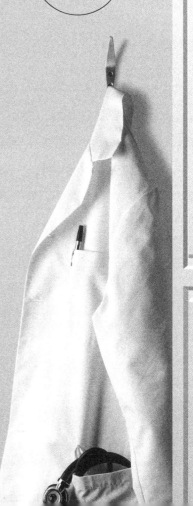

프롤로그

의과대학에 진학하는 순간부터 나는 당연히 의사가 될 것이라고 생각했다. 선배들을 통해 의사가 어떻게 살아가는지 알게 되면서 나 역시 비슷한 삶을 살게 될 것이라고 여겼다.

그런데 의사 선배들은 일에 치여 살았고, 늘 피곤해 보였다. 개원한 선배들은 의사인 동시에 자영업자였기에, 환자 진료만 보는 것이 아니라 잡다한 온갖 일을 처리해야 했다. 대학병원 교수로 일하는 선배들, 그중에서도 필수의료과 의사들은 한밤중이나 주말에도 응급콜을 받아야 했다. 국내에 주5일 근무가 정착된 이후에도 의사들 대부분은 주말까지 일했고, 병원을 비우고 맘 편히 휴가 한번 다녀오지 못했다.

의사는 대부분의 시간을 진료실에서 보낸다. 한국 의사들이 1년에 진료하는 환자의 수는 6천 명 이상으로 경제협력개발기구(OECD) 평균의 세 배가 넘는 수준이다. 의사는 힘들고, 그의 가족은 행복하다는 시절이었다. 내가 봐왔던 의사 선배들은 진료실에서 묵묵히 환자를 돌보며 자신에게 주어진 의무를 다했던 성실한 전문가였다.

에너지가 넘쳤던 20대의 나는 종일 진료실에 앉아 환자를 응대할 자신이 없었다. 계획을 세우고 차근차근 일하기보다는 벼락치기로 후다닥 끝내는 '효율성'을 추구하는 스타일이었다. 새로운 경험을 하고 열정적인 사람들을 좋아했으며, 멈추지 않고 끝없이 변화하는 것이 '성장'이라고 생각했다. 그래서였을까. 나는 의사로 살아가야 할 미래에 대해 회의감을 느끼곤 했다. 정신과 의사는 환자를 위해 한결같은 모습으로 같은 자리에 있어야 한다는데, 나는 그럴 자신이 없었다. 오랜 세월을 환자와 함께 늙어가면서 삶을 공유한다는 선배들이 존경스러웠지만, 아무래도 나는 그렇게 좋은 의사가 될 수 없을 것 같았다. '의사의 삶'이란 내 안에 일렁이는 물결을 애써 가라앉히며 살아가야 할 것 같았다. 의사 가운에 나를 맞춰가는 일이 쉽지 않을 것 같았다. 그래서 고민이 깊어졌다.

그러다가 우연히 제약회사의 구인 광고를 보았다. '제약회사에서 정신과 의사를 구한다고?' '제약회사에서 의사는 무슨 일을 할까?' 호기심이 솟구쳤다. 여기저기 물어보고 싶었지만, 당시 내 주변에는 제약회사에서 일하는 의사가 없었다. 지금처럼 인터넷에서 정보를 찾기도 어려운 때였다.

무슨 일을 하는지도 모르면서 무작정 하고 싶다는 마음이 들었다. 기대와 설렘 반, 간절함 반으로 지원했다. 도전 자체로도 좋은 경험이 될 것 같았는데, 입사가 확정되었다는 연락을 받고는 정말로 기뻤던 기억이 생생하다. 의사의 삶에 대한 고민과 결정을 미룬 채 먼 길을 돌아가는 것 같았지만 새로운 기회가 주어진 것에 감사했다.

그렇게 시작된 회사생활에서는 설레임과 동시에 문화적 충격을 느꼈다. 의사로서 병원에서만 일했던 나에게는 이곳에서의 생활이 때로는 신선했고, 때로는 이해하기 어려웠다. 정신과 전문의로서 의학적 지식을 뽐낼 만한 근사한 업무를 기대했으나, 당장은 이메일을 작성하는 법부터 배워야 했다. 병원에서는 전문가였으나, 이곳에서는 새내기 직장인일 뿐이었다. 회사 내에서의 커뮤니케이션부터 업무 방식, 팀워크, 시간관리, 성과평가까지 모든 것이 배움의 과정이었다. 날마다 새로운 프로젝트, 끝나지 않는 일정, 팀 사이의 갈등과 회사 내 정치까지 나의 한계를 시험하는 나날이었다. 그러나 어느 순간 스스로 조금 성장했음을 알 수 있었다. 새로운 업무가 주는 긴장감, 좋은 동료들과 함께하는 즐거움, 프로젝트의 성공과 실패를 통해 성취감을 느끼며, 어느새 나는 제약의사로서의 생활을 즐기고 있었다.

이곳에서는 '의사'로서의 새로운 가치를 실현할 수 있었다. 더 이상 진료실에서 한 명 한 명의 환자를 치료하지는 않지만, 다른 방식으로 세상에 기여할 수 있었다. 의사가 걸을 수 있는 수많은 길 중 하나이지만 나에게 맞는 길임을 확신하게 되었고, 이런 기회를 가질 수 있음에 정말 감사했다.

그렇게 나는 제약회사에서 16년을 일했다. 이제는 직업란에 '의사'가 아닌 '회사원'이라고 적는 것이 자연스럽다. 개인적인 경험을 공유해도 될지 망설이다가 이제야 책을 쓰게 된 이유는 다음과 같다.

첫 번째로, 후배 의사들에게 조금이나마 도움이 되고 싶었다. 다양한 진로를 궁금해하고, 새로운 길로 나아가고 싶어 하는 젊은 의사들이 점점 늘어나고 있다. 특히 2024년의 대한민국은 의료계와 의사들의 미래에 암울함이 가득한 해였다. 의대생과 전공의, 젊은 의사들뿐만 아니라 의사가 되고 싶어 하는 수험생, 자녀를 의대에 보내고자 하는 학부모들까지 의사의 미래에 대해 걱정이 많다.

의사들은 정해진 코스를 벗어나는 삶에 대해 두려움을 가지고 있다. 의사들은 의학적 지식 외에는 다른 준비가 부족한 채로 사회에 첫발을 내디딘다. 나 또한 처음 회사생활을 시작했을 때 모든 것이 낯설고 서툴며 혼란스러웠다. 이상한 나라에서 길을 잃은 기분이랄까. 좀 더 많은 정보가 있었더라면, 혹은 좋은 멘토가 있었더라면 훨씬 수월하게 회사 생활에 적응했을 것 같다. 그렇기 때문에 후배들에게 내가 겪었던 시행착오를 조금이라도 줄여주고 싶은 마음이다.

무엇보다 의사로서의 역할은 환자 진료에만 국한되지 않으며 다양한 방법을 통해 세상에 기여할 수 있다는 사실을 말하고 싶었다. 후배 의사들이 자기만의 길을 스스로 개척할 수 있는 용기를 갖길 바란다. 이 책을 통해 조그마한 아이디어라도 얻을 수 있다면 정말 기쁠 것 같다.

두 번째로는, 의사의 새로운 역할에 대한 고민이 있었다. 의사라는 직업은 오랫동안 '전문성'의 상징이었다. 오랜 교육과 훈련을 통해 얻는 지식, 사람의 생명을 다루는 막중한 책임, 환자와의 긴밀한 신뢰 관계, 이 모든 것이 의사의 역할을 특별하고 필수적으로 만들어왔다. 그러나 미래에는 의사의 역할이 변화하게 될 것이다.

그렇다면 과연 어떻게 달라질까? 영화의 한 장면처럼 하얀 캡슐에 들어가서 빛이 한 번 반짝하면 완치되는 의료 신기술이 당장 시작될 것 같지는 않다. 그러나 이미 많은 것들이 빠르게 변하고 있다. 의사의 전문적 지식에 대한 의존도와 직업적 권위는 줄어들 것이다. 기술의 발달로 인해 진단 및 치료의 많은 부분이 자동화되면서 의사의 역할도 줄어들 것이다. 환자의 치료는 팀 단위로 이루어지게 되며, 치료의 주체는 의사가 아니라 환자가 될 것이다.

이미 많은 전문가들이 미래의 의사는 '직업'이 아닌 '역할'을 중심으로 재구성될 것이라고 예측한다. 이는 의사로서의 정체성 변화를 요구하는 동시에 새로운 기회를 제시할 것이다. 전통적인 틀에서 벗어나 의사의 역할은 보다 유연하고 창의적으로 변화할 필요가 있으며, 이러한 변화야말로 우리가 준비해야 할 미래 의사의 모습이다. 이 책을 쓰면서 나는 의사의 역할을 더 넓고 유연한 관점에서 살펴보고 싶었다. 새롭고 다양한 길을 개척한 의사들의 모습을 통해, 의사의 본질과 강점, 적응력과 확장성 그리고 사회적 역할과 미래의 방향성을 들여다보고 싶었다. 그리고 미래를 준비하기 위해 지금의 나는 무엇을 해야 하는지에 대한 화두를 던지고 싶었다.

책을 처음 쓰기 시작할 때는 개인적인 경험을 바탕으로 제약의사를 소개하는 책을 구상하였다. 그러다가 함께 일했던 제약의사 동료들이 헬스케어 벤처사업으로 진출하며 겪은 성공과 실패 사례를 보면서 이러한 내용도 소개하면 좋겠다는 생각이 들었다. 회사생활을 하는 동안 만난 많은 선배 의사들 중에는 개인사업을 하는 사람도 있었고, 의학 외의 분야에서 전문가로 일하는 의사도 있었다. 이들의 이야기를 정리하다 보니, 결국은 한국에서 의사들이 하고 있는 '가능한 모든' 일에 대해 쓰게 되었다.

이 책은 진료실 밖의 여러 분야에서 일하고 있는 의사들을 소개하고 있다. 직업의 종류도, 의사도 많았기에 모든 분들의 이야기를 이 한 권에 다 담을 수는 없었다. 이 책은 다양한 분야에서 일하고 있는 의사들의 대략적인 소개와 업무 소개, 장점 및 미래 전망 등을 담고 있다. 선·후배 의사들에 대한 호칭은 '선생님'으로 통일하였으며, 자료의 출처를 정확하게 표기하려고 노력하였다. 관심이 있다면 추가적인 검색을 통해 더 많은 정보를 찾아보길 바란다.

의사라는 직업은 단지 의학적 지식을 바탕으로 환자를 치료하는 것을 넘어, 다양한 문제 해결 능력을 요구하는 직업이다. 이 책을 쓰는 동안 대한민국 의사들은 여러 분야에서도 놀라운 성과를 낼 수 있는 잠재력이 있음을 확신했다. 사실 의사의 큰 장점은 안정적인 직업이나 경제적인 보상이 아니라, 한 명의 의사로서 가질 수 있는 역량과 잠재력이다. 이는 의사가 되기 위한 교육과정을 통해 길러지고 강화된다. 이러한 성공 요소를 살펴보면 다음과 같다.

첫째, 의사들은 복잡한 문제를 분석하고 해결하는 능력이 뛰어나다. 의대 교육과정에서는 수많은 환자 케이스를 다루는데, 이는 환자에 대한 정보와 검사 결과들을 토대로 정확한 진단을 내리고 최적의 치료법을 찾는 훈련이다. MBA 과정에서 교재로 자주 활용되는 《Harvard Business Review》는 기업의 성공과 실패 사례를 분석해서 비판적 사고와 문제 해결 능력을 키우고 학생들의 경영 역량을 강화하는 필수 도구로 사용된다. 이러한 기업 사례를 분석해 보면 환자 케이스와 유사점이 있음을 알 수 있다. 제한된 정보 혹은 정보의 더미 속에서 핵심적인 단서를 찾아내고 최적의 의사결정을 내리는 방식이다.

　의사들은 이러한 문제 해결 과정과 논리적 의사결정에 익숙하다. 의사는 환자를 치료하는 과정에서 끊임없이 새로운 문제에 직면하며, 때로는 명확한 정답이 없는 상황 속에서도 최선의 해결책을 찾아야 한다. 이러한 경험은 의사들이 다른 분야에서도 탁월한 문제 해결자가 될 수 있게 한다. 의사들은 단순히 지식을 활용하는 것만이 아니라, 복합적인 상황을 빠르게 분석하고 결정을 내리는 능력을 체득했기에 비즈니스, 과학 연구, 정책 개발 등 다양한 분야에서도 그 능력을 발휘할 수 있다

　둘째, 의사들은 뛰어난 학습 능력과 끊임없는 자기개발 능력을 갖추고 있다. 평생 학습이 필요한 직업적 특성상, 의사들은 새로운 지식을 빠르게 습득하고 적용하는 데 익숙하다. 이러한 능력은 새로운 도전에 직면했을 때 강력한 무기가 된다.

　미국의 한 명문 대학에서는 첫 학기 동안 신입생들에게 감당하기 어려운 분량의 과제와 시험을 의도적으로 부여한다. 학생들은 강도 높은 학습 과정 속에서 우선순위를 정하고, 협업을 통해 부담을 줄이며, 자기관리를 통해 컨디션을 유지하는 법을 배운다. 이는 방대한 업무를 처리하는 능력을 훈련하는 과정으로, 좋은 리더가 되기 위한 핵심 역량을 몸에 익히도록 하는 것이 목적이다.

　왠지 익숙하지 않은가? 의과대학의 공부는 막대한 학습량으로 악명이 높다. 학점이 높은 과목에 우선적으로 시간과 에너지를 투자하고, 족보를 구하거나 함께 공부하는 것이 유리하기도 하다. 혼자가 아닌 팀으로 일하는 상황이 익숙하다. 그러니까 의사의 교육과정은

곧 좋은 리더를 길러내는 것과 유사한 점이 많다.

셋째, 의사들은 스트레스 관리와 위기대처 능력이 뛰어나다. 의료 현장은 언제나 긴장감이 흐르며, 때로는 한순간의 판단이 생명을 좌우할 수 있다. 응급실에서의 빠른 결정과 협업, 수술실에서 예기치 못한 상황에 대한 대처, 중환자실에서 지속적으로 집중하는 능력 등 의사들은 높은 수준의 압박 속에서 일할 수 있도록 훈련받는다. 그 결과, 다른 직업에서 흔히 마주하는 스트레스와 위기상황도 상대적으로 잘 극복할 수 있는 능력을 갖추게 된다. 의사들은 냉정함과 침착함을 유지하며 일하는 법을 배웠기 때문에 위기상황에서도 흔들리지 않고 최선의 선택을 할 수 있는 것이다.

넷째, 의사들은 책임감과 윤리적 가치관이 강하다. 물론 일부 의사들의 일탈이나 파업 등으로 인해 이러한 사실을 부정하는 사람들도 많을 것이다. 하지만 의사는 평균적으로 높은 수준의 책임감과 윤리의식을 가지고 있다. 의사들은 생명을 다루는 직업인 만큼 윤리적 판단을 최우선으로 삼도록 교육을 받았다. 어떤 선택이 환자를 위한 최선일 것인지를 고민하며, 자신이 내리는 결정의 결과를 늘 생각해야 한다. 야간 호출, 응급상황, 긴 근무시간에도 헌신과 희생이 요구된다. 이러한 책임감은 다른 분야에서 일하는 의사들이 신뢰할 수 있는 리더로 자리 잡을 수 있게 만든다. 의사들은 강한 책임 의식과 도덕적 기준을 가지고 임하기 때문에 팀을 이끄는 데 있어 중요한 역할을 할 수 있다.

이처럼 단순히 의학적 지식만이 아니라 다양한 능력과 역량을 겸비한 의사들은 새로운 도전 앞에서도 두려워하지 않는다. 그들이 가진 역량과 잠재력을 통해 다양한 분야에서 성공을 거둘 수 있다. 의사로서의 경험을 통해 자신을 단련하며, 그 과정에서 쌓아온 기술과 태도는 다른 직업에서도 유용하게 활용될 수 있을 것이라고 확신한다.

의사는 의학이라는 영역을 넘어 세상에서 더 큰 역할을 할 수 있는 무한한 가능성, 'versatility'를 가지고 있다. 이는 여러 가지 역할이나 기능을 수행할 수 능력, 한 사람이 가진 여러 가지 능력, 다양한 상황에서 유연하게 대처할 수 있는 능력을 말한다. 이를 '다재다능' 외 표현할 수 있는 적절한 한글 단어가 없는 것이 아쉽다.

이 책에서 소개하는 다재다능한 의사들은 한계가 없다는 것을 몸소 보여준다. 그들은 의학적인 전문가로서의 자질과 경험을 바탕으로, 자신의 재능과 열정을 더해 새로운 영역을 일구어 낸 사람들이다. 이들의 성향을 하나로 정의하기는 어렵다. 이들의 능력은 특정 분야에만 국한되지 않으며, 그들의 깊이 있는 지식과 다양한 경험으로 새롭게 창조되었다.

50대에 접어든 지금, 나는 진료실에서 새로운 하루를 시작하면서 감사함을 느낀다. 먼 길을 돌아 결국 처음의 내 자리로 다시 돌아온 것 같다. 이제는 환자들을 훨씬 편안한 마음으로 대할 수 있다. 일부러 나를 찾아와 주는 환자분들이 반갑고 고맙다.

현재 나는 진료 외에도 여러 가지 일을 병행하고 있다. 후배들의 진로와 이직 준비를 돕기 위해 코칭을 한다. 또한 제약의사로서의 경험이 필요한 곳에 컨설팅을 제공하며, 제약의학부의 업무를 아웃소싱 받아 프로젝트를 수행하기도 한다. 교육 프로그램을 개발하고 강의도 한다.

먼 길을 돌아온 덕분에 내가 하는 일들이 다양하고 풍성해졌다. 남들과 다른 경험을 가졌기에 할 수 있는 일들이다. 우연히 회사 구인 광고를 보고 남들과 다른 결정을 했기 때문에 가질 수 있는 기회였다.

나는 후배들에게도 새로운 기회가 있기를 기원한다. 젊은 의사들이 가질 수 있는 무궁무진한 기회와 다채로운 미래가 부럽다. 나는 한국의 젊은 의사들이 가진 잠재력과 가능성을 믿는다.

대한민국의 모든 젊은 의사들의 삶을 응원하고 새로운 선택을 지지한다. 파이팅.

차례

공무원으로 일하는 의사가 있다

의사과학자가 있다

제약회사에서 일하는 의사가 있다

벤처산업을 주도하는 의사가 있다

아이디어를 사업으로 만드는 의사가 있다

해외로 진출하는 의사가 있다

더 나은 세상을 위해 노력하는 의사가 있다

CHAPTER 10 다재다능한 의사가 있다

CHAPTER 11 무한경쟁의 시대, 의사도 브랜딩이 필요하다

의사 출신
언론인이 있다

- 의사 출신 언론인은 누구일까?
- 의학 전문기자는 누구일까?
- 의학 전문기자는 어떤 일을 할까?
- 의사 출신 의학 전문기자의 장점은 무엇일까?
- 의학 전문기자가 되기 위해 필요한 역량은 무엇일까?
- 의학 전문기자가 되려면 어떻게 해야 할까?
- 의사 출신 언론인의 미래 전망은 어떠한가?

CHAPTER 01

의사 출신 언론인은
누구일까?

의사 중에는 의학적 지식을 기반으로 대중에게 건강 정보 및 의료 관련 이슈를 정확히 전달하는 것을 본업으로 삼고 있는 언론인이 있다. 이들은 의료와 언론 분야에 전문성을 갖추었으며, 의학적 지식 외에도 글쓰기, 방송, 대중 소통 능력도 뛰어나다. 이들은 의료계와 일반 대중 사이를 연결하는 가교 역할을 하면서, 의료 관련 이슈를 공정하고 객관적으로 전달한다. 또한 의료계의 현실을 알리고 잘못된 정보가 확산되는 것을 막는 역할을 한다.

의사 출신 언론인이라고 하면 일반적으로 의학 전문기자를 떠올리지만, 기자 외에도 신문사와 출판사에서 활동하는 다양한 형태의 언론인이 있다. 의료 분야에서 가장 대표적인 언론사는 《청년의사》일 것이다. 의학 전문지 《청년의사》의 편집주간 박재영 선생님은 본과 4학년 때 뜻이 맞는 사람들과 함께 의료계의 발전과 개혁을 위해 신문사를 창간하였다. 젊은 의사 350명의 소액 후원금을 기반으로 1992년에 창간된 《청년의사》는 현재까지도 의료계의 각종 이슈를 폭넓게 다루고 심층 분석과 대안을 제시하는 의학 전문지로 자리매김하였다. 2017년에는 한국 보건의료 산업을 전문으로 다루는 영문 매체 《Korea Biomedical Review(KBR)》를 창간하여 한국의 선진 의료와 헬스케어 산업에 대한 정보를 전 세계 독자에게 제공하고 있다.

치매 정보를 중심으로 뉴스를 전하는 치매 전문 인터넷 신문사 《디멘시아뉴스》는 신경과 의사인 양현덕 선생님이 2017년에 창간했다. 신문사와 출판사는 물론 도서관까지 갖춘 치매 전문기관이다.

'치매'라는 한 분야에 집중하여 치매 관련 뉴스뿐만 아니라 학술자료 및 진료 가이드를 공유한다. 이 신문은 치매에 관한 깊이 있는 정보를 제공하고, 학문적 교류를 촉진하며, 관련 분야 전문가와 독자들에게 유용한 자료를 제공하고 있다.

정신과 의사 정정엽 선생님이 창간한 《정신의학신문》은 '의사가 알려주는 정신건강 이야기'라는 설명처럼 정신건강과 마음 이야기를 주제로 다룬다. 이 신문은 일반 독자들에게 정신건강에 대한 올바른 정보를 제공하는 동시에, 정신의학 관련 종사자들이 소통할 수 있는 공간을 지향한다. 전문성과 대중성을 아우르며 정신건강 분야에 대한 이해와 관심을 넓히는 데 기여하고 있다.

그런가 하면 출판사를 운영하는 의사 출신 언론인도 있다. 소아청소년과 의사인 강병철 선생님이 직접 운영하는 〈꿈꿀자유〉 출판사는 과학적으로 검증된 책만 출판한다는 소신을 가지고, 한국 독자에게 '올바른' 건강 서적을 제공하고 싶다는 생각으로 설립되었다. 2017년에 번역한 《인수공통 모든 전염병의 열쇠》는 메르스 사태 당시 크게 주목받지 못했지만, 코로나19 팬데믹 시기에 중요한 자료로 평가받았다. 2021년에 출간한 《자폐의 거의 모든 역사》는 자폐 환자의 가족과 그들을 응원하는 사람들의 크라우드펀딩으로 제작된 책으로, 강병철 선생님은 이 책으로 같은 해 제62회 한국출판문화상 번역 부문 수상자로 선정되기도 했다. 강병철 선생님은 현재 〈꿈꿀자유〉 내에 독립된 전문의학서적 브랜드인 〈서울의학서적〉도 함께 운영하며, 양질의 의학 정보를 제공하는 데 힘쓰고 있다.

의학 전문기자는
누구일까?

의학 전문기자는 저널리스트 중에서도 의학 및 의료 분야에 대한 전문지식을 바탕으로 의학 관련 뉴스를 취재하고 기사를 작성하는 역할을 담당한다. 이들은 최신 의학 연구 결과, 의료기술, 관련 정책 등에 대한 보도를 전문적으로 다룬다. 의학 관련 뉴스는 어려운 용어와 개념이 많아 독자들이 이해하기 쉽지 않기 때문에 의학 전문기자는 이러한 정보를 쉽게 해석하고 전달하는 역할을 한다.

기록에 따르면, 초기 여성 의사 중 한 명이자 춘원 이광수의 부인이었던 허영숙(1895~1975) 선생님은 1924년부터 1927년까지 《동아일보》 기자로 활동하며 가정 위생과 건강관리에 관한 글을 썼다. 당시 여성이자 의학 전문가로서 대중과 소통하며 건강 지식을 전파한 선구적인 사례로 평가된다.

한국에서 의학 전문기자라는 직업은 1990년대에 본격적으로 등장했다. 이는 한국 언론계에 전문기자 제도가 도입된 시기와 맞물린다. 1990년대는 인터넷의 보급과 함께 누구나 다양한 자료와 정보에 접근할 수 있게 되면서 독자들의 수준이 높아진 시기였다. 독자들은 단순히 기사를 읽는 것을 뛰어넘어 기사를 분석하고 비판할 정도로 발전했다. 동시에 무분별한 정보 확산과 베껴 쓰기 방식의 인터넷 기사가 넘쳐나면서 신뢰할 수 있는 좋은 기사에 대한 요구도 늘어났다. 이러한 배경에서 특정 분야의 전문적인 지식과 경험을 가진 기자를 양성하여 수준 높은 기사를 제공하기 위해 도입된 것이 '전문기자 제도'다. 전문기자 제도는 먼저 신문사에서 시작되었지만 곧 방송사로도 확산되었다.

《중앙일보》는 1990년대 초에 대규모로 전문기자를 채용했고, 이들은 과학, 기술, 환경, 국제경제, 정치, 예술 등 전문적 지식이 필요한 분야로 진출했다. 1992년에 《중앙일보》에서 최초로 의사 출신 의학 전문기자 홍혜걸 선생님을 채용한 이후, 각 언론사 및 방송사에서도 의사 출신 기자를 채용하기 시작했다. 2017년에는 종합일간지 중 8개 신문사와 지상파 3사(KBS, MBC, SBS)에서 의사 출신 기자가 활발히 활동하기도 했다.

현재는 주요 언론사 중 《조선일보》, 《중앙일보》와 지상파 방송사 KBS, SBS에서 약 4~5명 정도의 의사 출신 의학 전문기자가 활동하는 것으로 추정된다. 그 외 중소 규모의 언론사에서 일하는 의사 출신 기자들까지 포함하면 그 수는 좀 더 많을 것으로 예상된다.

의학 전문기자는
어떤 일을 할까?

의학 전문기자의 기본적인 업무 방식은 일반 기자와 크게 다르지 않다. 입사 후에는 보통 3~6개월의 수습 기간을 거치며, 신입기자 교육과정을 통해 기본적인 훈련을 받는다. 수습기자는 보통 사회부에 배치되어 사건 취재와 기본적인 기사 작성법을 배우며, 일부는 경찰서를 출입하면서 경험을 쌓기도 한다. 이후 정치부, 경제부 등 부서를 옮겨가며 경력을 쌓는데, 이러한 과정을 통해 사건 취재 요령, 기사 작성법 등 기자로서 필요한 기술을 배우게 된다. 수습 기간 동안 기자로서의 자질과 능력을 평가받아 일정 기준을 충족하면 정식 기자로 전환되며, 이후 의학 전문기자로서 본격적으로 활동하게 된다.

정식 기자가 되면 보통 자신의 담당 출입처로 출근하게 된다. 의학 전문기자의 경우, 주로 식품의약품안전처(식약처)나 보건복지부를 출입하게 될 것이다. 하루 일과는 각 기관의 일정, 주요 정책 발표 스케줄을 확인하는 것으로 시작한다. 이후 다른 방송국이나 뉴스 채널, 타 신문 기사에서 주요 보도 내용을 모니터링한다. 이러한 자료를 바탕으로 기사 계획안을 작성하여 보고한 후 취재에 들어가거나 자료를 찾고, 필요한 경우 취재원과 만나서 사실 확인을 한 뒤 기사를 작성한다. 기사는 정해진 마감 시간까지 초고를 제출한다. 이후 기사 초판을 확인하고 수정하면 하루 일과가 끝난다.

주요 일간지의 경우 하루 기사량이 평균적으로 200~300건 정도이며, 기자들은 보통 하루에 하나 이상의 기사를 작성하는 것으로 알려져 있다. 이 외에도 의료 관련 기획 기사를 준비하거나, 매주 혹은 격주로 발행되는 특집 기사, 정책 관련 이슈를 다루기도 한다. 기자는 개인의 이름을 걸고 고정 칼럼을 쓸 수도 있고, 경력이 쌓이면 관리자 역할을 맡을 수도 있다.

《동아일보》의 이진한 선생님은 개인 칼럼을 작성하는 동시에, 현재 정책사회부 차장으로 데스크를 담당하고 있다. 데스크란 신문사나 방송국의 편집부에서 기사의 취재와 편집을 지휘하는 직위 또는 사람을 뜻한다. 이진한 선생님은 의사 출신 기자로는 이례적으로 환경부, 기상청, 여성가족부 등 복지와 의학을 총괄하는 편집 담당자로서 활동하며,《동아일보》의학 기사의 수준을 한층 높였다는 평가를 받고 있다.

방송기자의 기본적인 업무도 크게 다르지 않다. 자료 검색과 모니터링을 통해 뉴스 아이템을 선정한 뒤 사전 취재와 제작 준비를 거쳐 현장 취재를 통해 촬영과 인터뷰를 진행한다. 이후 원고 작성, 녹음, 편집 과정을 거쳐 최종 마감을 완료하면 하루 일과가 끝난다.

기자는 대체로 매일 기사를 작성하고, 결과물을 빠르게 만들어 피드백을 받는 과정을 반복하기 때문에 업무 강도가 높고 업무 시간도 길다. 또한 취재를 위해 사람들을 만나고 정보를 업데이트하면서 전반적인 트렌드를 따라가기 위해 많은 노력이 요구된다. 이러한 업무 특성 때문에 어렵게 기자 시험에 합격했더라도 초기에 기자 생활을 포기하는 경우도 있다.

그러나 대부분의 의사 출신 기자들은 자기 일에 대한 확고한 자부심을 가지고 있으며, 자신의 직업에서 큰 보람을 느낀다. 진료실에서 의사로 일할 때는 환자 한 명 한 명을 치료하는 것에서 만족감을 느낀다면, 기자로 일할 때는 불특정 다수에게 올바른 정보를 전달하고 의료 발전에 기여하며 더 큰 영향력을 발휘한다는 점에서 보람을 느낄 수 있다.

의사 출신 의학 전문기자의 장점은 무엇일까?

의학 전문기자가 반드시 의사일 필요는 없다. 의학 분야에서 오랜 경험과 수준 높은 지식을 바탕으로 활동하는 의학 전문기자들 중에는 의사 출신이 아닌 경우도 적지 않다. 이들은 전문적인 취재와 분

의사는 이렇게도 일한다

석 능력을 통해 의학계에서 중요한 역할을 수행하고 있다.

의사 출신 의학 전문기자로서 활동한다면 어떤 점이 좋을까?

《청년의사》 박재영 선생님은 의사 출신 저널리스트의 장단점을 다음과 같이 설명한다. "의사는 의료 제도, 시스템, 병원 운영에 대해 일반인보다 많이 알기 때문에 의료 관련 이슈의 본질을 파악하는 데 유리하다. 또한 의학적인 내용의 기사를 작성하고 검수하는 데에도 강점을 발휘할 수 있다."

의사 출신 기자는 의학적인 지식을 바탕으로 관련 정보를 쉽고 빠르게 이해할 수 있으며, 쏟아지는 새로운 의학 정보와 의료 관련 문제 중에서 기사화가 필요한 이슈를 정확하게 판단할 수 있다는 강점이 있다. 이는 일반 기자에 비해 유리한 점으로 작용한다. 물론 최신 의학 트렌드를 따라잡고, 의료 관련 이슈를 빠르게 파악하기 위해서는 지속적인 학습과 업데이트가 필요하다. 또한 자신이 알고 있는 의학 정보를 일반 대중이 잘 이해할 수 있도록 쉽고 정확하게 설명하고 전달하기 위한 능력을 갖추는 것이 중요하다.

의사 출신 기자의 가장 큰 강점은 임상 경험을 바탕으로 한 통찰력이다. 이는 의학 교과서나 논문 검색을 통해 얻을 수 없는, 의사만이 가질 수 있는 깊은 이해를 제공한다. 동료 의사의 입장을 공감하는 동시에 환자의 관점에서 의료 현장을 바라볼 수 있다. 또한 의료 윤리와 법적 규정에 대한 교육을 받았기 때문에 관련 이슈를 정확히 분석하고, 이를 바탕으로 다른 기자와 차별화된 심층적 보도를 할 수 있다.

이들은 동료 의사들과의 긴밀한 네트워크를 통해 필요한 정보를 빠르게 얻고, 협력을 이끌어 내는 데 용이하다. 또한 인적 네트워크를 이용하여 관련 이슈에 대한 적절한 대안을 제시하거나, 전문가의 의견을 구하고 인터뷰를 진행하는 데에도 유리하다. 의사협회, 병원협회, 정부, 일반 시민 등 다양한 개인이나 단체의 의견을 균형 있게 듣고 종합적으로 판단하여 객관적이고 유용한 기사를 작성할 수 있다.

2018년 "한국언론학보"에 발표된 '의학 전문기자의 전문성과 언론사 조직 내에서의 업무 자율성'[1] 연구에서 심층 인터뷰를 통해 의학 전문기자의 이중적 직업 정체성과 뉴스 생산과정에서의 업무 자율성을 분석하였다. 연구 결과에 따르면, 의사 출신 의학 전문기자는 스스로를 '의학 전문가' 혹은 '의사'로서 인식하며, 의사로서의 정체성을 강하게 가지고 있는 것으로 나타났다.

예를 들어 인터뷰 대상인 A는 "의사로서, 사람들의 의학적 지식의 수준을 끌어올리기 위해서 의학 전문기자가 되었다"라고 밝히면서 의학 전문가로서의 정체성을 강조하였다. 언론사 조직 내에서 이들은 공식적으로는 일반 기자들과 같은 기사 생산 업무를 수행하지만, 비공식적으로는 의학 자문가 역할을 통해 전문가로서의 위치를 확고히 하고 있다. 의사 출신 기자들 역시 취재와 기사 작성을 통해 뉴스 생산에 참여하는 기자로서 역할을 수행한다. 이러한 기자로서의 정체성은 언론사 조직을 벗어나 외부 취재원을 접촉할 때 더욱 뚜렷하게 드러난다.

또 다른 인터뷰 대상인 D는 의사들과 접촉할 때 "의사가 중요하

---

1 한국언론학보, "의학 전문기자의 전문성과 언론사 조직 내에서의 업무 자율성", 2018년 62권 1호, C:/Users/Admin/Downloads/162188.pdf

다고 이야기해도 기자인 본인의 관점에서 볼 때는 가치가 별로 없는 경우도 많다"라고 말하며, 뉴스의 가치를 판단할 때 기자의 정체성과 언론사 규범 속에서 판단하게 된다고 설명했다.

의사 출신 의학 전문기자는 의료 관련 이슈를 전문적으로 다룰 수 있다는 점에서, 이들이 제공하는 기사에 대한 신뢰가 높아질수록 대중에게 미치는 영향력도 커진다. 의사면허만으로도 이미 전문가라는 신뢰를 얻을 수 있지만, 의사로서의 시각과 기자로서의 시각 사이의 균형 감각을 가지는 것이 매우 중요하다.

의학 전문기자가 되기 위해 필요한 역량은 무엇일까?

의사 출신 기자들의 인터뷰 기사를 보면, 대체로 외향적인 성향이 기자 생활에 유리한 것으로 보인다. 이들은 대부분 사회 전반에 관심이 많고, 다양한 사람을 만나는 것을 즐기며, 열정적이고 도전심이 강하다.

그러나 의학 전문기자가 되기 위해 우선적으로 요구되는 역량은 의학적 지식과 과학적 이해력일 것이다. 기자는 복잡한 의학 용어와 과학적 개념을 이해하고, 연구 결과를 해석하여 정확한 내용을 전달할 수 있는 능력이 요구된다.

소통 능력은 의학 전문기자에게 필수적인 역량이다. 기사는 간결하고 명확해야 하며, 독자들이 쉽게 이해할 수 있도록 적절한 비유나 예시를 활용하여 흥미롭게 전달해야 한다. 독자의 입장에서 설명할 수 있는 능력이 요구되며, 이를 위해 글쓰기와 스토리텔링 능력이 필수적이다.

의학 전문기자는 새로운 연구 결과나 보건 정책에 대해 비판적으로 사고하고 분석하는 능력을 갖춰야 한다. 이를 통해 발생할 수 있는 의료적·사회적·윤리적 문제 등을 다각적으로 고려할 수 있어야 한다. 예를 들어, 놀라운 성과를 보고하는 의학 연구가 실제로 과학적인 근거를 가진 데이터인지 분석할 수 있어야 한다. 또한 새로운 정책이 발표되었을 때 환자와 의료진 그리고 의료 재정에 미치는 영향까지 종합적으로 이해하고 보도할 수 있어야 한다.

윤리적 책임감은 의학 전문기자에게 필수적인 역량이다. 이들은 일반 대중에게 건강과 관련된 중요한 정보를 전달하기 때문에 반드시 사실에 근거한 보도를 제공해야 한다. 기자의 개인적인 편견을 배제하고 다양한 입장을 균형 있게 다루며, 상업적 압력이나 특정 이익집단의 입장을 따르지 않고 객관성을 유지해야 한다. 더 나아가 기자는 민감한 의료 정보나 개인정보를 다룰 때 환자의 권리를 우선적으로 보호하고, 보도의 사회적인 영향을 신중히 고려해야 한다. 의학 전문기자는 이러한 모든 윤리적 문제에 대해 지속적으로 고민하고 이를 기사 작성에 반영함으로써 책임 있는 언론인으로서의 역할을 수행해야 한다.

마지막으로, 빠르게 변화하는 의학 트렌드와 기술에 대한 적응력도 필요하다. 소셜 미디어와 같은 플랫폼을 통해 대중과 소통하고, 빅데이터와 인공지능 등 최신 기술을 활용한 정보 수집 및 분석할 수 있는 능력을 갖춘다면 의학 전문기자로서 경쟁력을 높일 수 있다.

의사는 이렇게도 일한다

의학 전문기자가 되려면
어떻게 해야 할까?

현재 활동하고 있는 의사 출신 기자들은 어떤 계기로 의학 전문기자가 되었을까? 우연히 의학 전문기자의 채용 공고를 보고 입사하거나, 기자 생활과 잘 맞을 거라는 주변의 권유를 받고 도전한 사례도 있다. 진로에 대해 진지하게 고민한 끝에 선택한 경우도 있고, 신문 읽기와 글쓰기를 좋아해서 기자를 꿈꿨던 이들도 있다. 이처럼 각자의 동기는 다르지만, 남과 다른 도전을 통해 의학 전문기자라는 새로운 길을 개척했다는 공통점이 있다.

의학 전문기자는 경력직으로 바로 채용되기도 하지만, 최근에는 기자 선발 시험을 통해 입사하는 경우가 많다. 정부에서 주관하는 것은 아니지만 주요 언론사 및 방송사의 시험은 경쟁률과 난이도가 높아 '언론고시'라고 불린다. 주요 언론사와 지상파 방송사는 주로 공개채용을 실시하며, 일반적으로 매년 7~9월 사이에 공고를 발표한다. 채용 정보를 확인하려면 각 언론사의 공식 웹사이트나 구직 사이트를 주기적으로 확인하는 것이 좋다. 미디어 계열 취업만을 전문으로 하는 사이트도 있고, 언론고시를 목표로 하는 스터디 그룹도 있으니 이를 활용하는 것도 효과적이다.

주요 신문사 및 방송사에는 의사 출신 의학 전문기자가 1~2명 정도 있다. 따라서 결원이 생기기 전에는 추가적인 신규채용이 이루어지지 않는 경우가 일반적이다. 의사 출신 기자의 경우 보통 1명 모집에 10~20명 정도 지원한다고 알려져 있다. 의학 전문기자에 관심이 있다면 평소 언론 관련 경험을 쌓는 것이 도움이 될 것이다. 글쓰기

능력을 기르거나 인턴기자로 활동하면서 실무를 경험해 보는 것도 좋은 방법이다. 이러한 경험은 기자로서의 역량을 개발할 뿐만 아니라, 실제 채용과정에서 자신의 강점을 효과적으로 설명하는 방법이 될 수 있다.

기자 시험은 일반적으로 서류심사, 필기시험, 실무능력 평가 및 인성검사, 신체검사, 면접 순으로 진행된다. 서류심사에서는 지원자의 학력, 경력, 자격증 보유 여부 등을 평가하며 영어, 제2외국어, 한국어 능력시험, 언론 관련 활동 등이 주요 평가 항목이다. 필기시험은 논술과 직무적성 평가로 구성되는데, 논술시험에서는 특정 주제에 대한 비판적 사고와 글쓰기 능력을 평가한다. 직무 적성검사에서는 상식 문제보다는 추론 능력, 상황판단 능력, 문제 해결 능력을 중점적으로 평가한다. 실무 능력 평가는 언론인으로서의 전문성을 검증하는 단계다. 방송기자의 경우 스튜디오 카메라 테스트가 포함되며, 이 단계에서는 뉴스 리포트 원고 낭독, 즉석 질문 응답, 화면 활용 능력 등을 평가한다. 신문기자의 경우 취재 후 기사 작성, 기획안 제출 등 실무 과제를 수행한다. 인성검사는 기존의 표준화된 성향 평가 중심에서, 최근에는 상황판단검사와 같은 추론기반검사로 변화하는 추세다. 최종 단계인 면접에서는 지원자의 의사소통 능력, 시사 이해도, 직업에 대한 열정 등을 종합적으로 평가한다.

의사 출신 기자의 경우, 연봉 등에서 특별한 대우를 기대할 수도 있지만 현실적으로는 일반 기자와 큰 차이가 없는 것으로 알려져 있다. 이후 경력과 능력에 따라 직급과 연봉이 오르게 된다. 특정 분야를 담당하거나 전문성이 높은 기자는 일반적으로 좀 더 높은 연봉을 받을 가능성이 있으며, 예외적으로 억대 연봉을 받는 기자들도 있다고 한다. 의학 전문기자는 전문기자로 인정받을 경우 기획이나 심층 취재 등에서 자율성이 생기고, 회사의 동의를 얻어 라디오 방송이나 강의, 원고 청탁 등을 통해 추가 수입을 얻을 수도 있다.

의사 출신 언론인의 미래 전망은 어떠한가?

우리는 정보의 홍수 속에 살고 있다. 특히, 의료 정보는 매일같이 소셜 미디어와 인터넷을 통해 쏟아지고 있다. 하지만 이 중 얼마나 많은 정보를 신뢰할 수 있는지에 대한 우려도 커지고 있다. 과장되거나 왜곡된 이야기, 자극적이고 두려움을 조장하는 헤드라인은 대중을 혼란스럽게 하며, 상업적 목적으로 악용되기도 한다.

이러한 환경에서 의사 출신 언론인의 역할이 그 어느 때보다 중요해지고 있다. 의사 출신 언론인은 의학적 지식과 소통 능력을 겸비하고 있다는 점에서 특별하다. 의사로서 다져온 과학적 사고방식과 진료 경험이 메시지에 신뢰성을 더하며, 언론인으로서 소통 능력을 활용하여 대중에게 중요한 건강 정보를 쉽고 정확하게 전달할 수 있다.

한편 종이신문의 존폐 위기, 새로운 뉴스 매체의 난립 및 경쟁 심화, 광고비 삭감 등으로 인해 대형 언론사와 방송사의 미래에 대해 비관적인 전망도 나오고 있다. 그러나 전문가들은 매체의 위기가 기자 개인의 위기는 아니라고 강조한다. 팬데믹을 통해 대중은 신뢰할수 있는 정보의 중요성을 절감했다. 코로나19라는 위기 속에서 사람들은 과학적 근거가 부족한 뉴스와 허위 정보로 큰 혼란을 겪었고,

이로 인해 막대한 사회적 비용이 발생했다. 이에 따라 의사 출신 언론인들의 중요성이 더욱 커졌다. 이들은 정확한 정보와 명확한 지침을 제공하며 대중을 진정시켰고, 잘못된 정보의 확산을 막는 데 기여했다.

디지털 미디어 시대에 의사 출신 언론인들은 새로운 가능성을 열고 있다. 유튜브와 페이스북, 블로그와 같은 다양한 플랫폼은 대중에게 쉽게 다가갈 수 있는 통로가 되며, 빠르게 변화하는 언론 환경과 기술의 발전은 정보의 과잉 속에서 신뢰할 수 있는 콘텐츠에 대한 수요를 증가시키고 있다. 이에 따라 의사 출신 언론인들은 새로운 도전과 기회를 마주하고 있다. 의사 출신 언론인의 신뢰할 만한 콘텐츠는 대중이 건강에 대해 현명한 선택을 내리는 데 기여하기 때문에 중요성이 더욱 커질 것으로 보인다.

의사 출신 언론인들의 활동이 점차 주목받고 있다. 〈의학채널 비온뒤〉는 《중앙일보》 출신 홍혜걸 선생님이 운영하는 유튜브 채널로, 분야별 최고의 의사들과 함께 다양한 의학 정보를 대중과 공유하고 있다. 〈톡투건강TV〉는 《동아일보》의 현역 의학 전문기자인 이진한 선생님이 운영하는 유튜브 채널로, 건강과 질환에 대한 오해와 진실을 다양한 방법으로 알려주는 의학 채널이다. 이 외에도 의료 이슈에 관련된 라디오 채널을 운영하거나, 칼럼을 연재하거나, 책을 출간하는 등 수준 높은 개인 브랜딩을 구축한 의사 출신 언론인들도 있다. 이들은 콘텐츠 제작자이자 크리에이터로서, 양질의 정보를 대중에게 전달하며 자신만의 전문성을 부각시키고 있다.

의사 출신 언론인의 핵심 역할은 과학적 근거에 기반한 전문적인 정보 제공과 공정하고 다양한 시각의 보도를 통해 의료 발전에 기여

의사는 이렇게도 일한다

하는 것이다. 예방 의학과 건강 증진이 점점 더 중요해지는 시대에 의사 출신 언론인은 단순히 질병을 치료하는 것을 넘어 사람들이 건강하게 살아갈 수 있는 방법을 안내하는 건강 교육자로 자리 잡고 있다. 의사 출신 언론인은 의학과 대중 간의 가교 역할을 통해 대중에게 가치 있는 정보와 지식을 꾸준히 전달함으로써 우리의 삶을 풍요롭게 만드는 데 기여하고 있다.

전문직 면허가
두 개인
의사가 있다

의사 출신 법조인(변호사, 검사, 판사)이 있다

- 의사 출신 법조인은 누구일까?

- 의사 출신 법조인은 어떤 일을 할까?

- 의사 출신 법조인의 장점은 무엇일까?

- 의사 출신 법조인이 되기 위해 필요한 역량은 무엇일까?

- 의사 출신 법조인이 되려면 어떻게 해야 할까?

복수면허를 가진 의사가 있다

- 복수면허란 무엇일까?

- 의사–한의사 복수면허자는 무엇이 다를까?

- 의사 출신 복수면허자의 장점은 무엇일까?

- 복수면허자는 두 가지 면허를 동시에 사용할 수 있을까?

- 의사 출신 복수면허자의 미래 전망은 어떠한가?

CHAPTER 02

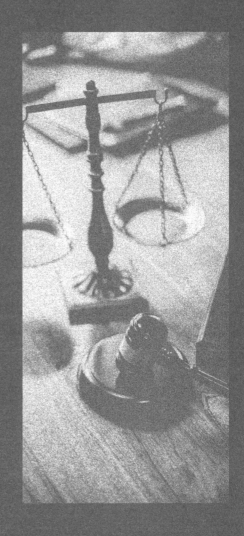

의사 출신 법조인
(변호사, 검사, 판사)이 있다

의사 출신 법조인은
누구일까?

　고등학생 시절 《닥터스》라는 소설을 통해 의료 전문변호사란 직업을 처음 알게 되었다. 뛰어난 외과 의사가 사고 후유증으로 수술을 집도할 수 없게 되자, 변호사로 커리어를 바꾼 이야기가 깊은 인상을 남겼다. 의학적 지식을 발휘하여 의료소송 재판에서 활약하는 모습이 멋져 보였고, 이후 의사 출신 변호사는 동경의 대상이 되었다.

　이러한 꿈을 현실에서 이룬 사람들이 있다. 전용성(1911~2007) 선생님은 1938년에 의사면허를 취득하고, 1955년에 제7회 고등고시에서 46세의 나이로 행정과와 사법과에 동시 합격했다. 이후 법관으로 임용되어 판사로 재직하며 대한민국 최초의 의사 출신 법관으로 기록되었다. 전용성 선생님은 법관 재직 중에도 의학 공부를 이어가 병리학 박사학위를 받았으며, 말년에는 다시 의사로 돌아와 병원을 운영하였다. 그의 삶은 의학과 법학, 두 영역을 넘나들며 끝없이 도전한 사례로 남아 있다.

　2025년 현재, 국내에는 대략 200~300명 정도의 의사 출신 변호사가 있는 것으로 추정된다. 반면, 의사 출신 판사나 검사는 10명 내외로 파악된다. 의사 출신 검사 중에는 경찰로 전직하거나 정치에 입문한 사례도 있다. 의사 출신 법조인이란 변호사, 검사, 판사를 모두 포함하는 개념이지만, 이 책에서는 의사 출신 변호사를 중심으로 설명하겠다.

　의사 출신 변호사는 '변의사'라고도 불리는데, 이들 중에는 변호사 업무와 현직 의사를 겸업하거나 변호사 자격을 얻은 후 다시 임상의사로 복귀하는 경우도 있다. 하지만 대다수는 법조인, 특히 변호사로 활동하고 있다.

이들은 왜 법조인의 길을 선택했을까? 의사 출신 법조인을 인터뷰한 기사를 보면 이들 중에는 의사가 되기 전 가졌던 법조인의 꿈을 뒤늦게 이룬 경우가 있었고, 의료분쟁이나 의료사고를 직접 경험하거나 의료계 브로커의 문제를 목격한 후 법조인이 되기로 결심한 사례도 있었다. 또 일부는 의사의 전문성을 살려 의료소송 같은 특정 분야에서 전문변호사로 활동하겠다는 전략적인 목표를 가지고 법조인의 길을 선택했다. 이들은 모두 명확한 목표를 가지고 남다른 노력을 통해 하나도 어렵다는 전문직 면허를 두 개나 가진 특별한 사람들이다. 이들이 그 과정에서 보여준 열정과 성취는 후배들에게 큰 영감과 자극을 준다.

의사 출신 법조인은 어떤 일을 할까?

의사 출신 법조인은 의료와 법률이라는 두 분야의 전문성을 결합하여 특별한 역할을 수행한다. 의료 현장에서의 경험과 법적 지식을 바탕으로 주로 의료와 관련된 법적 문제를 다룬다. 의사 출신 변호사는 의료분쟁이나 의료 관련 소송에서 전문변호사로 활동하는 경우가 많다. 한편 의사 출신 판사나 검사는 의료 분야에 국한되지 않고, 보직에 따라 일반 형사사건이나 민사사건까지 다양한 업무를 담당하는 것으로 알려져 있다.

의사 출신 변호사의 업무는 다음과 같다. 환자 측 변호인으로서 의료과실이나 의료진의 부주의로 피해를 입은 환자를 대리하여 소송을 제기하거나 중재를 진행하며, 의료행위의 과실 여부를 입증할 수 있는 자료를 수집한다. 반대로 의료진 측 변호인으로서는 의료진을 대리하여 과실이 없음을 입증하고, 정당한 진료행위임을 증명하기 위해 자료를 준비한다. 의료 관련 소송에서 진료기록부는 핵심 증거로 사용되며, 이를 정확히 이해하고 활용하느냐가 승소에 중요한 영향을 미친다. 의사 출신 변호사는 이 점에서 매우 유리하다.

또한 이들은 보험 사건에서도 두각을 나타낸다. 상해보험이나 의료배상책임보험 분쟁에서 보험약관을 해석하고 손해배상 범위를 분석하여 조종하거나 소송을 담당한다. 이러한 과정에서 의사-변호사의 의학적 지식과 법적 전문성은 큰 강점으로 작용한다.

의사 출신 법조인은 빠르게 변화하는 의료 환경에서 법률 자문과 정책 제안도 수행한다. 신의료기술, 보험, 의료 관련 정책 등 새로운 분야에서 자문이나 교육을 제공할 수 있고 정부기관, 공공단체, 병원을 대상으로 새로운 의료 제도나 규정을 설계하는 과정에 참여할 수 있다. 예를 들어 제약회사의 영업 활동 기준을 마련하거나 신의료기술의 보험 적용 절차를 검토할 수도 있다.

의사 출신 법조인은 의학적 지식과 법적 전문성을 겸비한 전문가로서 의료와 법률의 간극을 메우며, 의료와 법률의 균형을 맞추는 연결자로서 환자와 의료진, 의료기관, 기업 모두에게 중요한 가치를 제공하는 역할을 수행한다.

의사는 이렇게도 일한다

의사 출신 법조인의
장점은 무엇일까?

의사 출신 법조인은 무엇보다 의사로서의 의학적 지식과 임상 경험을 바탕으로 의료 관련 사건에서 전문성을 발휘할 수 있다. 의료분쟁은 환자가 진료를 받는 중 손해를 입었다고 주장하며 의료인 및 의료기관과 다투는 상황에서 발생한다. 현재 한국의료분쟁조정중재원이 의료분쟁을 먼저 조정하며 중립적인 입장에서 타협을 중재하지만 법적 구속력이 부족하다. 따라서 환자와 의료진이 원만한 합의에 이르지 못하거나 법원의 판단을 요구하는 경우 의료소송으로 이어지게 된다. 의료사고에서 환자는 형사고소 및 고발을 통해 의료진의 과실을 묻거나, 민사소송을 통해 손해배상을 청구할 수 있다. 현행법에 따르면, 의료소송에서 과실에 대한 입증 책임은 환자에게 있다. 즉 의료인이나 병원의 과실을 환자가 증명해야 하며, 이로 인해 의료소송은 환자에게 불리하다는 인식이 널리 퍼져 있다.

2017년 12월 16일 이대목동병원 신생아 중환자실에서 신생아 4명이 잇달아 사망하는 사건이 발생했다. 국립과학수사연구원의 부검과 질병관리본부 역학조사를 통해 신생아들의 사망 원인은 시트로박터 프룬디균 감염에 의한 패혈증으로 확인되었다. 숨진 신생아들이 사망 전날에 맞은 지질영양주사제가 해당 균에 오염된 것으로 밝혀졌다. 이 사건으로 인해 소아청소년과 교수 3인과 전공의 1인, 간호사 3인 등 총 7명이 업무상과실치사 혐의로 기소되었고, 최종적으로 교수 2인과 수간호사 1인이 구속되었다. 검찰은 "신생아들이 맞은 영양제 주사가 시트로박터 프룬디균 및 로타바이러스에 감염되었으며,

의료진의 분주 과정에서 감염이 발생하여 신생아들의 사망과 인과관계가 성립한다"며 업무상과실치사를 주장했다.

반면 피고인 측 변호인은 검찰이 증거로 제시한 주사기가 다른 신생아들의 기저귀, 거즈 등과 함께 의료폐기물함에 버려져 있었다는 점을 지적하며, 이를 직접적인 오염 원인이라고 보기 어렵다는 이의를 제기했다. 또한 같은 영양제 주사를 투여받은 다른 신생아에게서는 시트로박터 프룬디균 감염에 인한 패혈증 증상이 나타나지 않은 점을 들어 검찰의 주장을 반박했다. 변호인 측은 감염 경로와 사망 원인에 대한 인과관계가 명확하지 않다고 강조했다.

결국, 2019년 2월 21일 1심 판결에서 의료진 전원에게 무죄가 선고되었다. 법원은 '업무상과실치사를 인정하기 위한 인과관계가 증명되지 않았다'는 점을 판결요지로 삼았다. 2022년 2월 16일 2심에서도 의료진 전원에게 무죄가 선고되었고, 2022년 12월 대법원은 검사의 상고를 기각하며 전원 무죄 판결을 최종 확정했다.

이대목동병원 신생아 집단 사망 사건은 진료상 과실 혐의로 의사가 형사고발된, 세계적으로 유례가 없는 사건이다. 감염관리 미비, 기형적인 수가체계, 고질적 인력 부족 등 의료 시스템의 문제가 복합적으로 작용한 결과였으나, 검찰은 사건의 책임을 의료진에게 물었다. 긴 법적 공방 속에서 의료진은 범죄자로 낙인찍혔고 구속되기까지 했다. 이 사건은 의료소송에서 의학적 지식의 중요성을 보여주는 전형적인 사례로 볼 수 있다. 담당 변호사는 의사 출신은 아니었지만, 의학적 지식을 바탕으로 법적 논리를 개발하여 의료진을 변호했다. 진료기록부 분석, 감염 경로 추적, 의료행위의 적법성을 입증하여 검찰의 인과관계 주장을 효과적으로 반박할 수 있었다.

이러한 판결은 일반적인 국민정서와는 괴리가 있을 수 있다. 신생아들이 사망했지만, 법적으로 잘못한 이가 없다는 결과는 일반인들이 납득하기 어려운 상황이다. 환자는 치료 결과가 나쁘면 당연히 의료진의 과실 때문이라고 생각하기 쉽다. 하지만 의학적으로는 불가항력적 결과도 존재한다. 의학적 불가항력적 결과란 의료진이 충분한 주의 의무를 다했음에도 불구하고, 예측하거나 예방할 수 없는 상황에서 발생하는 의료사고를 의미한다. 치료 과정에서 의료진의 처치에 문제가 없거나 최선을 다했다고 판단되면 법적으로 과실 혐의가 적용되지 않는 이유다.

이런 상황에서 환자 편에 서 있는 의사-변호사의 역할은 매우 중요하다. 불필요한 소송이라면 환자를 말릴 것이고, 의료진의 과실이 명확하다면 소송에서 이길 수 있도록 도와줄 것이다. 의사-변호사는 의료행위의 복잡성을 설명하고 환자에게 소송의 현실적 가능성을 이해시키며, 공정하고 정확한 결과를 이끌어 내는 데 기여할 수 있다.

의사 출신 법조인이 되기 위해 필요한 역량은 무엇일까?

의사에서 법조인으로 경력을 전환하려면 무엇보다 끈기와 인내심을 가지는 것이 중요하다. 로스쿨 입학부터 법학 공부, 변호사 시험이라는 어려운 관문을 통과할 때까지 지속적인 학습과 노력이 요구되기 때문이다. 법조인으로 성공하겠다는 강한 동기와 목표의식도 필요할 것이다.

변호사나 검사가 된 이후에는 적극적인 성격이 도움이 된다고 한다. 재판에서 상대를 설득하고 최종적으로 승리해야 하는 업무 특성상 승부욕과 자신감이 중요한 역할을 한다. 동시에 관련 자료를 준비하고 법적 논리를 구성하기 위해서는 논리적인 사고 능력과 꼼꼼함이 요구된다.

　의학과 법학은 학문체계에서 큰 차이를 보인다. 의학 용어는 영어 중심이며, 법학 용어는 한자 중심으로 이루어져 있어 익숙해지는 데 시간이 걸릴 수 있다. 사고방식에도 차이가 있다. 의학은 제한된 정보와 증상을 근거로 진단명을 추측해 내는 귀납적 사고를 주로 사용하는 반면, 법학은 판례와 법률 조항을 근거로 삼단논법에 의해 결과를 도출하는 연역적 사고를 중시한다. 임상에서 의사는 환자의 말을 듣고 이를 근거로 진단하는 것이 일반적이다. 그러나 법적 상황에서는 환자의 말을 주장으로 받아들이고 이를 뒷받침하는 증거를 제시해야 한다. 초기에는 이러한 차이가 크게 느껴질 수 있을 것이다. 그러나 모든 학문은 논리적 사고과정에 근거한다는 공통점이 있다. 의학과 법학에서도 두 가지 사고방식이 복합적으로 활용된다. 의학적 훈련을 통해 다져진 논리적 추론 능력은 법학을 배우는 데 유용하게 작용할 수 있으므로 이를 두려워할 필요는 없을 것이다.

　마지막으로, 의사 출신 법조인에게는 사람에 대한 공감 능력이 반드시 필요하다. 이는 모든 전문가에게 요구되는 중요한 자질이지만, 특히 법적 분쟁 및 소송, 자문 등의 역할을 해야 하는 의사 출신 법조인에게는 더욱 필요한 역량이다. 의사 출신 법조인은 의학계와 법조계 사이에서 양측의 입장을 조율해야 한다. 단순히 전문성을 갖춘 전문가를 넘어, 사람을 연결하고 문제를 해결하는 조정자로서 중요한

　　　　　　　　　　　　　　　　　　의사는 이렇게도 일한다

역할을 담당하게 될 것이다.

의사 출신 법조인이 되려면 어떻게 해야 할까?

의사 출신 법조인이 되기 위해서는 긴 준비 기간이 필요하다. 일 반적으로 의사면허를 먼저 딴 이후 로스쿨에 진학하는 경우가 많다. 의사가 되려면 6년간의 의과대학을 마치고 의사국가고시에 합격해 야 하며, 전문의가 되기 위해서는 인턴 1년, 전공의 3~4년의 수련 기 간이 필요하다. 남자의 경우 군 복무도 고려해야 하는데, 공보의는 37개월이고 군의관은 38개월로 일반 병사의 복무 기간인 18~21개 월보다 훨씬 길다.

법조인이 되려면 법학 공부를 다시 시작해야 한다. 과거에는 사법 시험과 사법연수원 과정을 통해 단기간에 법조인이 되는 경우도 있 었으나, 현재는 로스쿨 과정을 거쳐야 한다. 로스쿨, 즉 법학전문대학 원은 변호사 양성을 위한 3년제 대학원으로, 전국 25개 대학에서 연 간 2,000명 정원으로 운영되며, 2009년에 첫 입학생을 받았다. 졸업 요건을 충족하면 법학전문석사(Juris Doctor, J.D.)학위를 취득하고 변호 사 시험에 응시할 수 있다.

2025학년도 로스쿨 입시의 평균 경쟁률은 5.75대 1을 기록했다. 로스쿨 입학 과정에서 의사 경력은 서류평가에서 긍정적으로 작용하 며, 이는 의사뿐만 아니라 다른 전문자격증이나 독특한 경력을 가진 경우도 마찬가지다. 이는 로스쿨의 취지 자체가 다양한 분야에서 활동하는 전문 법조인을 양성하는 것이기 때문이다. 최근 몇 년간 의사들의 로스쿨 지원이 늘고 있으며, 이는 새로운 커리어와 경쟁력을 갖추고자 하는 관심이 반영된 현상으로 보인다.

로스쿨은 입학도 어렵지만 졸업도 쉽지 않다. 졸업 후 변호사 시험에 응시할 수 있지만, 5년간 총 5회의 응시 횟수 제한이 있다. 이는 사법고시 체제에서 발생했던 시험 준비 장기화를 방지하고, 시험의 효율성을 위한 목적으로 도입된 제도다. 2024년 제13회 변호사 시험 합격률은 53%로, 같은 해 의사국시 합격률 94.2%에 비해 현저히 낮다. 변호사 시험은 상대평가 요소를 포함하여 높은 난이도를 유지하고 있다. 시험의 목적과 성격이 달라 단순 비교는 어렵지만, 변호사 시험의 치열한 경쟁과 어려움을 추정해 볼 수 있다.

검사가 되기 위해서는 검사 임용과정을 통과해야 한다. 검사 임용 대상은 변호사 시험 합격자 중 법조 경력이 2년 이상 있는 사람이며, 로스쿨 과정에서 관련 과목을 수강하고 우수한 성적을 유지해야 한다. 2025년 신규 임용 검사 최종 합격자는 119명이었다. 법관이 되기 위해서는 추가적인 법관 임용과정을 거쳐야 한다. 현재 법관 임용에 필요한 법조 경력은 최소 5년이지만, 점차 길어지고 있다. 2024년 12월 기준, 현직 판사 숫자는 3,206명으로, 판사정원법에 따른 정원 3,214명 중 대부분이 채워진 것으로 보고되어 있다.

의사는 이렇게도 일한다

복수면허를 가진
의사가 있다

복수면허란
무엇일까?

의료계에서 복수면허란 의사, 약사, 간호사, 치과의사, 한의사 등 의료면허를 두 개 이상 가진 경우를 말한다. 일반적으로 복수면허자라고 하면 의사-한의사를 지칭하는 경우가 많다. 복수면허를 취득하려면 하나의 의료면허를 얻은 뒤, 관련 대학에 입학 혹은 편입하여 정해진 교육과정을 이수하고 면허 시험에 합격해야 한다. 2021년 7월, 복지부의 복수면허자 통계에 따르면 의사-약사 581명, 의사-간호사 529명, 의사-한의사 399명, 의사-한약사 68명, 의사-치과의사 48명으로 보고되었다.

복수면허를 취득하는 이유 중 하나는 여러 의료행위를 수행할 수 있는 법적 자격을 갖추기 위해서다. 대한민국 의료법상 "의료인이란 보건복지부 장관의 면허를 받은 의사, 치과의사, 한의사, 조산사, 간호사"를 말하며 각 직능은 엄격히 구분되어 있다. 약사는 약사법에 의해 정의되므로 의료인에 포함되지 않는다. 현행 「의료법 제2조」에 따라, 의료인은 종별에 따라 각자의 임무를 수행하며 면허 범위를 벗어난 의료행위를 할 수 없다. 이를 위반하는 경우 무면허 의료행위로 간주되어, 5년 이하의 징역 또는 5천만 원 이하의 벌금형에 처해질 수 있다. 그러나 현재의 의료법은 직능별 업무 영역 및 허용되는 의료행위에 대한 구체적인 규정이 미흡하고, 특히 새로운 신기술에 대한 가이드라인도 부족하다. 이러한 이유로 치과의사의 보톡스 시술, 한의사의 현대 의료기기 사용, 진료 지원 간호사의 수술 보조 등 의료행위의 적법성을 둘러싼 법적 분쟁이 발생해왔고, 앞으로도 의료

행위의 적법성 및 면허 범위에 대한 논란은 지속될 가능성이 높다.

의사-한의사 복수면허자는 무엇이 다를까?

의사-한의사 복수면허자는 현대의학과 한의학을 접목하여 통합 의료 서비스를 제공하려는 목표로 활동하는 의료인이다. 2011년에 의사-한의사 복수면허자 및 복수면허 취득 예정자 182명을 대상으로 한 설문조사 '의사-한의사 복수면허자의 특성 및 근무 현황에 대한 조사연구'에 따르면, 1990년대 후반 이후부터 복수면허자의 수가 급격하게 증가하였다. 복수면허자의 75.2%가 의사면허를 먼저 취득하였고, 복수면허 취득 예정자에서는 73.7%가 한의사면허를 먼저 취득한 것으로 나타났다. 이를 통해 과거에는 의사-한의사가 많았으나 2010년 이후에는 한의사-의사의 증가 추세가 두드러짐을 알 수 있다.

복수면허를 취득한 주요 동기는 "현대의학과 한의학을 접목한 통합 의학 분야의 진료 개척"이 꼽혔다. 그 외에도 "기존 치료법의 한계에 대한 의구심" "환자에게 다양한 치료 옵션을 제공하려는 의지" 등의 답변이 있었다. 즉, 현대의학과 한의학이 양분된 의료 시스템에서 통합적 접근을 시도하려는 선구적인 노력이 주요한 동기가 되는 것이다.

실제 임상 상황에서 의사-한의사는 의학 지식을 어떻게 적용할까? 의사-한의사는 한국표준질병사인분류(Korean Standard Classification of Diseases, KCD)를 기반으로 환자의 진단과 치료를 진행한다. KCD는 세계보건기구(World Health Organization, WHO)에서 발표하는 국제질병분류(International Classification of Diseases, ICD)체계를 바탕으로 대한민국 실정에 맞도록 제정된 것으로 각 질병은 A00-Z99의 코드로 분류된다. 한의학적 질환의 경우 특수목적코드(U코드)로 분류되며, 한국에서만 사용되는 한의병명과 한의변증, 사상체질병증 등을 포함하고 있다. 한의분류 번호 부여 지침에 따르면 환자의 주진단은 A00-Z99에서 우선적으로 선택하고, 분류가 어려운 경우에만 한의병명 U코드를 사용하는 것이 원칙이다. 주진단에 KCD 코드를 부여하는 것은 국민건강보험공단에 진료비를 청구하기 위해 반드시 필요한 절차이며, 이는 진단의 명확성과 보험 청구의 효율성을 확보하기 위한 기준이다.

의사-한의사는 현대의학과 한의학적 지식을 병행하여 진료를 수행한다. 진단 단계에서는 방사선 촬영, 혈액검사, 초음파 등 현대의학적 도구를 활용하여 객관적인 정보를 확보하고, 이를 바탕으로 주진단을 결정한다. 치료 단계에서는 질환의 특성에 따라 한 가지 치료를 우선 시행하거나, 첫 단계부터 병행하기도 한다. 한의학적 치료는 주로 침술, 뜸, 한약, 추나요법 등 전통적인 치료법을 통해 환자의 증상을 완화하고 신체의 균형을 회복하는 데 도움을 준다. 과거에는 만성통증, 근골격계 질환, 우울증, 불안 등의 제한된 영역의 치료에서 사용되었으나, 최근에는 만성질환 관리나 암 환자 지원 등으로 적용 범위가 점차 확대되고 있다.

한의학적 치료에 대한 환자들의 만족도는 높은 편이지만, 치료 효과와 비용 대비 효율성에 대한 근거 자료가 부족하다. 특히, 임상연구 자료가 미흡하여 치료의 안전성과 효과에 대한 논란이 지속되고 있다. 한의학의 과학화와 표준화는 여전히 해결해야 할 과제로 남아 있다. 이러한 한계 속에서도 의사-한의사는 현대의학과 한의학의 통합적인 접근을 시도하며 새로운 치료 모델을 개발하고자 노력하고 있다.

'한국의사한의사 복수면허자협회'는 의사 자격과 한의사 자격을 모두 가진 의료인들이 모여 대한의사협회(의협)와 대한한의사협회(한의협) 사이에서 독립적인 목소리를 내기 위해 결성되었다. 다만 의협이나 한의협과 달리 법률에 의한 설립 근거가 없는 민간단체로, 회원들의 자발적인 참여로 운영된다. 협회는 현대의학과 한의학적 관점을 결합하여 환자를 치료하는 새로운 접근법을 제시하며, 이를 제3의학 혹은 통합융합의학이라는 개념으로 표현하고 있다.

의사 출신 복수면허자의 장점은 무엇일까?

의사 출신 복수면허자는 한 가지 의료 분야에만 국한되지 않고 다양한 보건의료 분야에서 통합적이고 전문적인 역할을 수행할 잠재력을 지닌다. 이들은 의료 시스템의 한계를 보완하며, 새로운 관점을 제시할 수 있는 독특한 위치에 있다. 복수면허자의 장점은 '다학제 통합치료(multidisciplinary integrative treatment)'를 제공할 수 있다는 것이다. 이는 만성질환, 통증, 재활 등 장기적인 관리가 필요한 환자에게 특히 유용하다. 복수면허자는 다양한 전문지식을 활용하여 같은 질병이라도 다각도로 접근하며 환자 중심 치료를 실현하고, 융합 연구와 새로운 치료 개발을 촉진할 수 있다.

예를 들어, 의사 겸 치과의사는 두경부 관련 질환에서 의학과 치의학의 전문지식을 결합할 수 있다. 구강 감염이 심혈관계 질환에 미치는 영향을 분석하고, 치주 치료와 구강건강관리를 병행함으로써 심혈관 지표를 효과적으로 개선하는 것이다. 의사 겸 한의사의 경우, 현대의학과 한의학을 융합하여 맞춤형 치료를 제공함으로써 환자의 만족도를 높일 수 있다. 의사 겸 약사는 약물에 대한 깊은 이해와 임상 경험을 바탕으로 두 분야의 전문성을 연결하며, 약학과 의학 간의 연계를 통해 의료 발전에 기여할 수 있다. 의사 겸 간호사는 임상 진료와 간호관리 경험을 통해 병원 운영 및 의료 시스템 개선에 기여하거나, 의료 현장에서 팀 기반 진료 모델을 강화할 수 있다.

이처럼 복수면허자는 제약이나 의료 산업에서 경쟁력을 발휘할 수 있다. 이들은 다양한 전문성과 융합을 통해 쌓은 경험과 독특한 경력을 바탕으로 후배 교육이나 멘토링에서 강점을 보인다. 또 다양한 시각과 전문성을 통해 국가 의료 정책이나 공중보건 개선에 참여할 기회를 넓힐 수 있다.

결론적으로, 복수면허를 보유한 의사는 확장된 의료 지식을 통해 환자에게 다양한 치료 방법을 제시하며, 환자의 만족도를 높일 수 있다. 이들은 새로운 진료 환경, 연구기관, 교육 분야 등 다양한 직업적 기회를 활용할 수 있으므로 전문성과 경력을 확대할 수 있을 것이다.

복수면허자는 두 가지 면허를
동시에 사용할 수 있을까?

의사-한의사 복수면허자가 두 가지 의료기관을 동시에
개설할 수 있을까?

과거 의료법에서는 의료인이 하나의 의료기관만 개설할 수 있도록 제한을 두었다. 따라서 복수면허자는 의원 혹은 한의원 중 하나만 선택하여 개원해야 했다. 그러나 이러한 법조항이 부당하다는 헌법재판소의 최종 판결에 따라, 2009년 1월부터 의원과 한의원의 동시 개설이 허용되었다. 의사, 한의사, 치과의사 중 두 가지 이상의 면허를 취득한 복수면허자가 의원급 의료기관을 개설할 경우 한 장소에서 면허 종별이 다른 의료기관을 동시에 운영할 수 있도록 허용한 것이다.

다만, 보험 적용에는 제한이 따른다. 의원-한의원 동시 개설 시, 건강보험은 의원 또는 한의원 진료 중 한 가지에만 적용된다. 두 가지 치료를 동시에 받을 경우, 건강보험이 적용되지 않는 진료비는 비급여로 처리해야 한다. 이러한 제한 때문에 동시 개설의 실효성이 떨어진다는 비판과 반쪽짜리 복수 의료기관이라는 지적이 뒤따르고 있다.

의사-약사 복수면허자가 의원과 약국을 동시에
개설할 수 있을까?

의사-약사 복수면허자의 경우 주변 사람들로부터 의원과 약국을 둘 다 개설할 수 있는지에 대한 질문을 종종 받는다고 한다. 의사는 의료법, 약사는 약사법에 의해 다른 법적 규제를 받다 보니, 두 법에서 동시 개설에 대한 명확한 규정을 두고 있지 않다. 그러나 의료법 및 약사법의 취지와 관행을 고려했을 때, 의원-약국의 동시 운영은 보건당국으로부터 위법 판정을 받을 가능성이 크다. 이는 2000년 의약분업 제도 시행 이후 의사와 약사의 직능을 명확히 분리하여 의사는 처방을, 약사는 조제를 담당하도록 규정했기 때문이다. 의약분업 시행 이후, 약사법에서는 '의원-약국 간 담합행위'를 엄격히 금지하고 있다. '담합행위'란 처방전 발행의 대가로 이익을 주고받는 것을 말하며, '유사 담합행위'란 의사가 특정 약국을 사실상 운영하는 것으로 규정한다. 이러한 담합은 형사처벌 및 행정처분의 대상이 되며, 그 처벌 수위도 높다. 2022년에 적발된 의원-약국 담합 사례에서 의료기관 영업 정지 및 의사면허 자격 정지 12개월, 약사면허 자격 정지 6개월이라는 강력한 처분이 내려진 바 있다. 결론적으로 의사-약사 복수면허자의 의원-약국 동시 개설은 담합 및 직능 독립성 침해로 해석될 가능성이 있어, 사실상 불가능하다는 의견이 지배적이다.

의사-약사 복수면허자가 약국을 개설하고 다른 병원에서 페이닥터로 근무할 수 있을까?

2000년 약사법 개정 이후 약사의 겸직 금지 규정이 삭제되면서 약사는 상대적으로 자유로운 근무 형태를 선택할 수 있게 되었다. 그러나 「약사법 제21조제2항」에 따르면 "약국 개설자는 자신이 그 약국을 관리하여야 한다. 다만, 약국 개설자 자신이 그 약국을 관리할 수 없는 경우에는 대신할 약사 또는 한약사를 지정하여 약국을 관리하게 하여야 한다"라는 조항에 대한 논란이 있다. 여기서 '자신이 그

의사는 이렇게도 일한다

약국을 직접 관리할 수 없는 경우'에 대한 법적 해석이 명확하지 않은 상황이기 때문이다.

2020년, 의사이자 약사인 A씨는 약국을 개설한 후 관리 약사를 고용하고, 자신은 다른 병원에서 파트타임 봉직의로 근무하고자 했다. 그러나 약국 개설자로 등록된 A씨는 다른 의료기관에 등록하는 것이 불가능하였다. 보건복지부에 확인을 요청한 결과 "약국의 관리의무 수행에 지장이 없다는 전제하에 타 업무 병행이 가능하다"라는 회신을 받았다. 그러나 건강보험심사평가원은 "약국 영업시간 동안 A씨가 타 의료기관에서 근무할 경우 급여를 전액 삭감하고 환수 조치하겠다"라고 통보하였다. 당시 기사에 따르면, 심평원이 명확한 법적 근거 없이 급여를 지급하지 않은 것으로 판단한 A씨는 추가적인 행정심판을 고려 중이라고 하였다.

결론적으로, 의사-약사 복수면허자가 약국을 개설하고 봉직의로 근무하는 것은 현재까지 법적으로 완전히 명확하지 않은 영역이다.

한의사-약사 복수면허자가 한의원과 약국을 동시에 개설할 수 있을까?

한의사이자 약사인 B씨는 한의원을 운영하면서 다른 장소에 약국을 개설하려 했으나, 보건소에서 해당 민원을 반려하였다. 보건소는 「약사법 제21조제2항」에 따라 "한의원 진료 업무를 수행하는 것은 약국 관리의무를 이행하지 못하는 부득이한 경우에 해당하지 않는다"라고 판단한 것이다.

이에 대해 B씨는 행정소송을 제기했으며, 2023년 5월에 재판부는 "동시 개설이 가능하다"라는 판결을 내렸다. 재판부는 "의약분업이 적용되는 의원과 달리, 한의원에서는 한약 등의 처방과 조제·판매가 모두 이뤄지므로, 직능의 독립성이 침해되거나 경제적 이해관계에 의한 의약품 오남용이 증가할 우려가 크지 않다"라고 판단했다. 더불어 "동일인에 의한 한의원과 약국의 동시 개설을 금지하는 명문 규정이 없다"라고 설명하면서, 의약분업 취지나 약사법령으로 이를 금지할 근거가 없다고 결론지었다.

그러나 대한의사협회와 대한약사협회는 해당 판결이 현행법을 위반한다면서 강하게 반발했다. 「의료법 제33조」에 따른 의료인이 하나의 의료기관만 개설할 수 있다는 '1인 1개소' 원칙을 위반하였고, 동시에 「약사법 제21조」에 따른 약사는 하나의 약국만 개설할 수 있다는 '1인 1개소' 원칙 및 '약국 개설자의 관리의무'를 위반한다는 것이다. 2심 판결 이후 해당 보건소에서는 상고 여부를 검토 중인 것으로 알려졌으나, 이후 추가적인 판결 소식은 전해지지 않았다.

의사 출신 복수면허자의 미래 전망은 어떠한가?

의료 환경은 갈수록 복잡해지고 있다. 환자들은 단순히 질병 치료에 그치지 않고, 포괄적이고 지속적인 관리를 원하고 있다. 특히, 자신의 건강 상태와 삶의 질에 맞춘 개인 맞춤형 통합 치료에 대한 요구가 점차 증가하고 있다. 질병 치료뿐만 아니라 예방, 재활 그리고 삶 전반에 걸친 관리와 지원을 기대하는 것이다. 이러한 변화 속에서 의사 출신 복수면허자는 여러 분야의 전문성을 겸비해 환자들의 복

의사는 이렇게도 일한다

합적인 요구를 충족시키며, 환자 중심의 진료를 새롭게 정의할 독보적인 역할을 수행할 잠재력을 지니고 있다.

복수면허자의 가장 큰 강점은 융합적 사고와 다학제적 접근 능력이다. 이들은 각 분야의 전문지식을 넘나들면서 환자를 입체적으로 진단하며 치료하고, 의료진 간 협력을 촉진함으로써 기존 의료체계의 빈틈을 보완할 수 있다. 이들은 단순한 의료인을 넘어 의료 패러다임의 변화를 이끄는 핵심적 역할을 이끌 수 있을 것이다.

물론, 복수면허자의 길은 쉽지 않다. 두 면허를 취득하는 데는 막대한 시간과 비용이 소요되며, 두 가지 전문성을 유지하기 위해 끊임없는 학습과 노력이 요구된다. 또한 이들의 역량을 제한하는 현행 의료법과 제도적 제약 그리고 의료계 내부의 직역 간 갈등은 여전히 풀어야 할 과제다. 하지만 복수면허자는 이러한 갈등을 해결하고 협력 문화를 조성하는 중요한 연결고리로서 자리할 가능성이 크다.

그럼에도 복수면허자의 미래는 희망적이다. 이들은 제약·바이오 산업, 의료 정책, 공중보건 등 다양한 영역에서 전문성을 발휘하며 의료 혁신의 중심에 설 가능성이 크다. 결국, 의사 출신 복수면허자는 도전과 기회가 공존하는 길 위에 서 있다. 앞으로 더 많은 영역에서 그들의 잠재력이 발휘되어 의료의 지평을 넓히길 기대한다.

공무원으로
일하는
의사가 있다

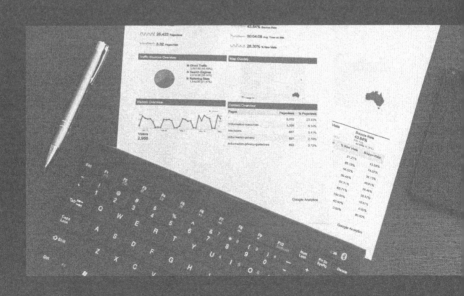

의사공무원은
누구일까?

의사공무원이란 의사면허를 소지하고 정부기관에서 근무하며, 국민 건강증진, 보건행정, 의료 정책 개발 등의 업무를 수행하는 공무원을 뜻한다. 의사공무원은 공공의료와 보건 정책을 이끄는 의료 전문가로 활동하고 있으며, 최근 이들에 대한 관심과 필요성이 더욱 증가하고 있다.

공무원은 크게 국가공무원과 지방공무원으로 분류된다. 국가공무원은 대한민국 중앙정부에 의해 임명되어 국가의 사무를 집행하고, 지방공무원은 지방자치단체에 의해 임명되어 지방자치단체의 사무를 집행한다. 공무원은 수행하는 업무에 따라 특정직과 일반직으로 분류된다. 특정직 공무원에는 법관, 검사, 경찰공무원, 소방공무원, 교육공무원, 군인 등 특수 분야의 업무를 담당하고 있으며, 특정직 외의 공무원은 일반직 공무원으로 분류된다.

보건의료와 관련된 공무원의 역할은 '의료직 공무원'과 '보건직 공무원'으로 나누어 설명할 수 있다. 의료직 공무원은 의사, 간호사, 임상병리사 등 보건의료 관련 자격증을 소지한 공무원으로, 공공의료기관이나 보건의료기관에서 환자 진료 및 예방접종, 의료 상담 등의 업무를 담당한다. 의료직 공무원이 실질적인 의료 서비스 제공에 초점이 맞춰져 있다면, 보건직 공무원은 공공보건행정과 정책 기획을 담당한다. 보건직 공무원은 보건복지부, 질병관리청, 식약처, 보건 관련 행정기관에 근무하면서 국가 보건 정책의 수립과 실행을 담당한다.

	의료직	보건직(비의료직)
국가공무원 (일반직)	공공의료기관 진료의사 • 국립병원(복지부) • 경찰병원(행안부) • 교정본부(법무부) • 특수병원 등(기타) • 공중보건의(복지부)	정부기관 • 보건복지부 • 질병관리청(복지부) • 식약처(국무총리) • 국과수 법의관(행안부) • 소방청의무사무관(행안부)
지방공무원 (일반직)	• 지역공공병원(복지부) • 특수병원 등(행안부) • 보건의료기관(복지부) • 공중보건의(복지부)	• 지방자치단체(복지부)
국가공무원 (특정직)	• 국립대 의대 교수(교육부) • 군의관(국방부)	• 의사 출신 판사(사법부) • 의사 출신 검사(법무부) • 의사 출신 경찰(행안부)
공공기관 (비공무원)	• 군병원 의사(군무원) • 국립암센터 • 건강보험공단 일산병원 • 근로복지공단 병원 등	• 건강보험심사평가원 • 국민건강보험공단 등

[3-1] 의료직 의사공무원 및 보건직 의사공무원 분류

의료직과 보건직은 명확히 정의된 개념이 아니며 행정적, 관행적 용어로 사용되고 있다. 따라서 기관, 부서, 상황에 따라 의료직과 보건직의 용어가 혼용되거나 업무가 겹칠 수 있다. 따라서 의료직 의사공무원은 공공의료기관에서 환자 진료를 주로 담당하며, 보건직 의사공무원은 정부기관에서 행정적인 업무를 주로 담당하는 것으로 이해할 수 있다. 의사 출신 판사, 검사, 경찰 공무원의 경우 비의료직 의사공무원으로 분류된다.

의사공무원은 의사자격증을 가지고 공무원법 적용을 받는 공무원 신분이다. 이와는 달리 공공기관에 근무하는 의사는 공무원에 해당하지 않으며, 민간 근로자 신분으로 근로기준법과 공공기관 운영에

의사는 이렇게도 일한다

관한 법률의 적용을 받는다. 같은 기관에서 근무하더라도 고용 형태에 따라 공무원인 의사와 민간인 의사가 있는 것이다.

보건복지부에서 실시한 제1차 '보건의료인력 실태조사'에서는 공공의료기관에서 근무하는 의사를 '공공의사'라고 명시하며, 여기에는 공보의와 군의관이 포함된다. 2020년 기준 공공의사의 숫자는 11,000명으로, 전체 활동 의사 99,492명 중 약 11%에 해당하였다. 공공의사 중에서는 국립대학병원에서 근무하는 의사가 54.9%로 가장 많았으며, 국립병원·특수공공병원 17.3%, 지역 공공병원 11.0%, 공공보건기관 9.0%, 시도군립병원 7.9% 순으로 보고되었다. 공공의사의 근무 형태로 보면 봉직의 10,203명(92.8%), 공보의 676명(6.1%), 군의관 121명(1.1%)이었다. 공공의사의 연평균 임금은 2020년에 약 1억 5950만 원으로 보고되었는데, 이는 전체 요양기관에서 근무하는 의사의 평균 임금의 69.2% 수준이었다. 공보의의 평균 임금은 약 6180만 원으로 전체 의사 평균 임금의 26.8% 수준이었다. 공공의사 중 봉직의 평균 임금은 전체 봉직의 평균 임금의 89.4% 수준이었다.

한편, 비요양기관에서 근무하는 의사 중 정부기관에 근무하는 의사공무원은 3,368명, 공공기관 의사는 120명으로 보고되었다. 기관별 평균 임금의 경우 정부기관 의사는 약 6570만 원, 공공기관 의사는 약 1억 1300만 원으로 보고되었다.

최근 몇 년간 의사공무원의 감소로 공공의료체계의 약화 우려가 커지고 있다. 이는 낮은 급여, 과도한 업무, 민간 의료기관과의 보수 격차 등이 주요 원인으로 지적된다. 이를 해결하기 위해 2023년 국회 보건복지위원회는 '국립공공보건의료대학(공공의대) 설립'과 '지역의사 양성'을 위한 발의안을 통과시켰다. '공공의대 제도'는 학생들에게 학업 경비를 전액 지원하고, 의사면허 취득 후에는 정부가 지정하는 공공의료기관에서 10년간 의무적으로 근무하는 것이다. '지역의사 양성 제도'는 의대 정원 일부를 지역의사 전형으로 선발하여 학업 경비를 전액 지원하고, 의사면허 취득 후에 해당 지역에서 10년간 의무적으로 근무하는 것이다. 일부에서는 일반 진료가 불가능한 '공직의사 면허 제도'의 도입을 제안하기도 했다. '공직의사'라는 별도의 공무원 의사 인력을 배출하고, 민간 의료기관 취업을 제한하는 것이다.

2023년 4월, 인사혁신처는 의사공무원의 인력 부족 문제를 해결하기 위해 다양한 대책을 발표했다. 연봉 인상, 자율적 연봉 책정, 임기제 정원 완화, 채용풀 구축, 업무 분산 및 복지 강화로 근무 여건 개선을 추진 중이다. 이러한 조치는 공공의료 환경을 개선하고, 의사공무원들이 보다 안정적인 환경에서 일할 수 있도록 하는 데 목적을 두고 있다.

의료직 의사공무원은 어떤 일을 할까?

의료직 의사공무원은 공공보건의료기관에서 일하고 있는 의사라고 볼 수 있다. 「공공보건의료에 관한 법률 제2조제3호」에 따른 "공공보건의료기관이란 국가나 지방자치단체 또는 대통령령으로 정하는 공공단체가 공공보건의료의 제공을 주요한 목적으로 하여 설립·운영하는 보건의료기관"을 말한다. 국가와 지방자치단체가 직접 운영하거나 지원하는 이 기관들은 국민의 건강을 증진하고 의료 접근

설립 형태		소관부처	보건의료기관(수)
중앙	국가 (27)	복지부	국립재활원(1), 국립정신병원(5), 국립소록도병원(1)
		행안부	국립경찰병원(1)
		법무부	국립법무병원(1)
		국방부	군병원(15)
		질병청	국립결핵병원(2)
		국토부	국립교통재활병원(1)
	특수법인 (57)	복지부	건보공단일산병원(1), 국립중앙의료원(1), 국립암센터(1), 적십자병원(6)
		노동부	근로복지공단병원(10), 근로복지공단의원(3)
		보훈처	보훈병원(6), 보훈요양병원(2)
		교육부	국립대학병원(10), 국립대학병원 분원(6), 국립대학교치과병원(7), 국립대학교한방병원(1), 국립대학전문센터(1)
		과기부	원자력병원(2)
지자체	특수법인 (37)	복지부	지방의료원(35), 지방의료원 분원(2)
	시/도/군립 (107)	복지부	권역재활병원(5)
		행안부	시,도/군립일반병/의원(5), 시립어린이병원(1), 시립서북병원(1), 시도립정신병원(10), 시립장애인치과병원(1), 시도립노인병원(32), 시군구립노인병원(45), 기타(8)

[3-2] 2023년 12월 기준 공공보건의료기관의 현황(총 228개소)
출처: 2023 공공보건의료 주요 통계, 보건복지부&국립중앙의료원

성을 높이는 역할을 한다. '공공보건의료기관의 현황'에 따르면 2023년 12월 기준으로 총 228개소가 운영되고 있으며, 이는 보건의료기관(보건소, 보건의료원, 보건지소, 건강생활지원센터, 보건진료소)을 제외한 숫자다. 공공보건의료기관은 각 소관 부처에 따라 다양한 형태로 존재한다. 군인, 경찰 등을 위한 특수 대상 기관들과 감염병 전문병원, 정

신건강센터, 교정시설 병원과 같은 특수 목적 기관들이 있다.

공공의사들은 다양한 분야에서 활동하며 국민 건강을 위해 중요한 역할을 한다. 저소득층, 장애인, 노인 등 취약계층 지원과 농어촌, 교정시설 등 의료 취약 지역에 있는 사람들을 진료함으로써 의료 불균형 해소를 위해 중요한 역할을 한다. 또한 지역 주민들을 대상으로 예방접종, 만성질환 관리, 건강 상담 등의 진료 활동을 통해 지역사회의 건강증진에 기여한다. 특히 감염병 대응과 재난상황에서는 이들의 역할이 더욱 빛을 발한다. 코로나19 팬데믹 동안 공공의사들은 감염병 전담병원과 선별진료소에서 헌신적으로 일하며, 공공보건의료의 중요성을 입증했다. 더불어 응급의료, 정신건강, 재활 치료 등 특수 분야에서도 전문성을 발휘하여 국민 의료 안전망을 강화하는 데 중추적인 역할을 하고 있다. 이들의 노력은 국민 개개인의 건강을 넘어서, 사회 전체의 의료 수준을 높이는 데 큰 기여를 하고 있다.

군의관과 공중보건의사가 있다

의사들은 병역의무로 군의관 또는 공중보건의사(공보의)로 복무하게 된다. 군의관은 군 장병의 건강관리와 응급의료를 담당하고, 공보의는 의료 취약 지역에서 공공의료를 제공한다. 이들은 대한민국의 군 의료 시스템과 의료 취약지의 의료 시스템을 유지하는 중요한 인력이다. 국방부는 의무사관후보생 중에서 전문의를 우선적으로 군의관으로 선발하며, 나머지 인원은 보건복지부를 통해 공보의로 배치한다. "2023 병무통계연보"에 따르면 2023년에 임관된 군의관 수는 총 754명이었다. 복지부 보도자료에 따르면 2024년에 복무 중인 공보의는 신규 공보의 716명을 포함하여 총 3,167명이며, 이들은 지방자치단체 보건소와 보건지소(85.5%), 국공립병원(6.1%), 교정시설(3.0%) 등에서 근무하고 있다.

최근 10년 사이 공보의 숫자는 지속적으로 감소하고 있다. 2013년 의사 국가고시 남성 합격자는 1,808명이었고, 2023년에 2,007명으로 증가했다. 그러나 신규 공보의는 2013년에 851명에서 2023년에 449명으로 절반 가까이 줄었고, 같은 기간 공보의 전체 숫자도 2,411명에서 1,432명으로 크게 감소했다. 이 같은 감소는 현역 복무를 선택하는 의대생이 늘어났기 때문으로 분석된다. 특히, 의학 전문대학원 학생들은 긴 학업 연한과 나이 제한으로 인해 현역 입대를 선택하는 경우가 많다.

2024년 9월 교육부 자료에 따르면, 의정 갈등으로 인해 전국 의대생들의 휴학이 급증했으며, 이 중 군 입대를 이유로 휴학한 의대생은 1,059명이었다. 이는 전년도 162명에 비해 6.5배 증가한 숫자다. 2023년 5월, 공보의협의회와 전공의협의회에서 실시한 설문조사에서도 이러한 경향이 확인되고 있다. 병역의무를 앞둔 의대생과 전공의 1,395명 중 74.7%가 현역병 입대를 선호했으며, 89.5%는 군의관과 공보의 복무 기간이 큰 부담이라고 응답했다. 현재 군의관 복무 기간은 37.5개월, 공보의 복무 기간은 36개월로 18개월인 육군 일반병 복무 기간보다 두 배 이상 길다.

이러한 문제는 현실에서 심각하게 드러나고 있다. 2023년 8월 기준, 전국 344곳의 보건소와 보건지소에 공보의가 단 한 명도 없는 상황이 발생했다. 특히, 19개 보건지소는 의과 진료를 운영하지 못해 농어촌 지역의 의료 접근성이 크게 악화되면서, 공보의 감소가 의료 취약 지역에 미치는 영향이 가시화되고 있다.

2025년부터 군의관과 공보의 수급에 심각한 문제가 발생할 것으로 예상된다. 그동안 정부는 매년 군의관 700~800명, 공보의 400~600명 등 총 1,200명 정도의 의사를 충원해왔다. 그러나 2025년 입대 예정 의사의 수는 총 4,353명으로 예년보다 4배 이상 많아졌다. 이는 수련을 중단한 전공의 3,152명과 기존 입대 예정자가 겹친 결과다. 국방부는 만 33세 제한 연령에 임박한 인원을 우선 선발하고, 나머지는 무작위 추첨으로 입대 순서를 결정할 계획이라고 밝혔다. 그러나 2025년 입영 대상자의 대부분은 일반의로 구성될 예정이어서, 군 병원에서의 전문과목 진료와 수술 등 의료 서비스에 차질이 불가피할 것으로 보인다.

향후 4~5년 후에는 군의관과 공보의 부족이 더욱 심각해질 것이라는 우려가 커지고 있다. 이에 대한 대응책으로 정부에서는 장기복무 군의관 수를 늘리기 위해 임금을 인상하고, 복무 기간 연장을 10년에서 1년 단위로 조정하는 등 제도 개편을 추진 중이다. 또한 국방의대 신설 등 장기적인 대책을 검토하고 있으나, 당장 별다른 대책은 없어 보인다.

그럼에도, 정부는 여전히 군의관과 공보의를 값싸고 쓰기 쉬운 의료 인력으로 여기는 것 같다. 2024년에 주요 대학병원에서 전공의 인력 공백이 발생하자, 정부의 대책은 공보의와 군의관을 파견하는 것이었다. 2024년 7월 기준으로 파견된 인원은 군의관 250명, 공보의 155명이었다. 공보의협의회의 조사에 따르면, 파견된 공보의 중

80.1%가 부정적인 입장을 밝혔으며 51.2%는 파견기관에 실질적인 도움이 되지 않는다고 평가했다. 이러한 응답의 주된 이유는 파견으로 인해 기존 지역의 의료 공백이 심화되었으며, 대체 인력으로 군의관과 공보의의 역할이 한계가 있었기 때문이다.

2024년 대한민국 의료 시스템은 전공의, 군의관, 공보의 문제를 통해 의료 인력의 구조적 한계를 적나라하게 드러냈다. 군의관과 공보의는 적절한 지원과 보상 없이 과중한 업무와 불공정한 대우에 노출되고 있다. 이는 국가 의료체계의 근본적인 결함에서 기인하며, 의료 인력 착취와 불공정한 시스템을 해결하지 않고서는 의료의 안정성을 유지할 수 없다는 교훈을 남겼다. 군 의료와 공공의료체계의 재정비, 인력 관리체계 개선이라는 근본적인 해결책이 필요할 것으로 보인다.

교정시설에서 일하는 의사가 있다

교정시설은 교도소, 구치소, 소년원, 치료감호소 등 다양한 형태로 운영되며, 수용자들의 재사회화를 지원하는 역할을 맡고 있다. 전국의 교도소와 구치소에서 근무 중인 의사들은 교정시설 의무직 일반 임기제 공무원으로서 건강진단, 질병 치료, 감염병 예방, 상담, 의약품 관리 등의 의료 서비스를 제공하며 수용자들의 건강을 책임지고 있다. 그러나 2020년 12월, 서울동부구치소에서 발생한 코로나19 집단 감염 사태는 교정시설 의료의 취약한 현실을 보여주었다.

"2024년 교정통계연보"에 따르면, 2023년 전국 54개 교정시설 수용 인원은 49,922명, 1일 평균 수용 인원은 56,577명(113%)에 달해 과밀 상태가 심각한 것으로 보고되었다. 반면, 교정시설 의무관 정원 118명 중 실제 근무 인원은 83명으로, 필요 정원의 70%에 불과하며 10년째 정원을 채우지 못하고 있다. 정부는 공보의, 외부 진료, 원격 진료 등을 통해 부족한 의료 인력을 보완하기 위해 노력하고 있다. 교정시설에 파견된 공보의 수는 2017년 50명에서 2023년 93명으로 늘었고, 외부 의료시설 진료 건수는 2023년 한 해 동안 48,349건에 달한다. 교정시설 내부의 총 진료 건수는 2018년 925만 건에서 2023년 745만 건으로 줄었지만, 수용자의 의료 수요는 지속적으로 증가하는 추세다. 교정시설 의료진은 하루 수백 건의 진료를 소화해야 하며, 일부 시설에서는 공중보건의 한 명이 수백 명의 수용자를 담당하기도 한다.

교정시설의 의료 인력 부족은 낮은 보수와 과중한 업무 강도뿐만 아니라, 고립된 근무 환경과 지원체계의 부재 등 여러 요인에서 비롯된다. 전국 54개 교정시설 중 44개가 지방에 있어 동료 의사뿐만 아니라 다른 의료 지원 인력도 부족한 실정이다. 여기에 더해, 수용자의 민원과 고발 등으로 인한 추가적인 어려움을 호소하기도 한다.

이런 문제를 해결하기 위해 정부는 2022년 수용시설 의료체계 개선 TF를 구성하고, 의무관을 연봉특례직위로 지정하여 민간 수준의 연봉 지급이 가능하도록 했다. 2023년에는 연봉 인상으로 대부분의 의무관이 약 1억 9000만 원에서 2억 3000만 원 이상의 급여를 받게 되었다. 하지만 의료 인력 확보는 단순히 보수를 인상하는 것만으로는 한계가 있다. 근무 환경 개선과 지원 인력 확충이 함께 이루어져

의사는 이렇게도 일한다

야 교정시설 의료 서비스의 질적 향상이 가능할 것이다.

교정시설에서의 의료는 다양한 작품에서 다루어진 바 있다. 최세진 선생님은 2018년부터 2021년까지 순천교도소와 서울구치소에서 공중보건의사로 근무하며《진짜 아픈 사람 맞습니다》라는 저서를 통해 교정시설 의료의 현실과 고민을 담은 생생한 이야기를 전했다. 2019년 방영된 〈닥터 프리즈너〉는 교정시설 의료를 배경으로 한 의학 서스펜스 드라마로 주목을 받았다.《교도소 의사, 수지》라는 미스터리 장르의 웹소설도 있다. 이처럼 교정시설 의료를 배경으로 하는 작품은 의료 불평등과 권력 구조의 부조리를 조명하며, 극한 상황에서 인간성과 도덕적 갈등을 생생하게 보여줄 수 있다.

교정시설에서 근무하는 의사는 단순히 진료를 제공하는 것을 넘어, 수용자와 사회를 잇는 다리 역할을 한다. 그들의 헌신은 인간의 존엄성을 지키는 최전선에서 이루어지며, 이는 사회가 약자를 대하는 태도를 보여준다. 교정시설 의료의 개선은 단순히 수용자 건강관리의 문제를 넘어, 더 나은 사회로 가기 위한 필수적인 과정이다. 의료진이 자신의 역할을 온전히 다할 수 있도록 사회적 관심과 노력이 함께 이루어져야 할 것이다.

소방청에서 일하는 의사가 있다

소방청은 119구급 의료체계 강화를 통해 국민의 생명과 안전을 보호하고자 의사공무원, 공보의, 구급지도의사를 배치하고 있다. 소

구분	의무사무관(5호)	기술서기관(4호)
역할	현장 중심 (구급대원 지도 및 응급환자 관리)	정책 중심 (응급의료 정책 수립 및 체계 관리)
주요 업무	• 응급처치 지도 및 자문 • 이송 지원 및 관리 • 재난현장 의료 지원 • 일반 및 재외국민 응급의료 상담	• 정책 수립 및 시행 • 구급 품질관리 • 의료지도의사협의회 운영 • 광역 이송 관리
대상	119구급대원 및 응급환자	소방청, 시·도 응급의료체계
자격 요건	• 응급의학과 전문의 자격 • 응급의료지도의사 양성과정 우대	• 응급의학과 전문의 자격 • 관련 분야 경력 6년 이상(응급의료 센터, 외상센터 등)
근무 구분	현장 실무 및 구급대원 지도	체계적 정책 관리 및 체계 개선
근무 기간	기본 2년, 최대 5년 연장 가능	기본 2년, 최대 5년 연장 가능
연봉	연간 약 4879만 원~8584만 원	연간 약 6450만 원 이상

[3-3] 2023년 전국 소방청 일반임기제 채용시험 공고

방청 의사공무원은 119구급대원을 지도하고, 재난 시 의료 지원을 총괄하며, 응급의료 정책을 수립하는 등 구급의료 서비스의 핵심적인 역할을 수행한다. 공보의는 군 복무를 대신해서 소방청에서 근무하며 응급처치 지도, 의료 자문, 재난 지원 등 부족한 의료 인력을 보완한다. 특히 이들은 의료 인프라가 부족한 지역에서 중요한 역할을 수행하고 있다.

채용 공고를 통해 소방청 의사공무원의 업무와 자격 요건, 근무환경에 대해 자세히 알아볼 수 있다. '2023년 소방청 일반임기제 채용시험 공고'는 의무사무관과 기술서기관을 채용하기 위한 것이다. 의무사무관(5호)은 현장 중심의 역할로, 119구급대원의 응급처치 지도와 응급 환자 이송 및 처치 지원을 담당하며, 재난 현장에서 의료

의사는 이렇게도 일한다

지도를 총괄한다. 주요 업무는 실무와 현장 지원에 초점을 맞추며, 지원자격은 응급의학 전문의 자격이 필요하다. 기술서기관(4호)은 정책 중심의 역할로, 소방청과 각 시·도의 응급의료 정책을 수립하고 119구급 의료체계를 총괄 관리한다. 이들은 구급지도의사 협의회를 운영하고, 구급대원의 역량 평가 및 개선을 위한 계획을 수립하며, 지원자격은 응급의학 전문의 자격과 6년 이상의 관련 경력이 필요하다.

구급지도의사는 민간 계약을 통해 소방청 활동을 지원하는 의사로, 2013년에 도입되었다. 이들은 주로 응급의학 전문의로 구성되어 있다. 구급상황관리센터에서 주·야간 교대로 근무하며 실시간 전화 및 영상 의료지도를 제공하고, 구급 활동 평가 및 개선을 지원한다. 그러나 수당 동결, 과중한 업무로 인해 이탈자가 늘어나면서 업무 과부하가 심해지는 악순환이 지속되고 있다.

소방청에서 활동하는 의사공무원, 공보의, 구급지도의사는 각기 다른 역할을 수행하며 119구급 의료체계의 핵심축으로 국민의 생명과 안전을 지키는 데 기여한다. 그러나 인력 부족과 근무 조건 문제는 지속 가능한 운영의 걸림돌로 지적되고 있다. 이를 해결하기 위해 처우 개선과 안정적인 인력 확보가 필요한 상황이다.

보건복지부 보건직 의사공무원은 어떤 일을 할까?

보건직 의사공무원은 국민 건강증진과 공공의료체계 강화를 위해 다양한 기관에서 활동하며 중요한 역할을 한다. 이들은 보건복지부, 질병관리청, 식품의약품안전처, 지방자치단체 등 정부기관에서 보건의료 정책 수립 및 추진, 감염병 관리, 재난 대응 같은 행정 업무를 수행한다.

그중에서도 보건복지부는 국민 건강과 복지 정책을 총괄하는 정부기관으로, 이곳에서 일하는 의사공무원들은 보건의료 정책 수립과 실행에서 핵심적인 역할을 맡고 있다.

- 보건 정책 기획 및 집행: 국민 건강증진을 목표로 금연 캠페인, 만성 질환 예방 프로그램 등 다양한 정책을 설계하고 실행한다.
- 감염병 대응 및 방역체계 운영: 감염병 발생 시 역학조사와 방역 대책 수립을 통해 질병 확산을 막는다.
- 재난 및 위기 대응: 팬데믹, 자연재해 등 위기상황에서 의료 대응체계를 지휘하거나 정책적 지원을 제공하여 국민의 안전을 보호한다.
- 보건 통계 분석: 데이터를 기반으로 효과적인 보건 정책을 설계하고 실행한다.
- 국제 보건 정책 주도: WHO와의 협력을 통해 국제보건 문제 해결에 기여하며, 개발도상국 지원 프로젝트를 통해 글로벌 보건증진에도 참여하고 있다.

2024년 1월 기준 보건복지부 본부에서 근무 중인 의사공무원은 14명으로, 이들은 건강보험정책국, 공공보건정책국, 보건의료정책과, 보험급여과, 구강정책과, 의료자원정책과, 필수의료총괄과, 지역의료정책과, 건강정책과, 정신건강관리과, 생명윤리정책과, 질병정책과

의사는 이렇게도 일한다

등 다양한 부서에서 활동하고 있다. 각 부서는 의료 자원 배분, 보험 급여체계 개선 등 보건의료 전반에 걸친 정책을 수립하고 실행한다.

의사공무원은 각 부서의 목표에 따라 의학적 전문성을 바탕으로 업무를 수행하고 있으며, 직급이 올라가면 보직 발령을 받아 보건의료 분야를 넘어 다양한 행정 부서와 정책 영역에서 일할 수 있다. 이를 통해 사회 전반의 정책 결정 과정에도 참여할 수 있다. 좀 더 구체적인 업무와 활동이 궁금하다면 복지부 의사공무원의 인터뷰 기사를 찾아보기를 추천한다.

정부는 보건의료 정책 전문가를 양성하기 위해 의사 출신 공무원을 지속적으로 채용해왔다. 최근 보건복지부는 감염병, 암, 정신건강 등 국가적 보건과제를 해결하기 위해 전문의 채용을 확대하고 있다. 그러나 정책 수행에 필요한 의사공무원의 수가 부족하고, 새로운 인력 확보가 어려운 상황은 좋아지지 않고 있다. 이로 인해 의사 자격 소지자를 우선적으로 선호하지만 지원자가 적어 관련 전공의 박사학위 등 다른 자격 요건을 갖춘 타 전문 인력으로 대체하는 사례가 발생하고 있다.

의료계 역시 의사공무원 양성의 필요성에 공감하며 지원을 약속했다. 공직에 관심을 보이는 의사들도 꾸준히 있다. 지금은 잠시 인기가 주춤하지만 보건복지부 및 질병관리청의 정책 관련 분야 채용은 지난 수년간 10대 1 이상의 높은 경쟁률을 기록했다. 그러나 최근 코로나19 방역 대응과 이태원 참사와 같은 위기상황에서의 과도한 업무, 이에 대한 후속 조치 비판이 이어지며 의사공무원의 매력도가 감소하는 모양새다. 의사공무원은 사명감만으로 버티기 어려운 과중한 업무에 직면하고, 법적·도덕적 책임까지 부담해야 하는 현실에 놓여 있다. 이로 인해 지원자 감소와 조기 퇴사 사례 증가가 맞물리며, 정책 수행을 위해 필요한 의사 인력 확보의 어려움을 더욱 심화시키고 있다.

2023년 12월 보건복지부에서 3명의 의사공무원이 국장급으로 발령을 받았다. 복지부 공공보건정책관 정통령 선생님, 건강보험정책국장 이중규 선생님. 질병관리청 감염병위기대응국장 손영래 선생님이 그 주인공이다. 이들은 보건사무관으로 시작해 다양한 경력을 쌓은 끝에 국장급까지 승진하여, 행정고시 출신이 아니면 어렵다는 유리천장을 깨뜨렸다는 평가를 받고 있다. 이에 따라 국민건강과 보건의료 발전을 위해 의사공무원으로서 소신 있는 정책을 추진하길 바라는 응원의 목소리가 높아지고 있다. 이들의 향후 행보가 올바른 의료 정책을 꿈꾸는 젊은 의사들의 복지부 지원의 동기를 부여하고, 후배 의사공무원들에게도 중요한 이정표로 작용하기를 기대해 본다.

질병관리청에서 일하는 의사가 있다

코로나19 팬데믹은 대한민국의 감염병 대응체계를 점검하고 강화하는 계기가 되었다. 2020년 9월 질병관리본부는 보건복지부 산하기관에서 독립하여 질병관리청으로 승격되어 감염병 예방과 관리, 역학조사, 방역체계 구축 등의 업무를 전문적으로 수행하고 있다.

질병관리청의 리더십은 의사들의 전문성을 보여주는 대표적인 사례다. 초대 청장 정은경 선생님은 예방의학 전문의로서 코로나19 초기 대응을 이끌며 국민적 신뢰를 얻었고, 이후 현직 청장인 지영미 선생님 역시 예방의학 전문의로서 질병관리청의 발전을 이끌고 있다. 역학조사관, 감염내과 전문가, 보건학 연구자 등 다양한 분야의 의사들이 질병관리청에서 주요 역할을 맡아 감염병 대응체계를 유지하고 발전시키고 있다.

질병관리청 의사들의 역할은 감염병 대응의 전 과정에 걸쳐 있다. 먼저, 역학조사를 통해 감염병 발생 시 전파 경로를 추적하고 확산을 방지한다. 이후 데이터 분석을 통해 감염병의 원인과 양상을 파악하고, 이를 바탕으로 예방 및 관리 정책을 수립하며, 미래의 유사한 상황에 대비할 체계 구축에도 기여한다. 이들은 또한 방역 현장에서 중증 환자 치료와 관리를 담당하며, 백신 개발 및 치료제 연구에도 자문 역할을 한다. 공중보건 연구를 통해 감염병 예방 전략을 수립하고 만성질환 관리 방안을 제안하며, 국가 보건체계의 안정성을 높이는 데에도 기여한다. 이러한 활동들은 질병관리청을 단순한 방역기관이 아니라, 공중보건 정책의 중심으로 자리매김하게 만드는 중요한 기반이 되고 있다.

채용 공고를 통해 질병관리청 의사공무원의 업무와 자격 요건, 근무 환경에 대해 자세히 알아볼 수 있다. 2024년 질병관리청 공무원 경력경쟁 채용시험 공고는 보건연구관을 채용하기 위한 것이다. 질병관리 보건연구관은 감염병 예방과 관리를 담당하며, 의사면허증 소지자만 지원 가능하다. 헬스케어 보건연구관은 헬스케어 데이터를 활용한 인공지능 기술 개발 및 연구를 담당하고, 의사면허증을 소지해야 하며, 다른 전문 면허나 학위, 경력을 가진 경우 추가적인 관련 경력이 요구된다.

구분	질병관리 보건연구관	헬스케어 보건연구관
역할	감염병 예방 및 관리 전문가	디지털 헬스케어 및 인공지능 연구 전문가
주요 업무	• 감염병 관련 법령 및 제도 운용 • 감염병 예방·관리 계획 수립 • 감염병 진단검사 관리체계 구축 • 감염병 위기 대응 및 방역사업 기획·조정	• 헬스케어 데이터를 활용한 인공지능 연구 • 딥러닝 기반 기술 개발 및 평가 • 디지털 헬스케어 데이터 관리 및 분석 • 헬스케어 인프라 환경 개발

자격 요건	• 의사면허증 소지자	• 자격증: 의사면허증 소지자 혹은 수의사·
		  약사·전문간호사 중 하나를 소지하고 관
		  련 분야 7년 이상 근무
		• 경력: 관련 분야 10년 이상 근무, 공무원
		  경력 3년 이상, 민간 경력 관리자 3년 이상
		• 학위: 관련 전공 박사학위 또는 석사학위
		  취득 후 4년 이상 실무

근무 구분	질병관리청(오송)	국립보건연구원(오송)
근무 기간	정년 적용	정년 적용
연봉	공무원 보수규정에 따름 (경력에 따라 결정)	공무원 보수규정에 따름 (경력에 따라 결정)

[3-4] 2024년 질병관리청 공무원 경력경쟁 채용시험 공고

2024년 10월 국정감사 결과, 코로나19 기간 동안 질병관리청에서 근무하던 의사면허 소지자 20명이 퇴사했으며 현재는 23명만 근무 중이라는 사실이 확인되었다. 의사 인력 부족과 근무 환경의 개선은 질병관리청이 해결해야 할 중요한 과제로 남아 있다.

식품의약품안전처에서 일하는 의사가 있다

식약처 공무원은 국민의 건강과 안전을 지키기 위해 다양한 분야에서 전문성을 발휘하고 있다. 이들은 의약품, 의료기기, 백신, 화장품, 식품 등 국민 생활과 밀접한 제품의 안전성과 품질을 관리하며, 보건 규제 정책의 중심에서 활약하고 있다. 식약처에서 의사들은 의학적 지식을 바탕으로 다양한 역할을 담당할 수 있다. 과거에는 의약품안전국장과 바이오생약심사부장 등 주요 직책에서 근무했던 의사들이 있었으나, 현재 식약처 의사공무원의 대부분은 임상심사위원으로 활동하고 있다.

임상심사위원은 의약품과 의료기기의 안전성과 유효성을 평가하며, 국민 건강을 지키는 데 핵심적인 역할을 담당한다. 이들의 주요 업무는 다음과 같다.

○ 임상시험 계획서 심사: 임상시험 설계의 타당성을 검토하고, 시험의 안전성과 과학적 근거를 평가한다.
○ 부작용 및 이상 사례 검토: 시판 후 발생하는 안전성 데이터를 지속적으로 모니터링하며, 문제가 발견되면 신속히 대응한다.
○ 품목 허가 심사: 신약 및 의료기기의 허가 여부를 결정하며, 규제 기준에 부합하는지 확인한다.
○ 규제 자문 제공: 제약사와 의료기기 제조사에 임상시험 설계와 관련된 기술적 자문을 제공하고, 국제 기준에 부합하는 평가체계를 마련한다.

임상심사위원들은 의약품 개발부터 허가까지의 모든 과정을 심사하며, 국민이 안심하고 사용할 수 있는 환경을 조성하는 데 보람을 느낀다고 말한다. 식약처에서의 업무를 수행하기 위해서는 임상시험과 관련된 전문지식이 필수적이다. 임상시험 1, 2, 3상을 경험하거나, 프로토콜을 작성한 경험은 심사 업무를 효율적으로 수행하는 데 큰 장점이 된다. 특히, 의사로서의 임상 경험은 심사 업무에 실질적인 기여를 한다. 또한 항암제 관련 지식, 진단검사의학과 또는 병리과 전공 경험은 의료제품 심사와 평가 과정에서 강력한 기반이 된다. 임상심사위원은 의학적 전문성과 풍부한 경험을 바탕으로 국민 건강을 보호하고, 의료제품의 안전성과 유효성을 보장하며, 보건체계의 신뢰를 강화하는 데 중요한 역할을 맡고 있다.

식약처 의사공무원은 전문성과 헌신을 바탕으로 국민 건강과 안전을 위해 노력하고 있지만, 의사 인력 부족이라는 오랜 과제에 직면해 있다. 이 문제는 미국 FDA와의 비교를 통해 그 심각성이 꾸준히 지적되어 왔다. 미국 FDA는 설립 초기부터 의약품, 의료기기, 생물학적 제제의 임상적 평가와 안전성 검토를 중시하며, 의사의 역할을 필수적인 요소로 강조해왔다. FDA는 임상시험, 실사용 데이터 분석 등 의료 전문지식이 요구되는 업무가 많아 의사가 핵심 인력으로 자리 잡고 있다. 반면, 한국 식약처는 식품 중심의 규제기관으로 출발해서 이후 의약품과 의료기기로 업무 범위를 확장했다. 그러나 이에 따라 약학, 생명과학, 화학 전공자가 주로 채용되었고, 의사의 역할은 상대적으로 축소되었다. 이로 인해 정부기관 중에서도 특히 식약처의 의사 인력 부족 문제는 심각한 상황이다.

2019년 7월, 당시 임상심사위원으로 근무했던 강윤희 선생님은

의사는 이렇게도 일한다

1인 시위를 통해 식약처의 의사 부족 문제를 공론화했다. 의사 인력 부족이 의약품 안전성 데이터 관리의 부실로 이어졌으며, 식약처가 이를 개선할 의지가 없다고 비판했다. 이러한 주장은 같은 해 10월, 국회 국정감사에서도 데이터로 확인되었다. 2017~2019년 8월, 제약 회사가 제출한 "정기 안전성 업데이트 보고서(PSUR)" 1,088건 중 식약처가 시정조치를 취한 사례는 44건(4.0%)에 불과했다. 중대한 약물 이상반응 중 5건의 사망 사례가 보고되었지만, 이 중 4건에 대해서는 식약처의 검토가 이루어지지 않은 것으로 확인되었다.

그러나 현재까지도 식약처의 의사 인력 부족 문제는 해결되지 않았다. 2023년 기준, 식품의약품안전평가원 심사부서의 인력 184명 중 의사 출신 공무원은 단 한 명도 없었다. 비정규직 공무직인 임상심사위원까지 포함하더라도 전체 심사 인력 364명 중 의사는 19명에 불과한 실정이다. 현재 식약처는 필수적인 전문 인력 채용에 어려움을 겪고 있다. 의사뿐만 아니라 약사, 수의사, 관련 석·박사 등 전문 인력이 전반적으로 부족한 상황이며, 이는 낮은 임금과 높은 업무 강도가 주요 원인으로 지목된다. 식약처 관계자는 "민간기관보다 경쟁력 있는 근무 조건을 제공하지 못해 지원자가 거의 없는 상황"이라며, "관련 협회와의 협력을 통해 채용 홍보를 강화하고 추가 예산을 확보해 전문 인력을 지속적으로 충원할 계획"이라고 밝혔다.

식약처는 2025년까지 신약 및 신기술 의료기기의 신속한 시장 진입을 위해 허가 제도를 대대적으로 개편할 계획이다. 이를 위해 신약 허가 전담 심사팀을 신설하고, 허가 기간을 기존 420일에서 295일로 단축하기 위해 전문 심사 인력 비중을 현재 31%에서 70%로 확대할 방침이다. 식약처의 역할 강화를 위해서는 의사를 포함한 전문 인력의 처우와 업무 환경 개선이 필수적이다. 전문 인력 부족은 허가 심사 과정의 전문성을 저하시키고 국민 건강 보호에 부정적인 영향을 미칠 수 있다. 식약처는 전문 인력이 충분한 역량을 발휘할 수 있는 환경을 조성해야 하며, 이는 국민 건강증진 및 바이오산업 발전과 경쟁력 강화로 이어질 것이다.

법의학자는 모두 공무원일까?

법의학(法醫學, Forensic Medicine)이란 의학을 기반으로 법적 문제를 다루는 학문이다. 이는 법률체계에서 활용되는 과학적 증거와 분석을 제공하며 사망 원인, 부상, 범죄 현장의 증거 등을 과학적으로 분석하여 사법 절차와 정의 실현에 기여한다. 법의학은 형사 사건에서 특히 중요한 역할을 하며 변사자 부검, 상해 감정, 독극물 검사 등 다양한 영역에서 법적 판단을 위한 객관적이고 과학적인 정보를 제공한다. 의학과 법학이 결합된 분야로 의학적 전문지식과 함께 법률적 이해가 요구되며, 인권 보호와 법 집행의 공정성을 유지하는 데 핵심적인 역할을 한다.

한국에는 법의학 전문의 제도가 없다. 대신, 대한법의학회는 법의학 인정의 제도를 운영하고 있다. 이는 학회 차원에서 법의학 전문의로서의 최소 기준을 마련한 것으로, 의사 자격 소지자를 대상으로 하며 법의학 관련 실무 경력을 가지고 학회에서 제공하는 교육과정을 이수한 후 법의학 인정의 시험에 합격해야 한다. 주로 부검 업무를 수행하므로 병리과 전문의 지원자가 많지만 법의학은 병리학 외에도 해부학, 생물학, 유전학, 독성학, 영상의학 및 심리학까지 다양한 지식을 요구하며 종합적인 접근을 필요로 한다.

법의학 전공자의 진로는 크게 두 가지로 나뉘는데, 의과대학 법의학교실 교수나 국과수에서 법의관으로 일하는 것이다. 전국 의과대학 중 법의학교실이 있는 곳은 10곳(서울대학교, 연세대학교, 고려대학교, 가톨릭대학교, 충북대학교, 경북대학교, 전북대학교, 전남대학교, 부산대학교, 제주대학교)이다. 법의학 교수로 근무하는 경우, 국과수와 협력하여 지역 경찰이 의뢰한 촉탁부검을 수행하고 법정에서 증언을 할 수도 있다. 법의학 강의와 연구를 진행하며, 의대생을 대상으로 법의학 선택 실습 과정이나 석·박사 과정을 통해 법의학 전문 인력을 양성하기도 한다. 또한 경찰관 등 법의학 교육이 필요한 인력을 대상으로 특별 교육 프로그램도 운영한다.

국립과학수사연구원(National Forensic Service, NFS, 국과수)은 행정안전부 산하기관으로 법의학, 법과학, 화학, 생물학 등의 다양한 분야에서 전문 감정과 연구를 수행하고 있다. 1955년에 설립되었으며 1999년에는 경찰 조직에서 분리되어 정치적 중립성을 갖추게 되었다. 대한민국 부검의 역사는 1987년 박종철 고문치사 사건을 계기로 중요한 전환점을 맞았다. 당시 국과수 법의학과장이던 황적준 선생님은 박종철 군의 사인이 경찰이 발표한 '단순 쇼크사'라는 것을 뒤집고, '타살'임을 과학적으로 밝혀냈다.

이 사건은 국과수의 과학적 감정과 정치적 중립의 중요성을 알리는 계기가 되었다. 이후 경찰은 현장 감식을 위한 별도의 조직을 만들었다. 한국과학수사대(Korea Crime Scene Investigation, KCSI)는 경찰청

소속으로 제한된 수사권을 가지며, 범죄 및 사고 현장에서 증거를 수집하는 등 초기 조사를 수행한다. 현장 감식을 통해 해결되지 않는 자료를 국과수에 감정을 의뢰한다. 국과수 연구원은 수사권이 없는 독립된 전문 분석기관으로, 경찰로부터 의뢰받은 자료를 전문적이고 과학적으로 분석하며 사건의 진실 규명에 중요한 단서를 제공한다.

국과수에서는 법의관뿐만 아니라 약사, 간호사, 생화학 전공자 등 다양한 전문가가 함께 일한다. 국과수 법의관으로 근무하려면 의사 면허와 함께 2년 이상 법의학, 병리학, 해부학, 임상의학 등 관련 분야의 경력이 필요하다. 의사가 아닌 법의조사관의 경우에는 병리학, 법의학 등 관련 분야의 석사학위나 관련 경력이 요구된다. 국과수 조사관은 원칙적으로 공무원 시험을 통해 공개채용되지만, 최근에는 국과수에서 특별채용을 진행하는 경우가 늘어나고 있다. 이는 점점 복잡해지고 있는 과학수사 분야에서 전문 인력 확보의 중요성이 커지고 있음을 보여준다.

현재 한국 법의학의 현실은 심각한 인력 부족과 업무 과중이라는 문제에 직면해 있다. 대한법의학회가 발표한 "법의학 전문 감정 연구 인력 인재 양성방안 연구 최종보고서"에 따르면, 2020년 기준 한국에서 활동 중인 법의학자는 63명에 불과하다. 이 중 국과수 소속 부검의 30명, 국방부 과학수사연구소 소속 2명, 대학 소속 법의학자 15명, 개원의 10명, 은퇴 후 촉탁부검의로 활동 중인 인력 6명이다. 국과수 통계에 따르면, 2022년 말 기준 법의관 정원은 51명이지만 실제 근무 중인 인원은 33명이었다. 같은 해 법의관들이 수행한 전체 부검·검안 건수는 8,443건이었다.

그래도 법의학자들은 법의학이 주는 특별한 매력과 성취감을 이

의사는 이렇게도 일한다

야기한다. 법의학은 단순히 사망 원인을 밝히는 것을 넘어, 사법정의 실현과 인권 보호에 기여하는 학문이다. 법의학자의 업무는 사건마다 새로운 조건을 분석하며, 예상치 못한 단서를 발견하여 사건을 해결하는 도전적인 탐구의 과정이다. 이 과정에서 법의학자로서 지적 만족감과 성취감을 느낄 수 있다. 최근에는 분자생물학과 유전자 분석 기술 등 최신 기술이 도입되면서 사건 해결과정이 더욱 정밀해지고 있다. 법의학자들은 이러한 신기술을 활용하여 과거에는 불가능했던 사건을 해결하면서 끊임없이 성장하고 있다.

또한 법의학은 다양한 학문이 융합된 분야로, 지속적인 학습과 연구를 통해 독보적인 전문가로 성장할 수 있다. 방대한 업무량과 범죄 현장에서 마주하는 스트레스 그리고 고도의 윤리의식이 요구되는 직업이지만, 법의학자는 과학적 탐구와 정의 실현이라는 두 가지 가치를 결합하며 사회에 기여하는 의미 있는 직업으로 자리 잡고 있다.

공공기관에서 일하는 의사가 있다

보건복지부 산하에는 국민의 건강증진과 복지 향상을 위해 다양한 공공기관이 운영되고 있다. 2024년 기준 공공기관은 총 28개로, 이 중 건강보험심사평가원, 국민건강보험공단, 국민연금공단, 한국사회보장정보원은 준정부기관이며, 그 외 24개의 기타 공공기관이 있는 것으로 확인되었다.

○ 건강보험심사평가원: 건강보험 급여비용 심사와 의료 서비스 평가

○ 국가생명윤리정책원: 생명윤리와 안전에 관한 정책 연구 및 교육

○ 국립암센터: 암 예방, 연구, 진료, 국가 암 관리 사업 주도

○ 국립중앙의료원: 공공의료 거점 병원 운영 및 재난·응급의료 지원

○ 국민건강보험공단: 국민건강보험의 운영과 관리, 건강검진 제공

○ 대한적십자사: 인도적 구호 활동 및 혈액 사업 수행

○ 대구경북첨단의료산업진흥재단: 첨단의료기기·바이오산업 육성 지원

○ 사회보장정보원: 사회보장 정보화 사업 및 데이터 관리

○ 오송첨단의료산업진흥재단: 첨단의료기기 개발과 산업화 지원

○ 의료기관평가인증원: 의료기관의 평가와 인증을 통해 의료 품질 개선

○ 중앙사회서비스원: 사회서비스 품질 향상과 체계적 지원 제공

○ 한국건강증진개발원: 국민 건강증진을 위한 정책 개발 및 사업 추진

○ 한국공공조직은행: 인체조직의 공공 조달 및 안전한 분배 관리

○ 한국노인인력개발원: 노인 일자리 창출 및 인력 개발 사업 수행

○ 한국보건복지인재원: 보건복지 인력 양성과 전문교육 제공

○ 한국보건산업진흥원: 보건산업 발전 및 국제 경쟁력 강화를 지원

○ 한국보건의료연구원: 보건의료기술과 정책의 근거 기반 연구 수행

○ 한국보건의료정보원: 의료 데이터 표준화 및 정보화 사업 추진

○ 한국보육진흥원: 보육 서비스의 질 향상과 어린이집 지원

○ 한국사회복지협의회: 사회복지 증진을 위한 협력과 지원 수행

○ 한국생명존중희망재단: 자살 예방 및 생명 존중 문화 확산 사업 수행

○ 한국의료분쟁조정중재원: 의료 분쟁의 중재를 통해 환자 권익 보호

○ 한국장례문화진흥원: 선진 장례 문화 조성을 위한 연구와 지원

의사는 이렇게도 일한다

○ 한국장애인개발원: 장애인 복지 증진 및 정책 지원

○ 한국자활복지개발원: 저소득층 자립 및 자활 지원사업 운영

○ 한국적십자사혈액관리본부: 안전한 혈액 수급과 헌혈 사업 관리

○ 한국한의약진흥원: 한의약 연구 개발 및 산업화 지원

○ 한국희귀·필수의약품센터: 희귀·필수의약품의 수급과 공급 관리

건강보험심사평가원은 요양기관으로부터 청구된 요양급여비용을 심사하고 요양급여의 적정성을 평가하고 있다. 심사를 담당하는 진료심사평가위원회 상근심사위원의 경우 원칙적으로 공개채용으로 진행된다. 상근심사위원의 임기는 2년이며, 연임 제한이 없어 실적이 좋고 관련 분야의 기여도가 높은 경우 연임도 가능하다. 2024년 심평원 모집 공고에 의하면, 상근심사위원의 경우 원주 본원 및 서울·경기 및 8개 지역에서 총 52명을 모집하며, 지원자격은 의사면허 및 10년 이상의 의과대학·의료기관의 경력이 필요하다. 입원적정성심사전문위원의 경우, 의사면허 취득 후 10년 이상 경력이 있는 내과 및 신경외과 전문의를 각 1명씩 모집하였다. 이외에도 의사는 임원이나 일반 직원으로 채용될 수도 있다. 심평원 행정직으로는 치과의사가 급여기준실장으로 근무했던 사례가 있으며, 자동차보험심사센터에는 촉탁심사위원으로 의사들이 근무하기도 한다.

국민건강보험공단은 건강보험의 보험자로서 가입자 자격 관리, 보험료의 부과·징수 및 보험급여비용 지급 등의 업무를 수행한다. 국민건강보험공단은 특별채용 없이 공개채용을 통해 서류와 면접심사를 거쳐 의사 인력을 채용한다. 2020년 하반기 '개방형직위·전문인력 공개모집'은 서울, 부산, 대구, 광주, 세종 등 5개 지역본부의 건

강지원센터장(2급)을 채용하기 위한 것이다. 주요 업무는 일차의료 만성질환 관리사업을 총괄하며, 건강검진 사후관리사업과 커뮤니티 케어 사업 추진, 지역 단위 건강사업이다. 지원자격은 의사면허 및 5년 이상의 의료기관·대학·보건의료 분야 실무 경력이 필요하다. 전문 인력 채용 시 전문직 유형에 따라 직급이 다르며, 의사는 2급 상당으로 채용된다.

이 외에도 '군무원'이 있다. 군무원으로 근무하는 의사들은 군 병원에서 군인 및 군무원, 그 가족들의 건강관리를 담당하며, 군 의료 시스템의 핵심적인 역할을 수행한다. 군의무사령부는 수도병원, 대전병원, 양주병원 등 군 병원에서 일할 의사를 민간 계약직으로 공개채용한다. 전문임기제 군무원의 직급 체계는 '가'에서 '마'까지로 나뉘며, 의사는 '가' 등급으로 가장 높은 직급에 해당한다. 군무원 의사 채용 공고는 국방부 및 각 군 병원의 공식 웹 사이트, '나라일터'와 같은 정부 채용 포털을 통해 확인할 수 있다. 그 외의 공공기관의 경우에도 원칙적으로 공개채용으로 진행된다.

의사공무원의 장점은 무엇일까?

의료직 의사공무원은 안정된 고용과 정기적인 근무시간이 보장된다는 장점이 있다. 민간병원에 비해 수익이나 경쟁에 대한 압박이 덜하고, 삶의 균형을 맞추기도 유리하다. 그러나 많은 의사공무원이 이 직업을 선택한 이유로 가장 먼저 이야기하는 건 '사회적 기여와 보람'이다. 환자 개개인을 진료하는 것을 넘어, 지역사회 전체의 건강을 책임지는 역할을 수행하고 공공의료의 가치를 실현할 수 있기 때문이다. 이러한 점에서 의료직 의사공무원은 단순히 안정된 직업을 넘어 직업적 의의와 보람을 찾을 수 있는 선택이기도 하다.

보건직 의사공무원은 의료 관련 정책 수립과 행정 업무에 참여하며, 의료 시스템 개선에 직접적인 영향을 미치는 중요한 역할을 수행한다. 의사로서의 경험과 전문성을 살려 보건의료 관련 정책을 구상하고 이를 실현하는 과정에서 개인의 아이디어를 구체화하여 실제 정책으로 발전시킬 수 있다는 점에서 큰 직업적 매력을 느낄 수 있다. 또한 보건의료 기반을 설계하고 이를 통해 많은 사람에게 직접적인 혜택을 제공하는 과정에서 사회적 보람을 경험할 수 있다. 공공의료와 정책 분야에서의 역할은 개인의 전문성을 사회 전체로 확장시키는 특별한 기회를 제공한다.

의사공무원은 임상 의사에 비해 더 많은 교육과 자기개발의 기회를 가질 수 있다. 다양한 업무를 통해 경험을 확장하고 새로운 경력을 쌓을 수도 있고, 국가의 지원을 받아 연수나 교육 기회가 주어진다는 점도 장점이다. 해외의 유명 의료기관으로 연수를 가거나, WHO나 OECD 등 국제보건의료기구로 파견되어 일할 기회가 있다. 이러한 국제 경험은 국내 보건의료 정책에 새로운 시각과 경험을 더하며, 젊은 의사들에게 공직 진출의 동기로 작용할 수 있다.

또한 의사공무원은 국가기관에서의 업무 경력을 바탕으로 다양한 진로를 선택할 수 있다. 경험을 공유하기 위해 대학이나 교육 프로그램에서 강의를 하고, 다양한 기업과 연구소에서 자문 역할을 수행할 수 있다. 은퇴 후에도 보건의료와 관련된 분야에서 활동할 기회가 많다. 신약 허가 및 규제 대응 경험을 바탕으로 제약회사로 진출하여, 신약개발과 임상시험 설계를 주도할 수 있다. 급여 기준과 보장성 정책에 대한 경험을 바탕으로 보험회사 혹은 신의료기술을 준비하는 벤처회사로 진출할 수도 있다. 감염병이나 재난의학과 같은 보건 위기 대응 분야에서 쌓은 경험을 바탕으로 WHO와 같은 국제기구에서 정책 자문을 하거나 프로젝트 리더로 활동할 기회가 열리기도 한다. 공공보건 프로젝트의 경험을 바탕으로 지역사회 건강증진 활동에 참여하거나, NGO와의 협력하에 새로운 활동을 주도할 수 있으며, 이러한 경험을 통해 의료 봉사 혹은 국제보건 문제 해결에도 참여할 수도 있다.

이처럼 의사공무원은 공공과 민간을 넘나들며 폭넓은 네트워크를 쌓고 강의, 연구, 컨설팅 등 다양한 역할을 수행할 수 있어 진로 선택의 폭이 넓고 유연하다는 장점이 있다.

의사공무원이 되려면
어떻게 해야 할까?

공공의료기관에서 근무하는 의료직 공무원의 경우 각 기관의 필요에 따라 '특별채용' 형식으로 선발되는 경우가 많다. 의료직 공무원의 경우 의사면허 소지 후 2년 이상의 경력이 있으면 5급 사무관으로, 6년 이상의 경력이 있으면 4급 서기관으로 경쟁 특별채용이 가능하다. 국립병원장과 국립병원 진료부장을 제외하면 의료직 공무원의 최고 직급은 대부분 3급이며, 임기제로 채용되는 경우가 많다. 공

의사는 이렇게도 일한다

무원 급여는 급수에 따른 기본급과 경력에 따른 호봉으로 산정되며 인턴, 전공의, 군 복무 기간은 경력으로 인정받는다.

보건직 공무원의 경우 주로 '일괄채용 시험' 형식으로 선발된다. 의사 자격 소지자는 국가공무원 5급 민간경력자 일괄채용 시험을 통해 보건사무관, 의무사무관, 환경사무관과 의학 및 공중보건 연구직 공무원, 환경연구관 등에 지원할 수 있다. 과거 일부 특별채용 방식이 있었으나 현재는 거의 시행되지 않는다. 보건복지부와 질병관리청 등 산하기관의 인력 채용은 인사혁신처에서 주관한다.

의사 자격자를 대상으로 한 5급 공무원 채용 절차는 매년 한 차례 일반공무원 채용과 함께 진행된다. 채용 절차는 필기시험, 공직적격성평가, 서류전형, 면접전형으로 구성된다. 4월에 채용 공고가 올라오면, 6월 중에 원서접수가 시작되고 7월에 필기시험이 실시된다. 필기시험은 언어논리, 자료해석, 상황판단 3개 영역에서 기본적인 판단력과 사고력을 평가하고, 시험 결과에 따라 선발 단위별로 10배수의 1차 합격자가 결정된다. 의사면허 소지자의 경우 필기시험을 면제받는 경우도 있다. 1차 합격자는 서류전형을 온라인으로 제출한다. 이후 서류전형을 통해 고득점 순으로 3배수의 2차 합격자가 선정되며, 마지막 면접전형에서 공직자로서의 업무 수행 능력을 종합적으로 평가받는다. 최종 합격자는 연말에 발표되며, 이듬해 2월경 국가공무원 관리자 과정 교육을 이수한 후, 4월 각 부처에 최종 임용되면서 공직자의 길이 시작된다. 자세한 사항은 인사혁신처 홈페이지에서 확인할 수 있다.

보건직 의사공무원이 되는 데 특정 전문과목이 유리하지는 않다. 주로 예방의학, 가정의학, 일반의 출신이 많으며 내과, 외과, 소아과,

응급의학과 등 주요 과목 전문의도 선호된다. 경우에 따라 특정 과목 전문의를 채용하기도 한다. 채용 분야에 따라 자격 기준이 달라질 수 있으므로, 본인의 경력과 관심에 맞는 준비가 필요하다. 평소 보건의료 제도, 정책, 복지를 포함한 사회 정책에 관심을 가지는 것이 중요하며 보건행정, 보건관리, 역학, 보건통계학 등에 대한 수업을 듣는 것도 좋다.

보건 정책 분야로 진출할 계획이 있는 경우 관련 경력이나 학위를 준비하는 것도 도움이 된다. 서울대학교, 연세대학교 등 보건행정 대학원에 진학하면 학문적 기반을 다지는 동시에 의사공무원 선배와의 네트워킹을 쌓을 수 있다. 일부에서는 처음부터 행정고시를 추천하기도 한다. 행정고시 출신 공무원은 의사 자격뿐만 아니라 개인의 행정 능력 자체를 인정받을 수 있고, 동기회를 통한 네트워킹 및 정보관리에서 유리하기 때문이다. 또한 고위공직으로의 진출 가능성이 높아지는 장점이 있다. 추가적으로 기획, 행정, 보고서 작성법, 시간 관리, 커뮤니케이션, 리더십 등 실무적인 기술을 익히는 것도 공직자로서 역량을 강화하는 데 도움이 될 것이다.

구체적인 공무원 채용 정보는 인사혁신처, 각 정부부처, 지방자치단체 홈페이지에서 확인할 수 있다. 나라일터, 공공기관 채용 정보 시스템(알리오), 정부24 등에서도 채용 공고가 수시로 업데이트된다. 특히 '나라일터'는 모든 정부부처의 공무원 채용 공고를 통합 제공하므로 활용하기 좋다. 또한 공무원 시험 카페 및 커뮤니티에서 추가 정보를 얻을 수도 있다. 의사공무원 채용 정보는 '의사공무원'으로 명시되지 않으므로, 관련 단어인 '의사' '의료' '의무' '보건' 등의 키워드 조합으로 검색하면 찾을 수 있다. 또한 '의무사무관'이나 '보건소장' '보건의료원장' '보건사무관' '의무연구관' 등 채용 조건을 확인하면 의사 자격이 필수인지 최종적으로 확인이 가능하다. 채용 공고를 통해 지원자격, 구체적인 업무 내용, 근무 조건, 연봉 등 보다 구체적인 정보를 확인할 수 있다.

○ 보건복지부 홈페이지 (https://www.mohw.go.kr)

○ 질병관리청 홈페이지 (https://www.kdca.go.kr)

○ 식약처 우수인재 채용시스템 (www.mfds.go.kr/employ)

○ 국민건강보험공단 홈페이지 (https://www.nhis.or.kr)

○ 건강보험심사평가원 채용센터 (https://hira.recruitlab.co.kr)

○ 지방자치단체 홈페이지

○ 나라일터 (https://www.gojobs.go.kr)

○ 알리오 (https://www.alio.go.kr)

○ 워크넷 (https://www.work.go.kr)

○ 그 외 취업 포털의 공공기관 채용 정보 검색

공공부문 인재 발굴을 위해 국민추천제와 국가인재데이터베이스가 적극 활용되고 있다. 국민추천제는 국민이 직접 인재를 추천하거나 본인이 이력을 등록해서 공직 후보자로 참여할 수 있는 제도다. 이를 통해 보건복지부, 질병관리청 등 보건의료기관뿐만 아니라 법무부, 행정안전부 등 다양한 부처에서 전문 인재를 발굴한다. 국가인재데이터베이스는 인사혁신처가 운영하는 전문 인재관리 시스템으로 대통령 임명 정무직, 공공기관장, 주요 위원회 구성 등에 활용된다. 2023년 기준으로 약 36만 명의 전문가 정보가 포함되어 있으며,

의학·약학 분야는 약 7%를 차지한다. 이 두 제도는 공공부문에서 적합한 인재를 체계적으로 발굴하고 관리하는 데 활용되고 있다.

의사공무원의 미래 전망은 어떠한가?

의사공무원은 국민 건강증진과 보건의료체계 강화를 책임지는 핵심 역할을 맡고 있다. 감염병, 정신건강, 만성질환 등 국가적 보건 문제를 해결하기 위해 전문성을 발휘하며, 정책의 수립부터 실행까지 전 과정에서 중요한 기여를 하고 있다. 특히 팬데믹과 같은 국가적 위기상황에서는 이들의 임상 경험과 공중보건 지식이 효과적으로 활용되며, 위기 대응의 중심 역할을 했다. 이러한 의사공무원의 헌신과 전문성은 공공의료의 기반을 강화하고, 보건의료체계에 대한 신뢰를 높이는 데 필수적이다. 앞으로도 변화하는 의료 환경에 발맞춰 의사공무원의 수요는 꾸준히 증가할 것으로 예상된다.

동시에 의사공무원이 근무할 수 있는 기관과 부처는 점차 다양해지고 있다. 보건복지부, 질병관리청, 식품의약품안전처, 법무부, 국방부, 행정안전부, 국가보훈부 등 보건의료와 직결된 부처 외에도 국가정보원, 과학기술정보통신부, 통일부, 환경부 등에서도 의사공무원에 대한 필요성이 꾸준히 증가하고 있다. 더 나아가 특허청, 고용노동부, 여성가족부, 국가인권위원회 등 다양한 기관에서도 의사공무원의 역할이 확대될 것으로 보인다. 이는 건강이나 보건의료의 중요성이 사회 전반에서 높아지는 흐름에 따라 나타나는 자연스러운 변화다.

의사는 이렇게도 일한다

한국에서 의사공무원의 수는 여전히 부족하다. 만성적인 의사공무원 인력난을 개선하기 위해 인사혁신처는 2023년 4월에 의사공무원 처우 개선에 대한 대책을 발표하였다. 이번 대책은 연봉 상한 폐지, 정원 제한 완화, 근무 여건 개선 등을 포함하며 의사공무원의 공직 진입을 적극적으로 지원하는 내용으로 구성되었다.

○ 연봉, 민간 수준으로 자율 책정 가능: 인사혁신처는 의사공무원의 연봉을 민간 수준으로 책정할 수 있도록 관련 제도를 대폭 개선했다. 각 기관은 동일 직급·경력의 일반공무원 연봉의 200%까지 자율적으로 지급할 수 있으며, 민간 보수 수준과 인력 수급 상황에 따라 적정 연봉을 더욱 폭넓게 책정할 수 있도록 추가적인 규제 완화를 추진 중이다. 또한 의료 업무 수당도 인상할 예정이다.

○ 임기제 정원 제한 완화: 유연한 인사 운영을 위해 임기제 정원 제한을 완화하여 더 많은 의사공무원이 채용될 수 있도록 한다. 이를 통해 국립병원과 교정시설 등 국가 의료기관에서 발생하는 인력 공백을 해소하고, 공공의료 서비스의 질을 높이는 데 기여할 방침이다.

○ 전문성 강화와 근무 여건 개선: 정부는 해외 학술대회 참가 및 우수 교육 프로그램 참여 기회를 확대해서 의사공무원이 전문직으로서 자부심을 갖고 자기개발을 지속할 수 있도록 지원할 예정이다. 이를 통해 의사공무원의 직업 만족도를 높이고, 장기적인 공직 근무를 유도할 계획이다.

○ 맞춤형 채용 홍보와 인재풀 구축: 경력 전환기 의사, 퇴직 의사, 전·현직자 추천 대상자를 포함하여 공직에 대한 관심이 높은 집단을 발굴하고, 이들로 구성된 채용 후보군을 활용해서 의사공무원 채용

을 확대할 계획이다. 이와 함께 공공부문 채용 플랫폼인 '나라일터' 와 민간 포털, 학회 홈페이지를 통해 맞춤형 채용 홍보를 강화할 방침이다.

이러한 긍정적인 흐름에도 불구하고, 의사공무원들은 여전히 여러 가지 어려움에 직면하고 있다. 과거에는 전문적 지식을 활용하여 프로젝트를 주도하거나 임상 경험을 정책에 반영하는 것에서 보람을 느낄 수 있었지만, 최근에는 이미 결정된 정책을 실행하는 단순한 업무만을 하고 있다는 어려움을 호소한다. 이러한 경직된 구조로 인해 의사공무원들이 전문성과 창의성을 발휘할 기회가 줄어들고 있다. 또한 관료주의적 조직 문화는 의사공무원을 단순한 구성원으로 간주하거나 과도한 업무로 소모시키는 경우도 적지 않다. 이러한 구조적 문제는 젊은 의사들이 공무원직에 지원하기를 주저하게 만드는 요인이 되고 있다. 낮은 급여, 과중한 업무 부담 그리고 주도적으로 일하기 어려운 현실이 의사공무원 인력이 부족한 이유다.

이러한 문제를 해결하기 위해서는 의사공무원의 전문성을 인정하고, 행정공무원의 기획력과 결합하여 정책 발전을 위한 협업체계를 구축해야 한다. 더 나아가, 의사공무원들이 정책 설계와 실행 과정에서 전문성을 살려 주도적인 역할을 할 수 있도록 지원해야 한다. 또한 급여와 업무 환경을 개선하여 근무 지속성을 높이는 것도 중요하다. 이러한 변화가 이루어진다면, 의사공무원들은 자긍심을 느끼며 공공의료체계에 지속적으로 기여할 수 있을 것이다.

의사공무원의 미래는 단순한 직업 선택의 문제가 아니다. 이는 국가 보건의료체계의 성과와 직결되는 중요한 과제다. 의사공무원의

의사는 이렇게도 일한다

헌신과 전문성을 효과적으로 활용하기 위해서는 제도적 개선과 인식의 변화가 필수적이다. 이들의 역할을 재정립하고, 더 나은 환경을 조성하는 것은 국민 건강증진과 삶의 질 향상을 위한 중요한 기반이 될 것이다.

의사과학자가
있다

- 의사과학자는 누구일까?
- 해외에서 의사과학자는 어떤 일을 할까?
- 한국의 의사과학자의 상황은 어떠할까?
- 의사과학자가 되려면 어떻게 해야 할까?
- 의사과학자의 미래 전망은 어떠한가?

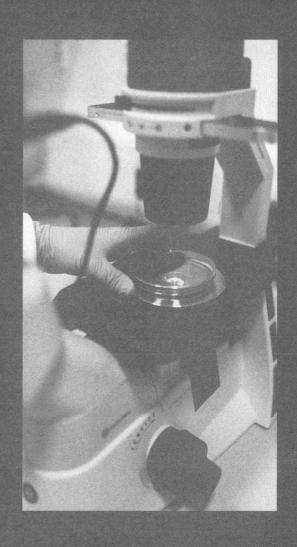

의사과학자는
누구일까?

　　의사과학자(Physician-Scientist)란 임상 진료와 과학연구를 동시에 수행하는 의사로, 주로 기초의학연구와 중개연구(translational research)를 담당한다. 중개연구란 실험실에서 얻은 생명과학 기술의 결과를 실제 임상 치료에 적용하기 위한 연구다. 최근 연구의 패러다임이 기존의 실험실 중심에서 인간 중심 연구로 변화하면서, 임상 이해도가 높은 의사과학자의 역할이 더욱 중요해지고 있다. 특히 의사과학자는 '충족되지 않은 의학적 요구(medical unmet needs)'를 정확히 파악하고, 기초연구로부터 얻은 아이디어를 바탕으로 실험 가능한 연구 가설과 디자인을 설계하여 실질적인 연구 결과를 도출한다. 이는 바로 임상 적용으로 이어져 의료의 질 향상과 의학의 발전에 기여한다.

　　현재 의사과학자에 대한 정의는 다소 모호하다. 일반적으로 의사과학자란, 의학 관련 연구를 수행하는 의사를 말한다. 의사과학자를 환자 진료와 임상연구를 병행하는 사람으로 정의한다면, 한국의 의과대학 교수 대부분이 의사과학자에 해당될 수 있다. 반면에 임상 진료를 하지 않는 기초의학 교수는 기초의학 연구자로 분류하고, 의사과학자에 포함시키지 않기도 한다. 미국과 유럽에서는 박사학위를 취득한 의사 대부분이 의사과학자로 활동하므로 의사과학자와 의사-박사(MD-PhD)를 혼용해서 사용하기도 한다. 그러나 국내에서는 박사학위를 취득한 의사 중 연구를 지속하지 않는 경우가 많으므로 두 가지를 같은 개념으로 보기 어렵다. 임상연구에 참여하더라도 의사가 아닌 연구자의 경우에는 의과학자(medical scientist) 또는 생명과학자(life scientist)라고 한다.

2021년 한국보건산업진흥원은 의사과학자를 '기초의사과학자'와 '임상의사과학자'로 분류하고 있다. '기초의사과학자'는 의사면허를 보유하고, 주로 기초의학 연구 및 교육 업무를 수행하는 의사과학자를 말하며, '임상의사과학자'는 의사면허를 보유하고 풍부한 임상 경험을 토대로 다양한 연구를 수행하는 의사과학자를 말한다. 본문에서는 한국보건산업진흥원의 분류를 근거로 설명을 이어가고자 한다.

해외에서 의사과학자는 어떤 일을 할까?

해외에서 의사과학자는 이미 하나의 안정된 직업으로 자리 잡고 있으며, 이들은 의과대학이나 연구기관에 고용되어 활동하는 경우가 많다. 동시에 글로벌 제약회사, 의료기기 회사, 벤처회사 등으로부터 후원을 받으며 임상연구를 진행하기도 한다.

미국은 1960년대부터 의사과학자를 양성하기 위한 전문과정을 운영해왔다. 매년 미국 내 120개 의과대학에서 약 1,000명의 의사-박사가 배출되며, 이 중 80% 이상이 의사과학자로 활동하고 있다. 또한 의사과학자 중 9,000명 이상이 미국국립보건원(National Institutes of Health, NIH)의 자금 지원을 받으며 연구에 집중하고 있다.

미국국립보건원은 의사과학자 육성을 위하여 MD-PhD 과정을 지원하는 'Medical Scientist Training Program(MSTP)'을 통해 미국의

약 50개 의과대학에서 매년 전체 의대생의 4%에 해당하는 170명에게 장학금과 연구비를 지원한다. 이 프로그램은 최근 15년간 14명의 노벨상 수상자를 배출하며, 성공적인 프로그램으로 자리 잡았다.

미국의사과학자협회(American Physician Scientist Association, APSA)는 의사과학자의 교육 및 경력 개발을 지원하기 위해 설립된 조직으로, 특히 의과대학생을 대상으로 다양한 교육 프로그램을 운영하며 미래의 의사과학자 양성에 힘쓰고 있다.

미국의과대학협회(American Association of Medical Colleges, AAMC) 홈페이지에서 각 대학별로 운영되는 다양한 프로그램을 확인할 수 있다. 대표적인 사례로 자주 인용되는 스탠퍼드 의과대학에서는 다양한 프로그램을 운영하고 있다. 'Physician-Scientist Training Program(PSTP)'의 경우, 임상의사로서 과학 연구를 수행할 수 있도록 훈련하는 프로그램으로 입학 시 4년제 의대 교육과정에 1~2년이 연장 가능하며, 학생들은 계절학기 수강, 주중 몇 시간 수업을 듣는 분할 교육과정(Split Curriculum), 1년 내내 연구에 집중하는 갭이어(Gap Year) 중 선택할 수 있다.

'Harvard-MIT Health Science and Technology' 프로그램은 하버드 의과대학과 매사추세츠 공과대학이 협력하여 의학과 공학이 통합된 교육을 제공한다. 학생들은 입학 시 '의사를 위한 MD(Medical Doctor) Program' 혹은 '의공학박사를 위한 MEMP(Medical Engineering and Medical Physics) PhD Program' 두 가지 트랙 중 하나를 선택하여 지원하며, 학부과정 동안 통합된 수업을 듣고 졸업 후에는 박사학위를 취득할 수 있다.

미국에서는 이 외에도 대학원생을 위한 인증 프로그램이나 여름

학기 수업 등 다양한 교육과정을 제공하고 있다. 이러한 프로그램에 참여하여 연구 경력을 갖춘 의대생은 전공의 매칭 과정에서 추가 가산점을 받을 수 있다. 더불어 미국 정부는 의사과학자의 인력 부족을 해결하고 다양성을 늘리기 위해 외국인, 소수민족 의사에게도 기회를 확대하는 정책을 시행하고 있다.

이러한 노력은 가시적인 결과로 확인할 수 있다. 미국의 의사과학자는 미국 전체 의사 인력의 1.5%에 불과하지만 이들이 성취한 업적은 놀랍다. 1990년부터 2014년까지 노벨 생리·의학상 수상자의 37%, 지난 30년 동안 래스커상 수상자의 41%, 그 외 여러 가지 임상 분야의 전문가 수상자 중 65%가 모두 의사과학자였던 것으로 보고되었다. 또한 미국국립보건원 소속 감독관의 69%와 10대 글로벌 제약회사의 최고기술책임자(Chief Technology Officer, CTO)의 70%가 의사-박사인 것으로 알려져 있다. 이는 의사과학자가 연구와 임상에서 중요한 역할을 수행하며, 글로벌 의료 및 헬스케어 산업의 핵심 리더로 자리 잡고 있음을 보여준다.

영국은 국립보건연구원(National Institute for Health and Care Research, NIHR)을 중심으로 프로그램을 운영하여 의사과학자의 수를 늘리고, 동시에 안정적으로 연구에 집중할 수 있는 기반을 강화하였다. 이러한 프로그램은 의사들이 연구와 임상 경험을 병행할 수 있는 기회를 확대하고 있다.

'Academic Clinical Fellowship(ACF)' 프로그램은 임상 훈련 초기 단계에 있는 의사와 치과의사를 대상으로 연구와 진료를 병행할 기회를 제공한다. 일반적으로 3~4년간 운영되며, 참가자는 전공의 수련

의사는 이렇게도 일한다

동안 임상 훈련에 75%, 연구 활동에 25%의 시간을 할애한다.

'Clinical Lectureship(CL)' 프로그램은 박사학위를 취득한 의사들을 대상으로 하며, 1년에 6개월간 50%의 시간을 연구에만 전념할 수 있도록 한다. 최대 4년간, 참가자가 정해진 임상 훈련을 마치고 최종 인증을 받을 때까지 운영된다. 이후에도 독립적인 연구자로서의 입지를 강화하기 위한 'Senior Clinical Lectureship' 등의 지원 프로그램이 있다.

일본 역시 국가 차원에서 의사과학자 양성을 위해 체계적인 지원을 제공하고 있다. 일본의 의사과학자 양성 시스템은 미국의 사례를 모델로 설계되었으며, 2008년 도쿄 의과대학에 'Medical Scientist Training Program(MSTP)'을 도입하였고, 의대를 졸업한 후에는 지역 중개연구센터(Translational Research Center)를 통해 의사들이 임상과 기초연구를 병행할 수 있는 환경을 제공한다. 이들 센터는 연구 지원, 교육 및 훈련 제공, 산학 협력을 통한 연구 성과의 상용화를 촉진한다. 이를 통해 의사들은 연구 경험을 쌓고, 의료 현장에서 얻은 통찰을 학문적 연구에 적용할 수 있다. 이러한 노력의 결과로 일본 내 의사과학자의 수는 꾸준히 증가하고 있는 것으로 보고된다.

의사과학자는 인류의 건강증진을 위한 핵심적인 역할을 해왔다. 특히 코로나19 팬데믹은 의사과학자의 중요성을 전 세계적으로 부각시킨 계기를 마련했다. 백신과 치료제의 신속한 개발은 의료 혁신의 척도가 되었으며, 이는 단순히 의료기술의 발전을 넘어 국가 경쟁력의 핵심요소로 자리 잡았다. 각국 정부는 이러한 의사과학자의 가치를 인식하며, 체계적이고 장기적인 지원을 확대하고 있다. 이는 미래의 의료 혁신과 보건 문제 해결에 있어 의사과학자가 필수적인 존재임을 알 수 있다.

한국의 의사과학자의 상황은 어떠할까?

안타깝게도 대한민국은 의과학의 불모지다. 해마다 약 3,300명의 의대 졸업생 중 의사과학자의 진로를 택하는 경우는 약 1% 미만으로, 한 해 약 30명 정도다. 의과대학원 박사학위 과정의 의사 지원자도 감소하여 의과대학의 필수교육 과목인 해부학, 생리학 등의 기초의학 연구실이 대부분 자연과학대학 출신이나 다른 전공 졸업생으로 충원되고 있다. 현실적으로는 의사과학자가 되기 위해 석·박사학위를 취득하더라도 다시 임상의사로 복귀하는 사례도 빈번하게 발생하고 있다.

한국 정부 역시 일찍부터 의사과학자의 중요성을 인식하였고, 인력 양성을 위한 다양한 시도가 있었다.

첫 번째는 의학 전문대학원(의전원) 제도의 시행이다. 정부는 2005년 다양한 학문적 배경을 가진 의사를 양성하고, 의사과학자의 수를 늘리는 것을 목표로 의전원 제도를 도입하였다. 정부의 예산 지원과 로스쿨 유치 등의 인센티브를 통해 의대생 정원을 의전원 정원으로 전환하도록 유도하였고, 2010년까지 전국 41개 의과대학 중 27개 대학에서 의전원 정원을 1,700명까지 확대하는 데 성공했다. 그러나 정부의 기대와는 달리 의전원 졸업생의 기초의학 지원자는 오히려 줄어드는 결과가 보고되었다. 의전원 졸업생의 경우 입학 및 졸업 연령이 상대적으로 높아, 의사과학자라는 불확실한 커리어보다는 안정적인 임상의사를 선호하는 경향이 강한 것으로 분석된다. 이후 의전원 제도는 여러 가지 이유로 2015년부터 점차 축소되었고, 2025년 현재 차의과학대학교만이 의학 전문대학원을 운영하고 있다. 그 외의 의과대학은 이전과 같은 6년제 의대 시스템으로 복귀한 상태다.

두 번째는 의사-박사 복합 학위과정(MD-PhD dual degree) 제도의 시행이다. 이 제도는 의전원과 함께 시작되었다. 일반 의전원생은 4년 동안 의학 이론과 실습을 마치고 졸업하면 의무석사학위(Medical Doctor, MD)를 받는 반면, 복합 학위과정을 선택한 학생은 총 7년으로 '2년+3년+2년' 시스템이 적용된다. 즉 입학 후 의학과 2년 동안 기초의학과 임상의학 이론을 배운 후 3년간 박사학위 과정을 마치고, 다시 의학과 3학년으로 합류하여 2년간 임상의학 실습 과정을 마치고 졸업하면 의사-박사학위를 취득하는 것이다. 복합 학위과정 정원은 의대 입학 정원 내에서 선발하며, 전체의 5% 이내로 제한하였다. 기초과학자 지원을 위한 장학금 제도가 있어 연간 35명에게 2천만 원을 지원하되 졸업 후 임상의로 전환하는 경우 전액 반납하는 조건으로 운영되기도 했다. 복합 학위과정은 의전원 제도의 종료와 함께 2016년부터 신규 선발이 중단되었는데, 의사-박사 양성의 필요성으로 인해 최근 새로운 형태의 의사-박사 통합과정 운영 방안에 대한 논의가 다시 일어나고 있다.

세 번째는 병역특례제도를 확대한 전문연구요원 제도의 시행이다. 2009년에 설립된 카이스트 의과학대학원은 생명과학, 의과학, 의

공학 분야에서의 융합연구를 수행할 전문 인력 양성을 목표로 박사 과정 및 석/박사 통합과정을 운영하고 있다. 이 제도는 의사들이 군의관이나 공중보건의사로 복무하는 대신 전일제 박사 과정에 참여하며 기초의학을 연구하고 박사학위를 취득하도록 지원한다. 이 프로그램을 통해 양성된 의사과학자들은 좋은 연구 성과를 보여주었다. 2023년까지 184명의 의사과학자를 배출하였고, 연간 100편 이상의 SCI 논문과 논문 영향력 지수 평균이 3.59에 달하는 성과를 냈다. 또한 헬스케어 관련 스타트업으로 진출하거나 대학병원의 교수로 임용된 사례도 있어 연구 성과와 실질적인 기여 모두에서 긍정적인 평가를 받았다. 그러나 카이스트에서 학위를 받은 의사 중 연구를 지속하는 경우는 10%에 불과하며, 이 중 대부분이 임상 교수 혹은 임상 강사로 근무하고 있어 일반 임상의사와 차이점이 없다는 지적도 있다. 이는 의사과학자를 양성하는 것만으로는 충분하지 않으며, 연구자로서 일할 수 있는 환경을 만드는 것이 더 중요하다는 점을 시사한다.

현재 의사과학자가 연구를 지속하지 못하는 가장 큰 이유는 경력 경로(career path)의 제한성이라는 연구조사가 있다. 기초의학협의회에서 2019년에 전국 40개 의과대학의 기초의학 교수와 연구원, 대학원생 중 의사면허 소지자 385명을 대상으로 '기초의학자의 진로를 선택하지 않는 이유'에 대한 설문조사를 실시하였다. 가장 큰 요인으로는 '경제적 불만족'을 꼽았고, '미래 직업의 불확실성' '기본 의학 중요성 감소' '가족 반대' '낮은 워크라이프 밸런스' '기타' 순으로 답변하였다. 이 결과는 기초의학 연구자의 감소가 단순히 개인적 요인에 국한되지 않고, 구조적인 문제에서 기인한다는 점을 보여준다.

한국에서 의사과학자들은 안정적인 연구자로 자리 잡기까지의 진로가 명확하지 않으며, 이는 미래에 대한 불확실성과 불안감을 가중시킨다. 의사과학자 감소의 또 다른 중요한 요인은 경제적 어려움이지만, 단순히 임상의사에 비해 낮은 소득 수준 때문만이 아니다. 이는 연구 초기 단계에서 직면하는 구조적인 재정 문제에서 비롯된다. 특히 신진연구자로서 연구비를 확보하는 것은 매우 어렵고, 재정적 부담을 개인적으로 떠안아야 하는 경우가 많다. 이러한 상황은 젊은 연구자들의 연구 의욕을 저하시키며, 결국 연구를 포기하게 만드는 주요 원인으로 작용하고 있다.

임상연구의 특수성은 연구비 확보를 더욱 어렵게 만드는 요인으로 작용한다. 사람을 대상으로 하는 임상연구는 시간과 비용이 많이 들며, 연구과정이 복잡해서 자금 지원 조건을 충족하기가 쉽지 않다. 또한 기초연구에 비해 국제 학술지에 논문을 게재하는 것이 상대적으로 어렵다. 부족한 인건비와 연구비를 충당하기 위해 임상연구자들은 주요 연구와 무관한 외부 과제를 병행해야 하는 경우가 많고, 이는 연구 몰입도를 저하시키는 주요 원인 중 하나로 지적된다.

여기에 더해, 국내 연구비 사용 규정의 엄격함도 연구 환경을 어렵게 만드는 요인으로 꼽힌다. 예를 들어, 1인당 과제 수 제한이나 연구비로 책임연구자의 인건비를 충당하지 못하도록 하는 규정이 있다. 해외에서는 연구비를 개인 인건비로 충당하면서 연구자의 진료 시간을 줄이고 연구 시간을 늘릴 수 있지만 한국에서는 이러한 방법이 허용되지 않는다.

임상의사과학자는 연구와 임상을 병행해야 하는 특수한 환경에 놓여 있다. 그러나 한국의 의료 시스템은 이들이 연구 활동에 전념할 수 있는 충분한 지원을 제공하지 못한다. 한국의 대학병원은 낮은 의료수가로 인해 진료 수익에 의존하고 있으며, 의대 교수들 역시 진료 실적에 따라 평가받는 구조적 한계를 안고 있다. 이로 인해 대학병원이 학문적 성과보다 당장의 경영 안정을 우선시하게 되면서, 연구와 교육에 충분한 투자를 하기 어려운 실정이다. 연구에 집중할 시간이 부족한 상황에서 의사과학자들은 진료를 우선시할 수밖에 없고, 연구 환경은 더욱 열악해지는 것이다. 이러한 구조적 문제로 인해 연구와 진료의 균형을 맞추는 일도 쉽지 않다. 대학병원의 본래 역할이 약화되고 있는 가운데, 의사과학자들의 연구 지속 가능성에 대한 우려도 커지고 있다.

한국에서 의사과학자가 부족한 또 다른 이유로 의학 교육과정의 한계가 지적되고 있다. 현재 대부분의 의과대학은 진료 중심의 임상의사를 양성하는 것을 목표로 하고 있다. 그러나 이로 인해 의대생들은 연구에 필요한 개념과 지식을 제대로 접할 기회가 부족하다. 의과대학을 졸업한 후 의사과학자가 되기 위해서는 연구에 대한 기초적인 지식을 처음부터 새롭게 배워야 하는 현실에 직면한다. 일부 의과대학에서 기초의학 수업을 축소하면서, 이러한 경향성이 더욱 심화되고 있다. 또한 의사과학자로 일하는 선배를 접할 기회가 적다는 점도 문제다. 의사과학자에 대한 기초 지식, 정보, 롤 모델, 구체적인 방향성이 부족한 탓에 의사과학자에 관심이 있는 학생들조차 미래를 막연하게 느끼며 연구자로 나아가는 데 큰 어려움을 겪는다.

의사과학자 양성을 위한 대안으로 연구 중심 의과대학 설립이 제안되었다. 한국과학기술원(KAIST)과 포항공과대학(POSTECH) 내에 연구 중심 의과대학을 설립하고, 진료를 볼 수 없도록 제한된 의사면허를 부여하자는 주장이 있었다. 그러나 의학계에서는 기존의 의과대학 내에서 의사과학자 양성 프로그램을 확장하는 방식이 더 적절하다는 반대 의견을 제시했다. 이러한 갈등은 정부가 2025년에 의대 정원을 확대하면서 일단락된 듯 보인다. 그러나 의대 정원 확대가 이공계 인재의 의대 쏠림 현상을 가속화할 것이라는 우려가 현실로 나타나고 있다. 우수한 학생들이 기초과학이나 공학 분야를 떠나 의학으로 몰리고, 이로 인해 과학기술 분야의 기반이 약화될 가능성이 높아진 것이다. 이러한 흐름은 의사과학자를 양성하려는 본래의 취지를 무색하게 만들고 있다.

숫자를 늘리는 것보다 중요한 일은 현재의 의사과학자들이 연구를 지속할 수 있는 환경을 마련해주는 것이다. 연구를 포기하지 않고, 안정적으로 연구에만 전념할 수 있는 여건을 제공하여 독립된 연구자로 성장할 수 있도록 지원해야 한다. 이러한 문제는 의사과학자에 국한되지 않는다. 다른 전공의 과학자들도 열악한 연구 환경과 낮은 대우로 인해 연구를 지속하기 어려운 상황이다. 지금은 과학계 전반의 연구 환경을 재점검하고, 실질적이고 지속적인 지원책을 마련해야 할 시점이다. 이는 단순히 개별 인재를 위한 문제가 아니라 국가의 연구 기반과 과학기술 경쟁력을 강화하는 근본적인 과제다. 의사과학자의 양성에 대해 관심이 있다면 2024년에 발표된 경희대학교 생리학교실 조영욱 선생님의 "우리나라의 의사과학자 인력양성 정책 제안"을 읽어보기를 추천한다.

의사과학자가 되려면
어떻게 해야 할까?

해외에는 의사과학자 양성을 위한 다양한 제도가 운영되고 있지만, 한국은 아직 충분한 준비가 이루어지지 않은 상태다. 국내에서 의사과학자가 되려면 의과대학에 진학하여 의사가 되어야 한다. 이후 기초의학을 전공하거나 특정 분야의 박사학위를 취득하고, 의사과학자로 활동하는 경로를 밟는다. 정부는 오래전부터 의료-바이오 분야의 중요성에 대해 인지해왔다. 2002년에는 과학기술부에서 기초의과학 연구센터를 시작으로, 2008년부터 연구재단을 통해 본격적으로 의사과학자 육성 지원사업을 시작하였다.

보건복지부는 2019년부터 '융합형 의사과학자 양성사업'을 통해 의대생, 전공의, 박사과정 연구자 및 신진의사과학자까지 아우르는 전 주기 지원체계를 운영하고 있다.

○ 전일제 박사학위과정 지원: 의사과학자가 연구역량을 갖추고 독립적인 연구자로 성장할 수 있도록 돕기 위해 기초의과학 및 융합과학 분야 박사과정을 이수하는 연구자에게 최대 4년간 장학금을 지원한다.
○ 전공의 연구 지원: 전공의를 대상으로 임상 수련과 연구 참여를 병행할 수 있는 기회를 제공한다. 현재 전국 40개 의과대학 중 17개 대학이 이 프로그램에 참여하고 있다.
○ 학부과정 지원사업(의사과학자 양성 인프라 구축): 학부과정에서 의대생과 이공계 전공자를 대상으로 융합교육 프로그램을 운영하는데, 서울

의사는 이렇게도 일한다

대학교, 연세대학교, 경북대학교 의과대학이 참여하여 3년간 총 10억 원의 지원을 받고 있다.

○ 혁신형 의사과학자 공동 연구사업: 2019년부터 2022년까지 시행된 것으로 진료 시간을 감면하고 연구 공간, 시설, 장비를 지원하여 연구 환경을 개선했다. 이 사업은 4년간 총 8개의 과제에 연 15억 원 내외의 지원을 통해 '310건의 SCI 논문'과 '207건의 특허'라는 성과를 도출하였다.

○ 글로벌 의사과학자 양성사업: 이 사업에는 '의사과학자 박사후연구 성장 지원' '의과학자 글로벌 연수 지원' '의사과학자 글로벌 공동연구 지원' 등이 있다. 2024년에 신설된 '의사과학자 글로벌 공동연구 지원'은 국내 의사과학자가 연구책임자가 되어 해외 연구자와 협력하며 세계적 수준의 성과를 창출하는 것을 목표로 하고 있다. 특히 박사학위 취득 후 5년 이내의 신진의사과학자가 참여하도록 하여 젊은 연구자들에게 세계적인 수준의 연구 기회를 제공하고 있다.

이와 더불어 정부는 기초연구와 첨단기술 융합을 통해 지속 가능한 성장 기반을 마련하기 위한 노력을 이어가고 있다. 보건복지부는 연구 중심 병원을 육성하여 의사과학자가 안정적으로 활동할 수 있는 환경을 조성하고 있으며, 산업통상자원부는 병원과 기업이 협력하여 의료기기 기술 개발을 촉진하는 플랫폼 사업을 추진하고 있다. 과학기술정보통신부는 의학과 첨단과학기술 융합 원천기술 개발사업, 임상의과학자 연구역량 강화사업, 한우물파기 기초연구사업 등을 운영하고 있다. 특히 한우물파기 기초연구사업은 2023년에 신설된 초장기 지원사업으로, 젊은 연구자 15명을 선정하여 매년 약 2억 원의 연구비를 10년간 지원하며 세계적 수준의 연구 성과를 창출할 수 있도록 돕고 있다.

현재 교육부, 보건복지부, 과학기술정보통신부 등 여러 부처가 협력하여 다양한 의사과학자 지원사업을 운영하고 있으나, 부처 간 연계 부족과 후속 연구 지원이 미흡하다는 한계가 존재한다. 이를 해결하기 위해 정부는 보건복지부 주관으로 2022년 한국보건산업진흥원 내에 '바이오헬스 인재 양성센터'와 '의사과학자 양성 사무국'을 설치하여 체계적인 지원체계를 마련했다. 이를 통해 의사과학자 양성을 위한 통합적이고 체계적인 접근을 강화하고 있다. 의사과학자는 의료와 과학기술의 경계를 넘나들며 바이오헬스 산업의 혁신을 주도할 핵심 인재로 자리 잡고 있다. 정부의 지속적인 투자와 부처 간 통합적 협력체계가 강화된다면, 한국의 의사과학자는 글로벌 경쟁력을 갖춘 연구자로 성장하여 의료와 바이오산업 발전의 핵심축이 될 것으로 기대된다.

의사과학자의
미래 전망은 어떠한가?

의사과학자는 의학과 과학을 연결하며, 의료 및 보건 분야에서의 혁신적인 연구와 개발을 이끄는 핵심 인재다. 이들의 가장 큰 장점은 의학적 전문지식과 연구역량을 결합하여 실질적이고 목표 지향적인 연구를 수행할 수 있다는 것이다. 한국의 의사과학자는 질병의 기전 이해, 새로운 치료법 개발, 공공 건강증진 등 다양한 분야에서 중요한 역할을 담당할 수 있다. 특히 실제 임상 경험을 기반으로 국내 환자 중심의 다양한 연구를 수행할 수 있다. 이러한 연구는 한국의 의료체계와 한국인 특성에 적합한 맞춤형 연구 모델을 만들어 낼 수 있으며, 이를 통해 한국형 정밀의료와 맞춤형 치료의 발전에 기여할 것이다.

의사과학자가 활약할 수 있는 분야를 살펴보면 다음과 같다.

○ 연구기관과 대학: 기초의학연구부터 임상연구까지 다양한 과제를 수행하며, 의료 분야의 새로운 지식을 창출한다. 이들은 질병의 병리학적 기전을 밝혀내거나, 신약개발을 위한 후보물질을 탐색하고, 임상 데이터를 기반으로 새로운 치료법의 효과를 검증하는 연구를 진행한다. 또한 의사과학자는 후배를 양성하는 데에도 중요한 역할을 한다. 대학과 연구기관에서 강의와 멘토링을 병행하며, 차세대 의료 연구 인재들에게 필요한 연구 방법론과 의학적 통찰력을 전달한다. 이러한 활동은 의사과학자 생태계를 강화하고, 의료 연구와 교육의 지속 가능성을 높일 것이다.

○ 제약·바이오 기업 및 의료기기 회사: 신약개발, 의료기기 설계 및 검증, 헬스케어 솔루션 개발 등의 핵심적인 역할을 담당한다. 특히 신약 및 신의료기기 개발 분야에서 의사과학자는 질병 기전과 환자 데이터를 바탕으로 새로운 치료제의 타깃을 설정하고, 임상시험 설계와 결과 분석에 참여함으로써 성과를 보일 수 있다. 대부분의 헬스케어 회사에는 의사과학자들이 주요한 연구개발 인력으로 이미 활발하게 활동하고 있다.

○ 벤처기업: 최근 의사과학자들은 자신의 연구 결과와 아이디어를 기

반으로 벤처기업을 창업하거나 초기 핵심 인력으로 활약하며 새로운 진단 및 치료법 개발을 선도하고 있다. 이들은 혁신적인 기술을 활용하여 기존 의료의 한계를 극복하거나, 충족되지 않은 의학적 수요를 해결하는 데 중점을 둔다. 이러한 벤처기업은 의료 산업의 혁신을 가속화하고, 글로벌 시장에서 경쟁력을 확보하는 데 중요한 역할을 한다. 또한 성공적인 벤처 모델은 더 많은 후배 의사에게 창업의 길을 열어주는 선례가 된다.

○ 미래 의료기술과 의사과학자: 기술 발전이 의료에 융합되면서 의사과학자의 역할은 더욱 중요해지고 있다. 인공지능(AI), 디지털 헬스, 유전자 치료, 맞춤형 의료와 같은 첨단 의료기술은 의사과학자의 전문성과 연구역량이 반드시 필요한 분야다.

한국에서 의사과학자의 수는 여전히 부족하고, 연구 환경과 경제적 보상 같은 현실적인 여건도 어려운 상황이다. 하지만 의사과학자에 대한 중요성은 널리 인식되고 있으며, 앞으로 그 수요가 지속적으로 증가할 것으로 예상된다. 정부의 지속적인 지원 확대와 함께, 한국에서도 의사과학자가 점차 늘어나고 있다. 매년 배출되는 의사의 약 3%인 100명이 연구개발 분야에서 활약하고 20년간 이러한 연구가 축적될 경우, 바이오 분야에서 혁신적인 격변이 일어날 것이라는 전망이 있다. 의사과학자의 꾸준한 양성과 안정적인 연구 환경 조성이 이루어진다면, 한국은 바이오헬스 산업에서 글로벌 경쟁력을 갖춘 선도국으로 자리 잡을 가능성이 높다. 특히 글로벌 경쟁력을 강화하기 위해 뛰어난 의사과학자에 대한 수요와 인재 확보를 위한 경쟁은 치열해질 것이다. 새로운 의사과학자의 활약을 기대해 본다.

제약회사에서 일하는 의사가 있다

- 제약의사는 누구이며, 제약산업이란 무엇일까?
- 제약의사는 회사에서 어떤 일을 할까?
- 의약품의 개발 단계에서 제약의사가 하는 일은 무엇일까?
- 임상연구의사가 하는 일은 무엇일까?
- 제약회사의 의학부란 무엇일까?
- 메디컬어드바이저가 하는 일은 무엇일까?
- 의사가 제약 마케팅을 하면 유리할까?
- 제약의사의 커리어는 어떻게 될까?
- 제약의사가 되기 위해 필요한 조건은 무엇일까?
- 제약의사가 되려면 어떻게 해야 할까?
- 제약의사의 미래 전망은 어떠한가?

CHAPTER 05

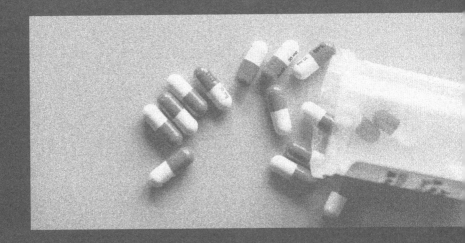

제약의사는 누구이며, 제약산업이란 무엇일까?

제약의사(Pharmaceutical Physician)는 주로 제약회사에서 일하면서 신약개발과 임상시험을 주도하고, 의약품의 안정성과 유효성을 평가하며, 의사와 환자에게 정확한 의학 정보를 전달하는 역할을 맡는다. 미국의 제약의사 단체인 'Academy of Pharmaceutical Physicians and Investigators'에서는 제약의사를 '의약품·생물학적 제제·의료기기·백신 또는 진단기기에 관한 연구를 하고, 이러한 제품의 개발 및 허가와 관련된 활동을 하며, 제약에 대한 학문을 가르치고, 관련 규정을 지키는 의사'라고 정의하고 있다.

제약산업의 발달과 더불어 신약개발에 대한 전문지식이 요구되면서 '제약의학(Pharmaceutical Medicine)'이라는 새로운 학문이 등장했다. 제약의학은 제약학과 의학을 결합한 학문으로 신약개발과 임상시험, 보건당국의 심사와 승인 과정, 약물 시판 후 부작용 관리 등을 포함하는 제약산업 전반의 지식을 다룬다.

제약회사는 안전하고 유효한 의약품을 공급하고, 과학적인 결과를 기반으로 정확한 정보를 전달하며, 윤리적 책임을 다해 환자의 건강과 안전을 보호할 의무를 가진다. 제약의사는 이러한 과정에서 핵심적인 역할을 하며, 제약회사뿐만 아니라 '헬스케어 산업 전반'에서 활동하는 전문가로 이해할 수 있다.

한국 최초의 제약의사는 산부인과 전병훈 선생님으로, 1961년부터 2001년까지 제약산업과 제약의학 발전에 기여하였다. 국내 제약의사의 활동은 1990년대부터 본격화되었다. 1995년 당시 제약회사에서 근무하던 9명의 의사가 한국제약의학회(Korean Society of Pharmaceutical Physician, KSPM)를 창립했으며, 한국제약의학회는 신약개발과 제약의사 교육을 통해 제약의학의 발전에 기여하였다. 또한 해외의 허가 제도를 국내에 소개하고, 제약산업 및 임상시험에서 필수적이며 윤리적인 규정을 수립하기도 했다. 한국제약의학회의 회원 수는 꾸준히 증가하여 2010년 기준 약 250~300명 정도의 회원이 활동했으며, 현재는 학계 및 관련 업무에 종사하는 비의사까지 회원 자격을 확대하였다.

현재 제약의사는 국내 및 다국적 제약회사, 의료기기 회사, 제약 관련 연구소뿐만 아니라 벤처기업, 임상시험 관련 기업 등 다양한 분야에서 전문가로 활동하고 있으며, 정확한 수는 파악하기 어렵지만 대략 400~500명 정도가 활동하는 것으로 추정된다.

제약의사는 회사에서 어떤 일을 할까?

제약회사에서 일하는 동안 가장 자주 들은 질문은 '회사에서 어떤 일을 하는지'였다. 예전에는 담당하는 업무에 대해 이런저런 설명을 했었지만, 지금은 이렇게 답변할 수 있겠다. "제약의사의 역할은 회사마다, 직책에 따라, 담당하는 제품에 따라 모두 다릅니다"라고. 즉, '제약의사는 제약회사에서 무엇이든 할 수 있다'란 의미다. 제약회사는 의약품을 연구·개발하고 판매하는 회사이기 때문에 모든 업무는 의학 정보를 기반으로 이루어진다. '제품 개발'은 의약품의 연구개발과 임상시험이고, '제품 출시'는 식약처의 승인을 받는 것이며, '마케팅'은 고객인 의료 전문가와 환자에게 의학 정보를 전달하는 것이다. 회사 내에서 제품과 고객에 대해 가장 잘 알고 있는 사람은 제약의사다. 따라서 제약의사는 회사 내에서 어떤 업무든지 수행할 수 있으며, 개인의 역량에 따라 역할 범위는 무한히 확장될 수 있다.

제약의사의 업무를 이해하려면 제약회사의 구조를 알아야 한다. 제약회사는 일반 기업과 동일하게 인사, 재무, 회계, IT 등의 지원 부서를 갖추고 있으며, 상품 개발 부서에 해당하는 연구개발부가 있고, 영업 및 마케팅 부서가 존재한다. 하지만 일반 기업과는 달리 의학부, 허가관리부, 약가협상부와 같은 특수 부서가 있다는 점이 특징이다.

제약회사 구조의 또 다른 특징은 활동 목적에 따라 부서를 구분한다는 점이다. 영업·마케팅 부서는 회사의 매출 증대와 영업 이익을 직접적으로 추구하는 '판매촉진 부서(Promotional Department)'에 해당한다. 반면, 연구개발부, 의학부, 허가관리부 등은 '비판매촉진 부서(Non-Promotional Department)'에 해당한다. 이러한 부서 구분은 제약산업의 판촉 활동에 대한 규제 강화에 따른 것으로, 이는 '판촉 부서'와 '비판촉 부서'에 따라 적용하는 법적 기준이나 규정이 다르기 때문이다.

예를 들어, 자사 의약품의 '적응증 외 의약품 사용(Off-label Use)'을 마케팅이나 영업부에서 언급하는 것은 불법적인 판촉 활동으로 간주된다. 하지만 의사가 먼저 요청하는 경우, 의학부에서 적응증 외 사용에 대한 학술적인 정보를 제공하는 것은 합법적인 활동으로 인정된다. 불법적인 판촉 활동에 대한 처벌이 강화되면서 각 회사는 판촉 활동과 학술 활동을 엄격히 구분하고 있다.

각각의 부서에 대해 좀 더 자세히 살펴보면 다음과 같다.

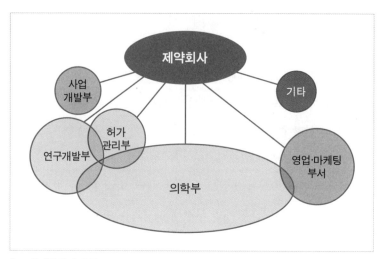

[5-1] 제약회사의 구조

○ 연구개발부(Research&Development Department, R&D): 기업에서 새로운 상품을 개발하는 활동을 일반적으로 연구개발, 즉 R&D라고 한다. 제약회사의 연구개발부는 신약개발을 위한 연구를 진행하는 핵심 부서이며, 넓은 의미의 R&D는 연구개발부뿐만 아니라 허가관리부, 제약의학부까지 포함하여 비판촉 부서와 유사한 의미로 사용되기도 한다. 국내 제약회사의 연구개발부는 본사(Headquarter)인 한국 내에서 신약 후보물질 검토부터 실험실 연구, 1상·2상 임상연구를 포함한 전체 연구개발을 주도한다. 반면, 다국적 제약회사의 임상연구부는 한국 내 글로벌 3상 임상시험을 관리하며, 본사의 R&D 부서에 직속 보고하는 경우가 많다.

○ 의학부(Medical Affairs Department, MA): 의학부는 회사마다 의학부, 학술부, 제약의학부, 임상의학부, 메디컬 부서 등 다른 명칭으로 불린다. 회사의 규모가 작은 경우 허가관리부나 약가협상부가 의학부에 통

의사는 이렇게도 일한다

합되어 있거나, 의학부가 연구개발부 내에 포함되기도 한다. 과거에는 의학부가 마케팅에 속해 있기도 했지만, 최근에는 판촉 부서와 완전히 분리된 독립 조직으로 자리 잡았다. 의학부는 현재 제약의사가 가장 많이 활동하고 있는 부서이며, 의학적·과학적 전문성을 바탕으로 다양한 역할을 수행한다.

○ 인·허가관리부(Regulatory Affairs Department, RA): 제약업계에서는 'RA 부서'라는 약어가 일반적으로 사용되며, 최근에는 '의약품 규제과학부'라는 명칭을 사용하기도 한다. 신약이 시장에 출시되기 위해서는 각국의 보건당국이 유효성과 안전성을 심사한 후, 신약에 대한 최종 승인 및 허가를 받아야 한다. 이러한 업무를 담당하는 기관을 '허가기관(Regulatory Agency)'이라고 하며, 한국의 식품의약품안전처(Ministry of Food and Drug Safety, MFDS), 미국의 식품의약국(Food and Drug Administration, FDA), 유럽의 유럽의약청(European Medicines Agency, EMA), 일본의 의약품의료기기종합기구(Pharmaceutical and Medical Devices Agency, PMDA)가 해당된다. RA 부서는 허가기관을 응대하고 의약품의 승인·허가·적응증 추가 등의 업무를 담당하며, 부작용 감시(Pharmacovigilance, PV)팀이나 품질관리(Quality Control, QC)팀이 포함되기도 한다.

○ 약가협상부(Pricing & Market Access, P&MA): 식약처에서 허가받은 신약의 가격 및 보험 약가를 협상하고 결정하는 업무를 담당한다. 그 외에도 의약품의 보험급여 기준과 사후 약가를 관리하므로 Pricing & Reimbursement(P&R) 부서라고 불리기도 한다. 약가 협상을 위해서는 약물경제성평가(Pharmacoeconomics)에 대한 진문지식이 필요하며, 주요 협상 대상은 건강보험심사평가원(Health Insurance Review

& Assessment Agency, HIRA)과 국민건강보험공단(National Health Insurance Service, NHIS) 등의 '정부기관(Government Affairs)'이다. 제약회사의 규모에 따라 정부 정책 대응 및 보험급여 확대 전략을 담당하는 팀이 별도로 운영되기도 한다.

○ 사업개발부(Business Development, BD): 신약 후보물질 및 기술에 대한 허가권을 사오거나 공동 개발, 공동 판매를 진행하는 등 주로 계약을 담당한다. 주된 역할은 가능성이 있는 기회 품목을 발굴하고, 초기 실험실 연구 및 임상 데이터를 분석하여 사업성을 평가하는 것이다. 이 과정에서 제약의사의 전문지식과 역량이 발휘될 수 있다.

○ 영업·마케팅 부서(Sales & Marketing Department): 제약회사도 일반 기업과 마찬가지로 상품, 즉 의약품의 판매를 담당하는 영업·마케팅 부서를 운영한다. 두 부서를 묶어 '상업 부서(Commercial Department)'라고 부르는데, 일반적으로 회사 내에서 가장 큰 규모의 조직이다. 대부분의 제약회사는 영업부와 마케팅 부서가 분리되어 있거나, 특정 제품군을 중심으로 영업과 마케팅을 통합한 '단위사업부(Business Unit)' 체계로 운영하기도 한다. 영업 부서는 의학 전문가를 대상으로 제품 정보를 전달하고 판매 전략을 실행하는 역할을 하며, 마케팅 부서는 제품의 시장 전략을 기획하고 브랜드 관리 및 시장 분석을 수행한다.

제약의사는 의학적 지식과 임상 경험을 바탕으로 회사의 정책과 결정에 기여하며, 다양한 부서에서 핵심적인 역할을 수행한다. 면역 치료제로 유명한 미국계 제약회사 중 한 곳은 대표이사부터 연구개발팀 총괄, 마케팅 총괄, 영업 총괄 책임자까지 주요 임원 대부분이

의사는 이렇게도 일한다

의사 출신이라고 한다. 이는 제약회사의 핵심 의사결정 과정에서 의학적 전문성을 중시하고, 의사 출신 리더십을 신뢰하는 경영 문화가 반영된 결과라고 볼 수 있다.

의약품의 개발 단계에서 제약의사가 하는 일은 무엇일까?

'의약품 개발 과정'이란, 특정 물질이 인체에 미치는 영향을 확인하고 분석하여 효과와 부작용을 과학적 데이터로 검증하는 과정을 의미한다.

이 과정은 다음과 같은 단계의 시험으로 구분할 수 있다.

○ 실험이 수행되는 환경에 따라 시험 방법을 구분하기도 한다. 시험관 내 시험(In vitro)은 실험실, 배양접시, 시험관 등 인공적인 환경에서 이루어지는 실험으로 세포 배양, 단백질 분석, 유전자 편집 등의 실험이 포함된다. 생체 내 실험(In vivo)은 살아있는 생물체 내부에서 이루어지는 실험으로 동물 실험, 사람을 대상으로 하는 임상시험이 포함된다.

○ 비임상시험(Non-clinical Study): 임상시험 이전 단계에서는 미생물·동물·식물에 대한 실험, 물리적·화학적 매체 등을 이용한 실험실 데이터를 분석하여, 특정 물질이 치료 약물로 개발될 가능성이 있는지 평가하게 된다. 이 과정에서 약물의 독성, 약리 작용, 대사 경로 등을 검토하여 임상시험으로의 진입 가능성을 판단한다.

○ 임상시험(Clinical Trial, Clinical Study), 임상연구(Clinical Research): 사람을 대상으로 의약품의 안전성과 유효성을 검증하는 연구다. 약리학적 특성, 임상적 효과, 이상반응을 확인하며, 부작용 대비 효과가 충분하다고 판단하면 보건당국으로부터 허가·승인을 받을 수 있다.

○ 1상 임상시험(Phase I Clinical Trial): 이는 새로운 의약품이나 치료법의 부작용을 평가하고, 안전성과 내약성을 확인하기 위한 단계다. 이를 통해 신약의 약동학(Pharmacokinetics)과 약력학(Pharmacodynamics) 데이터를 분석하며, 안전한 용량 범위를 결정하는 것을 주된 목표로 한다. 1상 임상시험은 신약이 최초로 사람에게 투여되는 단계로, 일반적으로 소수의 건강한 지원자(Healthy Volunteer)를 대상으로 한다. 1상 임상시험을 담당하는 의사를 편의상 'Phase I Physician'이라고 부르기도 하며, 필요에 따라 임상약리학자(Clinical Pharmacologist)와 함께 연구를 수행하기도 한다. 이들은 신약개발에 참여하는 화학자, 생화학자, 약리학자, 독성학자 등 기초 과학자들과 긴밀히 협력하여 임상시험을 설계하고 실행한다.

○ 2상 및 3상 임상시험(Phase II/III Clinical Trial): 새로운 의약품이나 치료법의 실제 효과를 검증하기 위한 연구다. 2상 임상시험은 환자를 대상으로 최적의 약물 용량을 결정하기 위한 연구로, 치료 효과를 평가하고 부작용 발생 여부를 모니터링한다. 3상 임상시험은 대규모 환자를 대상으로 약물의 유효성 및 안전성을 검증하는 연구로, 신약 허가 또는 새로운 적응증 추가를 위해 진행된다. 이를 담당하는 의사를 편의상 'Phase II/III Physician'이라고 구분하기도 한다. 이들은 주로 임상개발부에 소속되어 있고, 임상연구자와 긴밀하게 협력하며 임상시험의 설계, 진행, 데이터 분석에 관여한다.

○ 4상 임상시험(Phase IV Clinical Trial): 신약이 보건당국으로부터 판매 허가를 받은 이후, 승인받은 적응증에 대하여 추가적인 안전성과 효과를 평가하기 위해 시행되는 연구다. 신약이 출시된 이후 진행되는 시판 후 조사(Post-Marketing Surveillance, PMS)는 신약 등의 재심사 기준에 따라 시판 후 4~6년의 기간 동안 600~3,000명의 환자 데이터를 수집하여 식품의약품안전처에 보고하는 제도이며, 이를 4상 연구로 분류하기도 한다. 이 외에도 실제 현장에서 약물이 어떻게 사용되는지 평가하기 위한 관찰연구, 특정 환자 사례를 분석하여 추가적인 약물 정보를 확보하는 케이스 분석, 개별 연구자가 연구를 직접 설계하고 수행하는 연구자 주도 임상연구(Investigator-Initiated Trial, IIT) 등 다양한 방식의 4상 연구가 있다. 대부분의 다국적 제약회사는 연구개발부에서 4상 임상시험을 수행하지 않고, 의학부 내 별도의 임상시험팀을 만들어 관리하는 경우가 많다.

임상연구의사가 하는 일은 무엇일까?

임상연구와 관련된 업무를 주로 하는 의사를 임상연구의사(Clinical Research Physician, CRP)라고 부르기도 하는데, 제약의사뿐 아니라 연구소나 일반 병원에서 임상연구를 담당하는 의사를 지칭하기도 한다. 이들은 임상시험의 설계, 관리, 모니터링 및 데이터 분석 등 신약개발 과정에서 핵심적인 역할을 수행한다. 임상연구의사의 주요한 업무는 다음과 같다.

○ 임상연구 설계(Clinical Trial Design) 및 임상시험 계획서(Clinical Trial Protocol) 개발: 임상연구 설계는 임상연구의 목적과 질문에 대한 답을 얻기 위해 연구를 어떻게 계획하고 수행할지를 결정하는 주요한 과정이다. 의약품에 대한 전문적 지식뿐만 아니라 '충족되지 않은 의학적 요구'에 대한 이해가 반드시 필요하다. 또한 임상연구의 목적, 대상 환자군, 연구가 진행될 진료 시스템 및 의료 환경의 특성에 맞도록 적절한 연구 방법을 선택해야 한다. 임상연구의사는 본사의 연구개발부와 임상연구자 사이에서 의견을 조율하며, 현실적으로 실행 가능한 연구 디자인을 완성해야 한다. 그다음 단계로 임상시험 계획서를 개발하는데, 이는 연구의 목적, 방법, 환자 모집 기준, 치료 방식, 데이터 분석 계획 등을 상세하게 기술한 연구 계획서다. 3상 임상시험의 경우 임상시험 계획서에 대한 식약처의 승인이 필요하므로 관계 부서와의 긴밀한 협력이 필요하다. 임상연구의사는 임상시험의 디자인부터 승인, 실행까지 전 과정을 조율한다.

○ 임상연구 데이터 검토(Clinical Review): 임상시험 과정에서 수집된 데이터의 정확성과 신뢰성을 평가하는 핵심 업무다. 데이터가 연구 프로토콜 및 임상시험 기준에 맞게 수집되었는지 검토하며, 특정 연구기관에서 오류가 발생하거나 데이터 품질이 떨어지는 경우 원인을 파악하고 문제를 해결한다. 임상연구자의 질문에 답변을 제공하고, 연구의 일관성을 유지할 수 있도록 지원한다. 최종적으로 수집된 데이터를 종합하고 분석하여 연구 결과를 평가한다. 이러한 검토를 통해 연구 결과의 품질을 확보하고, 원래 의도한 목적에 부합하는 방식으로 연구가 진행될 수 있도록 관리한다.

○ 안전성 정보 & 부작용 관리: 임상연구의사의 또 다른 주요한 역할

의사는 이렇게도 일한다

은 임상연구 중 발생한 부작용(Adverse Event, AE) 및 안전성(Safety) 관리다. 임상시험 단계에서 보고된 부작용 정보를 분석하고, 의약품과의 연관성을 평가하는 업무를 수행한다. 중대한 이상반응(Serious Adverse Event, SAE)이 보고되는 경우 환자의 안전을 최우선적으로 고려하여 적절한 치료를 받을 수 있도록 조치하며, 필요에 따라 임상연구에서 제외시키는 등 의학적 결정을 내린다. 그 밖에도 임상시험에서 안전성 데이터 수집 및 해석을 통해 약물의 위험성을 평가하거나, 연구보고서 작성 및 규제기관 대응 등의 역할을 수행한다.

○ 윤리적 원칙 및 규제 준수: 임상연구의사는 임상시험이 윤리적 원칙과 규제에 맞게 설계, 실행, 분석되고 있는지 감독하고 보고할 책임이 있다. 이는 임상시험의 신뢰성과 윤리적 기준을 유지하고, 환자의 안전과 권리를 보호하는 핵심적인 역할이다. 임상시험은 국제기준인 의약품 임상시험 관리기준(Good Clinical Practice, GCP) 및 각 임상시험기관의 연구윤리심의위원회(Institutional Review Board, IRB) 기준에 맞도록 연구 설계와 실행이 이루어져야 한다. 최근 임상연구에서의 윤리적 기준은 더욱 엄격해지는 추세다. 과거에 흔하게 시행됐던 위약대조군 연구나 치료를 하지 않는 비중재적 관찰연구가 비윤리적으로 판단되는 사례가 증가하고 있으며, 연구 참여자에게 과도한 보상비를 지급하는 것도 금지하고 있다. 임상연구의사는 임상시험의 연구 디자인부터 실행까지 전 과정에서 윤리적 원칙을 준수하며, 환자의 권리와 안전을 보호하는 중요한 역할을 수행한다.

○ 연구 결과 보고 및 출판: 임상시험이 종료되면 데이터 해석을 바탕으로 최종 연구 결과를 정리하고 보고서를 작성한다. 이 과정에서 임상연구의사는 책임연구자(Principal Investigator)와 지속적으로 협력하

며 학회 발표 및 논문 출판까지 주도적으로 참여한다. 공헌도에 따라 회사 측 대표로 논문 저자에 포함될 수도 있다. 임상연구의사는 연구 결과를 얻는 것뿐만 아니라, 출판을 통해 학문적·산업적 가치를 가진 최고의 결과물을 만들어 낸다.

임상연구의사는 임상시험의 성공적인 실행과 신약개발 과정에서 필수적인 역할을 수행한다. 이는 단순히 연구를 수행하는 것이 아니라, 신약개발의 성공을 이끄는 핵심 전문가로서 의료 발전에 기여하는 중요한 역할을 맡고 있다.

제약회사의 의학부란 무엇일까?

의학부(Medical Affairs)는 의약품의 임상적 가치와 안전성을 기반으로 의료진, 환자, 규제기관과의 과학적·의학적 소통을 담당하는 전문 부서다. 미국의 의학부 인증위원회(Accreditation Council for Medical Affairs, ACMA)에서는 의학부를 "회사, 보건의료 전문가, 의료 서비스 제공자와 환자 간의 의사소통에 중점을 두는 생명과학 회사 내의 독특한 조직"이라고 정의하고 있다. 의학부 정의에서 주목할 부분은 커뮤니케이션, 즉 상호작용에 관한 것이다. 여기서 말하는 커뮤니케이션이란 일상적인 대화가 아니라 의약품 및 관련 질환에 대한 의학 정보를 전달하는 학술적 커뮤니케이션을 의미하며, 이는 의학부의 핵심 업무다.

한국글로벌의약산업협회(Korea Research-based Pharma Industry Association, KRPIA)에서 2021년에 발간한 "의학부 활동에 대한 합의서(Medical Affairs Activities Consensus Paper)"에서는 '의학부는 의약품의 판매·촉진 부서와 명확히 독립된 조직으로서 보건의료 전문가, 의료기관, 환자 단체 및 기타 이해관계자들과 정보를 교환하며 충족되지 않은 의학적 요구에 대응할 책임이 있다'라고 설명하고 있다. 또한 '의학부원 (Medical Affairs Staff)'은 보건의료 전문가에게 최신 정보를 제공하여 의약품이 적절하게 사용되도록 하고, 이를 통해 환자에게 최상의 이익이 돌아갈 수 있도록 하며, 동시에 고객의 의견을 수집하여 의약품의 정보 전달을 개선하고, 더 나은 의약품 개발을 위해 노력하는 역할을 수행한다'라고 언급하고 있다.

제약회사의 다른 조직에 비해 의학부는 비교적 최근에 만들어진 조직이다. 초기의 제약회사들은 화학자나 제조 전문 엔지니어를 중심으로 의약품을 개발했으며, 이후 일부 의사들이 제약회사 연구소에 합류하면서 신약개발에 참여하게 되었다. 1990년대에 들어서부터 임상연구의 중요성이 부각되면서 제약회사에서 근무하는 의사들이 증가했는데, 당시 제약의사는 주로 임상연구 설계 및 관리 업무를 담당했다. 그러나 제약산업이 빠르게 성장하면서 의약품과 관련된 다양한 문제가 발생하였고, 이에 따라 새로운 역할이 필요하게 되었다.

제약 역사상 최악의 사건 중 하나인 '탈리도마이드 사태'는 제약산업과 의약품 규제의 변화를 가져온 중요한 계기가 되었다. 탈리도마이드는 진정제 및 수면제로 널리 사용되었으며, 특히 입덧을 완화하는 효과가 있어 임산부들 사이에서 인기가 높았다. 의사의 처방전

없이 쉽게 살 수 있었던 점도 문제를 키웠다. 회사는 '완전히 안전한 약'이라는 슬로건을 내세우며 적극적으로 판촉하였고, 1959년에 부작용 사례가 보고되었음에도 관련성을 부인하고 판매를 지속하였다. 결국, 1962년에 최종적으로 판매 금지가 될 때까지 탈리도마이드의 부작용으로 인해 전 세계 48개국에서 12,000명 정도의 아기들이 심각한 선천성 문제를 갖고 태어났다. 대표적인 부작용은 사지결손증이며 청각장애, 시각장애, 심장 기형 및 내부 장기 기형 등의 이상이 동반되었다. 이 사건 이후 보건당국의 의약품 규제가 대폭 강화되었으며, 신약개발 과정에서 안전성 검토가 더욱 엄격해졌다.

1988년에 WHO는 '의약품 판촉의 윤리적 기준(Ethical Criteria for Medicinal Drug Promotion)'을 제정하고, 비윤리적인 의약품 판촉 활동에 대한 규제 필요성을 강조하였다. 이는 각국의 제약산업 관련 법규 강화에 영향을 주었다. 제약회사는 의약품의 치료 효과를 과대광고하거나 부작용을 은폐하는 것이 엄격하게 금지되었다. 의사를 대상으로 하는 전문의약품 판촉 활동도 강력한 규제 대상이 되었다. 이러한 법규 강화로 인해 미국에서는 1990년대 이후 많은 병원과 의사들이 제약회사 영업사원의 방문을 금지하기 시작했다.

그러나 제약회사는 의약품을 판매하는 동시에 자사 의약품에 관련된 최신 의학 정보를 고객에게 제공해야 하는 책임도 함께 가지고 있었다. 이에 따라 의학 정보를 전달하는 활동을 전담하는 '의학부'가 신설되었다. 즉 의학부는 합법적인 방식으로 의료 전문가에게 최신 의학 정보를 제공하는 역할을 수행하며, 이러한 학술 활동은 판촉 활동과는 명확히 구분을 두었다. 제약산업에서의 법적 규제가 강화될수록 의학부의 역할은 점차 확대되었고, 현재 의학부는 제약회사

내에서 독립된 부서로 자리 잡았다.

의학부 조직은 회사마다 조직의 구성이나 팀 명칭은 다르지만 일반적으로 '학술교류팀' '의학정보팀' '임상연구팀' '윤리규정팀'으로 구성된다. 의학부의 규모가 큰 경우에는 '엑셀런스팀'이나 '교육훈련팀'을 추가로 운영하기도 한다. 반면 규모가 작은 회사는 연구개발팀, 약물감시팀, 허가관리부, 약가협상팀이 함께 묶여 운영되기도 한다. 의학부의 주요 업무는 의학 정보를 검색하고(의학정보팀), 필요한 의학 정보를 만들며(임상시험팀), 적절한 방식으로(윤리규정팀), 필요한 고객에게 전달(학술교류팀)하는 일이다.

의학부에 소속된 다양한 팀의 업무에 대해 자세히 살펴보면 다음과 같다.

○ 학술교류팀(Scientific Exchange & Interaction Team): 주요 업무는 의료 전문가와의 학술적 상호작용이며, 이러한 역할을 담당하는 의학부원을 'Medical Science Liaison(MSL)'이라고 한다. 주로 의약품을 처방하는 의료 전문가와 교류하며, 실험실이 아닌 환자들이 있는 실제 임상 현장에서 이루어지는 의학적 활동을 수행하는 개념으로 '현장기반 의학(Field-based Medicine)'이라고도 불린다. 의료 전문가와 교류를 통해 최신 정보를 제공하는 동시에 의약품 사용 경험을 수집하고, 환자 중심의 실제 임상 데이터를 확보하는 활동을 수행한다.

○ 의학정보팀(Medical Information Service Team): 자사 의약품에 대한 표준화된 의학 정보를 제공하며, 이러한 업무를 수행하는 의학부원을 '의학 정보 전문가(Medical Information Specialist, MIS)'라고 한다. MSL이 직접 현장을 방문하는 것과는 달리, MIS는 주로 회사 내부에서 서면이나

전화로 제품 관련 정보를 제공하는 경우가 많다. 또한 판촉물, 신문 기사 등 자사 의약품 관련 자료를 검토하고 관리하는 업무도 담당한다. 의학 정보팀은 최신의 과학적 정보를 규정에 맞게, 의약품의 효과뿐만 아니라 부작용 정보를 포함하여 균형 잡힌 방식으로 제공하는 역할을 수행한다. 일부 회사에서는 학술교류팀과 의학정보팀을 분리하지 않고, 한 명의 MSL이 두 가지 업무를 같이 담당하기도 한다.

○ 의학부 소속 임상연구팀(Clinical Research Team): 주로 허가 후 임상시험인 4상 임상연구, 연구자 주도 임상을 관리한다. 한국에서 글로벌 3상 임상시험을 수행하는 경우 연구개발부를 지원하기 위해, 국내 임상연구에 필요한 정보를 제공하거나 임상연구자와 의사소통을 담당한다.

○ 윤리규정팀(Medical Compliance Team): 전반적인 회사 활동을 관리하며, 특히 판촉 활동이 법적 규정과 회사의 가이드라인을 준수하는지 감독하는 역할을 수행한다. 최근 의학부의 활동 범위가 확대되고 의학부 자체적으로 주관하는 행사가 다양해짐에 따라, 의학부 활동에 대한 관리도 강화되고 있다. 본사의 정기 감사(Audit) 활동을 지원하거나 보건당국의 실태조사 대응을 담당하기도 한다.

○ 의학부 엑셀런스팀(Medical Excellence Team): 의학부 활동 전반을 최적화하고, 품질을 향상하며, 혁신을 촉진하는 역할을 수행한다. 제약회사의 엑셀런스팀은 주로 영업사원의 교육 및 영업 활동의 효율성을 관리하는 목적으로 운영되었는데, 최근 의학부의 규모가 커지면서 의학부만을 전담하는 엑셀런스팀을 신설하기도 한다.

의사는 이렇게도 일한다

의학부원의 경우 담당하는 업무에 따라 MSL, MIS 등의 명칭이 있고 직급에 따른 명칭도 있다. 의학부원의 인사관리를 담당하는 중간관리자를 관리하는 'MSL Manager' 혹은 'Medical Affair Manager'라고 한다. 일부 회사에서는 임상시험이나 특정 프로젝트 담당자를 지칭하는 명칭으로 'Medical Manager'라고 한다. 의학부 부서장의 경우 일반적으로 '메디컬디렉터(Medical Director)'라고 하지만, 의학부 규모가 큰 회사에서는 중간관리자에게도 디렉터 직함을 부여하며, 전체 의학부 부서장에게는 'Medical Officer' 등 다양한 명칭을 사용한다.

글로벌 제약회사의 의학부는 분산보고체계(Matrix Reporting System)를 운영하는 경우가 많다. 한국 의학부 조직은 본사 의학부에 직접 보고(Solid reporting)하면서, 동시에 한국의 대표이사에게 간접 보고(Dotted reporting)를 하는 방식이다. 즉 의학부원의 업무 지시 및 성과평가는 본사 의학부에서 담당하며, 의학부의 인사 및 비용 관리는 한국의 대표이사가 맡는다. 글로벌회사의 경우 전 세계 지역을 편의상 리전(Region)으로 나눠서 관리하는데, 한국은 보통 아시아태평양(Asia-Pacific, AP) 리전에 속한다. 따라서 한국 의학부 부서장인 메디컬디렉터는 AP 리전 메디컬디렉터(AP Regional Medical Director)에게 직접 보고하고, 한국 대표이사에게는 간접 보고하는 것이 일반적이다.

의학부원의 성과평가는 영업 실적과 무관하게 이루어지며, 이러한 보고 구조를 통해 의학부를 비판촉 부서로 명확히 구분할 수 있게 된다. 일부 회사에서는 메디컬디렉터가 한국 대표이사나 마케팅 부서장에게 직접 보고하기도 하는데, 이 경우 의학부의 활동이 판촉과 무관한 순수한 학술 활동으로 인정받기 어려울 수 있다.

환자 중심주의 강화, 최신 학술 정보에 대한 고객의 요구 증가, 제약 영업 활동에 대한 법적·윤리적 규제 강화, 디지털 환경의 변화로 인한 정보 전달 및 고객과의 상호작용 방식의 변화 등 빠르게 변화하는 제약 환경에 대응하기 위해 제약산업 내에서 의학부의 역할은 더욱 확대될 것으로 보인다.

메디컬어드바이저가 하는 일은 무엇일까?

제약회사에 처음 입사한 의사는 대부분 의학부 소속의 의학 자문가인 메디컬어드바이저(Medical Advisor)로 일하게 된다. 메디컬어드바이저는 기본적으로 MSL과 유사한 업무를 맡으므로 '의사 출신 MSL'이라고도 한다. 해외에서는 아예 MSL과 구분하지 않거나, 메디컬어드바이저라는 직책이 없는 나라도 있다. 의학부 학술교류팀 내에서 MSL과 협업하거나, MSL 매니저 역할을 맡기도 한다. 그 외에도 메디컬어드바이저는 의학적 지식을 바탕으로 회사 내 자문을 제공하는 역할을 한다. 메디컬어드바이저는 의학부의 모든 활동에 참여하며, 개인의 경력이나 조직의 구성에 따라 담당하는 업무의 종류와 비중이 달라질 수 있다.

일반적인 메디컬어드바이저의 역할을 설명하면 다음과 같다.

○ 담당 제품의 최고 전문가(Top Expert): 메디컬어드바이저는 자신이 담당하고 있는 의약품과 관련 질환 분야에 대해 적어도 한국 내에서는 가장 잘 알고 있어야 하며, 최신 의학 정보를 지속적으로 업데이

트해야 할 의무가 있다. 메디컬어드바이저의 핵심 업무는 의료 전문가, 회사 내부 부서, 본사 의학부 등 다양한 이해관계자(stakeholder)에게 과학적 근거 기반의 정보를 제공하는 것이다. 그 외에도 교육 프로그램을 개발하거나 강의를 진행하며, 회사에서 주관하는 세미나, 워크숍, 콘퍼런스에서 발표 및 질의응답을 담당할 수도 있다.

○ 임상경험을 공유하는 임상 자문가(Clinical Advisor): 메디컬어드바이저는 다양한 이해관계자에게 의사로서의 임상 경험을 바탕으로 자문을 제공한다. 의료진이 실제 치료에서 자사 제품을 선호하는지, 경쟁 제품과 비교한 강점은 무엇인지, 다른 치료 옵션이 있는지, 약물 선택 및 투약에 대한 임상적 기준이 있는지에 대한 실질적인 정보를 제공할 수 있다. 이러한 정보는 마케팅팀에 전달되어 구체적인 판매 전략 수립에 활용된다. 연구개발팀에게는 연구자 및 임상 사이트 선정, 환자 모집의 난이도, 연구 디자인 적합성 등 한국의 임상 환경에 대한 정보를 제공할 수 있다. 따라서 이러한 자문 업무를 수행하려면 충분한 임상 경험이 요구된다.

○ 의학 분야 리더(Medical Leader)와의 협력자: 메디컬어드바이저가 해당 제품과 질환 분야에서 최고의 전문가가 되어야 하는 이유 중 하나는 주요 고객과의 파트너십을 맺기 위해서다. 마케팅에서는 일반 고객들의 의사결정에 영향력을 미치는 중요한 고객을 'Key Opinion Leader(KOL)'라고 하는데, 제약업계 의학부는 고객의 학술적 영향력을 강조하여 'Thought Leader(TL)' 혹은 'Scientific Leader(SL)' 등과 같이 '메디컬리더(Medical Leader)'로 따로 분류한다. 메디컬리더는 보통 진료 경험이 풍부하고 연구 실적이 뛰어나고 논문 출판·연구·강연 등을 통해 동료 의사들에게 학술적인 영향력을 발휘할 수 있

는 의사를 말하며, 대부분 대학병원 교수인 경우가 많다. 메디컬어드바이저는 단순한 정보 전달이 아니라, 메디컬리더와 동료 수준 (peer-to-peer)의 학술적인 논의를 수행할 수 있어야 한다. 메디컬어드바이저는 임상연구 디자인을 기획하고, 연구 결과의 출판을 논의하며, 학회나 회사 심포지엄의 교육 내용의 결정에 참여하게 된다. 자문회의(Advisory Board Meeting)를 주최하여 메디컬리더로부터 조언을 얻을 수도 있다. 다양한 방식으로 고객으로부터 얻은 정보, 즉 '통찰(Insight)'은 회사의 중요한 자산이다. 이러한 정보는 본사에 보고하거나 다른 부서와 공유하기도 하며, 장기적인 회사의 전략을 수립하는 데 핵심 정보가 된다. 메디컬리더들과 과학적 파트너십(scientific partnership)을 가지고 함께 일하는 것이 메디컬어드바이저다.

○ 윤리적 규정 및 법적 규제 준수(Ethical & Regulatory Compliance)의 책임자: 메디컬어드바이저는 의학부의 활동뿐만 아니라 회사 전반의 활동이 윤리적 규정과 법적 규제를 준수하도록 보장하는 역할을 한다. 메디컬어드바이저는 임상연구, 마케팅, 영업 등 다양한 부서와 협력하며, 회사의 전반적인 의사결정 과정에 폭넓게 관여한다. 이 과정에서 제약의사로서 윤리적·법적 규정을 철저히 이해하고 준수하는 것이 필수적이다. 따라서 메디컬어드바이저는 비즈니스적 요구를 고려하면서도 규제 기준을 충족할 수 있는 최적의 해결책을 제시해야 하며, 이는 환자의 안전을 보장하고 회사의 신뢰도를 유지하는 데 중요한 역할을 한다. 보통 회사 내의 규정준수팀과 협력하며, 일부에서는 의학부가 규정준수팀의 역할까지 전담하기도 한다.

○ 의학부 전략(Medical Strategy) 담당자: 메디컬어드바이저는 제품에 대한 전문지식과 의료 전문가의 통찰을 바탕으로 한국 의학부 전략을

의사는 이렇게도 일한다

수립하고, 이를 글로벌 전략과 연계하는 역할을 한다. 글로벌 전략을 충분히 이해한 뒤 국내 임상 환경을 반영하여 한국 시장에 적합한 전략으로 바꾸고, 이를 다시 피드백함으로써 상호보완적인 흐름을 만든다. 또한 브랜드 전략, 제품 수명주기 관리, 시장 접근 계획 등 핵심적인 의사결정에 기여하며, 다양한 이해관계자와 협력하여 장기적인 전략을 구체화한다.

의학부의 핵심 역할은 의학 정보를 수집, 분석, 공유하여 과학적 커뮤니케이션을 수행하는 것이며, 이 중심에는 메디컬어드바이저가 있다. 메디컬어드바이저는 본사 의학부로부터 최신 의학 정보를 제공받아 국내 의료 전문가 및 임상 연구자와 학술 교류를 수행한다. 이 과정에서 통찰을 얻고, 국내 임상연구 결구와 학술 자료 검색을 통해 국내 데이터를 수집하여 이를 근거로 한국의 의학부 전략을 수립한다. 이는 회사 내의 다양한 이해관계자들에게 제공되며, 주요한 의사결정에 반영된다. 동시에 한국의 의학부 전략은 본사 의학부로 전달되며, 최종적으로는 글로벌 전략(Global Strategy)에 반영된다. 이러한 순환 구조를 형성하며 한국의 전략과 글로벌 전략이 상호보완적으로 최적화된다. 의학부는 의학 정보를 중심으로 회사와 의료 전문가, 한국과 글로벌 본사 사이의 가교 역할을 수행하며, 이를 통해 최신 의학 정보를 효과적으로 전달하고 연구 활동을 지원하며 회사의 장기적인 전략 수립에 기여한다.

〈맥킨지〉 보고서 "A Vision for Medical Affairs in 2025"에서는 연구개발 부서와 사업 부서 사이를 연결하는 전략적인 파트너로서 의학부의 중요성을 강조하고 있다. 보고서는 의학 기술의 발전, 정보의

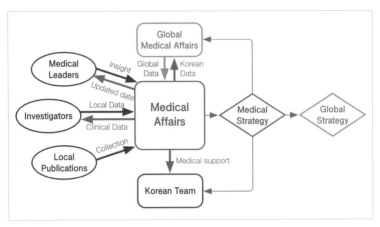

[5-2] **Medical Information Flow in Medical Affairs**

다양화, 규제 강화, 기술 발전에 따른 비즈니스 모델의 변화 등 제약
업계가 직면한 미래 환경에서 의학부의 핵심 역할이 더욱 강화될 것
으로 예상했다. 보고서의 예측대로 현재 의학부의 역할은 지속적으
로 확대되고 있으며, 국내 제약회사들도 의학부를 신설하거나 조직
을 확장하는 추세다. 이에 따라 메디컬어드바이저에 대한 수요는 계
속 증가할 것이다.

의사가 제약 마케팅을 하면 유리할까?

일부 제약의사는 비즈니스 및 경영에 관심을 가지며 마케팅이나
단위사업 부서로 자신의 경력 진로를 변경하고, 이후 해당 사업부의
부서장이나 최고경영자로 승진하기도 한다. 그렇다면 제약의사가 제

약 마케팅으로 커리어를 바꾸는 경우, 어떤 장점이 있을까?

제약 마케팅은 일반 소비재 마케팅과 근본적으로 차이가 있다. 의약품은 환자의 건강과 생명에 직결되는 필수재이므로 국가가 의약품의 품질, 안전성, 유효성을 직접 검증하고 감시하며 약가의 결정을 주도한다. 또한 제약회사의 모든 활동은 강력한 법적 규제를 받는다. 의약품 정보를 제공할 때는 최신 의학 지식을 바탕으로 균형 있게 전달해야 하며, 일반적인 판촉물을 제작할 때도 약사법, 표시광고법, 공정거래규약 등 여러 규정을 준수해야 한다. 환자를 대상으로 하는 전문의약품 광고는 엄격하게 금지되며, 의약품 정보 제공 및 판촉 활동은 의료 전문가를 대상으로 한다. 그중에서도 제약회사의 영업 활동은 엄격하게 관리되며, 고객에게 제공된 모든 이익은 '의약품 지출보고서'의 형태로 대중에 공개된다. 제약의사는 '윤리적·법적 규정 준수의 책임자'로서 여러 가지 규정에 대한 지식과 이해의 수준이 높다. 회사의 활동이 법적 테두리 안에서 안전하게 수행되도록 다양한 규정을 고려한 마케팅 전략을 세울 수 있으며 적절한 대안을 제시할 수 있다.

일반적으로 마케팅이란 정확한 브랜드 전략을 수립하고 효율적인 판촉 활동을 진행해야 한다. 이를 위해서는 자사 제품과 경쟁품의 특성을 파악하는 것이 중요하며, 소비자의 성향과 시장의 수요를 분석해야 한다. 제약 마케팅도 마찬가지다. 제약산업에서 마케팅 전략과 활동을 위한 기본적인 제품 정보는 의학적 근거이며, 자사 의약품과 경쟁 제품의 특성은 임상연구 결과를 바탕으로 한다. 주요 소비자는 환자와 의사이며, 시장을 파악한다는 것은 진료 환경과 의료 시스템을 이해하는 것을 의미한다. 따라서 제약의사가 마케팅을 한다면, 방대한 의학 정보를 분석하고 이를 전략적으로 활용하여 효과적인 브랜드 전략을 세우고 시장 공략이 가능하다.

그러나 제약의사 마케터라도 최종적으로는 영업 실적으로 평가받게 된다. 의사로서 가지는 장점이 있지만, 이 분야에서 오랜 경험과 실력을 쌓아온 마케터들로부터 견제를 받으면서 경쟁해야 한다. 늦게 시작한 만큼, 마케팅 지식과 영업 경험을 빠르게 쌓기 위한 혹독한 노력이 필요할 것이다. 비즈니스에 대해 충분한 이해가 없다면, 회사의 이윤 추구 활동에 대해 거부감을 느낄 수도 있다. 또한 의사들이 자신을 동료가 아닌 영업사원으로 대하는 순간, 의사로서의 정체성이 흔들릴 수도 있다.

이러한 점을 극복한다면, 제약의사는 강력한 마케터로 성장할 수 있다. 제약의사는 의학적 지식을 바탕으로 명확한 브랜드 전략을 세우고, 고객과 긴밀한 관계를 유지하며, 규정에 맞는 판촉 활동이 필수적이다. 이것이 최고의 메디컬 마케팅이다.

제약의사가 상급관리자 혹은 대표이사가 되기 위해서는 회사 내에서 다양한 경험과 리더십 역량을 키워야 한다. 인사 및 조직관리 경험을 쌓고, 수평적 리더십을 발휘하는 프로젝트를 이끌며, 직무 전환을 통해 여러 부서의 업무를 경험하는 것이 중요하다. 이러한 과정을 거쳐 제약산업에서 경영 능력을 갖추고, 점차 높은 직급으로 승진하게 된다.

이미 국내 제약업계에서도 의사 출신 전문경영인이 활발하게 활동하고 있다. 이는 메디컬 마케팅의 중요성이 확산되면서, 제약의사의 강점인 전문적 의학 지식을 활용한 새로운 접근, 규제·정책에 대한 높은 이해도가 주목받고 있기 때문이다. 이들은 신약개발에서 주목할 만한 성과를 내거나 규정 자율 준수 프로그램을 도입하는 등 회사의 혁신적인 발전에 기여한 것으로 평가받고 있다. 제약의사에서 경영진으로 성장하는 길은 도전적이지만, 의학과 비즈니스를 융합한 새로운 기회를 창출할 수 있는 의미 있는 도전이 될 것이다.

제약의사의 커리어는 어떻게 될까?

제약의사의 장기적인 커리어 개발은 다양한 가능성이 열려 있다. 처음 몇 년 동안은 제약업계 환경에 적응이 어렵지만, 이후로는 자신만의 경력을 설계할 수 있다. 개인과 조직 모두에게 경력개발계획(Career Development Plan)은 중요한 목표다. 현재 회사에서, 혹은 이후 경력에서 주요한 목표를 설정하고 이를 달성하기 위해 필요한 노력을 구체적으로 계획해야 한다. 이는 단순한 직업 선택이 아니라, 한 개인의 인생 계획에서 매우 중요한 부분이다.

경력개발계획은 직속상관인 매니저와 논의한다. 매니저는 직원 개인의 경력개발에 대한 책임이 있다. 매니저의 승인하에 필요한 교육을 받거나 담당 업무를 변경할 수 있으며, 회사의 지원을 받을 기회도 있다. 좋은 회사일수록 직원 개개인의 경력개발을 적극적으로 지원하며, 능력이 뛰어난 직원에게는 더욱 많은 기회를 제공한다. 따라서 자신의 경력 목표를 명확히 하고, 이를 회사와 조율하며 성장할 수 있도록 전략적으로 접근하는 것이 중요하다. 경력개발계획을 세우기 위한 전략을 좀 더 상세히 살펴보자.

같은 회사 내에서의 부서 전환(Internal transfer)

제약의사는 제약회사의 다양한 부서에서 역량을 발휘할 수 있다. 회사에서 제공하는 교육이나 학회 참석, 교육비용 지원, 업무 시간 중에 교육 참석을 허용하는 시간적 배려도 있지만, 가장 큰 혜택은 새로운 업무 경험의 기회 그 자체다. 좋은 회사일수록 수평적 이동 기회가 많으며 교육과 지원을 아끼지 않는다.

담당 업무를 변경함으로써 업무 경험을 확장할 수도 있다. 예를 들어, 처음에는 당뇨치료제를 담당하다가 면역항암제로 변경하는 것처럼, 제품 영역을 넓혀가는 방식이 있다. 의학부의 메디컬어드바이저로 일하다가 임상연구의사로 역할을 변경하는 경우도 있다.

파견 근무를 통해 새로운 업무를 경험할 수도 있다. 파견 기간 동안 원래 맡던 업무에 공백이 생기면, 팀 내에서 이를 분담해야 한다. 파견 나간 부서에서는 새로운 인력을 교육하는 데 추가적인 시간과 노력이 소모된다. 그럼에도 불구하고, 파견 근무는 직원이 다양한 경험을 통해 핵심 인재로 성장하도록 회사가 투자하는 과정이라 할 수 있다. 메디컬어드바이저는 임상연구팀, 안전성 보고팀, 인·허가관리부, 약가협상팀 등 연구개발부에서의 역할을 경험할 수도 있다. 마케팅, 영업부 혹은 인사부로 파견을 나갈 수도 있다.

제약의사는 리전 또는 글로벌 조직으로 이동할 기회도 가질 수 있다. 본사의 매니저와 협의하여 의학부 조직이 발전한 다른 나라, 여러 국가를 담당하는 리전, 본사의 다양한 부서에서 1~2년간 근무한 후에 글로벌 의학부로 진출하는 길도 열려 있다.

다국적 제약회사 인도 지사에서 근무하던 한 메디컬어드바이저는 메디컬디렉터로 승진했다가 인도 사업부의 대표이사가 되었다.

그러다 다시 리전 메디컬디렉터로 일하게 되면서 의학부와 사업부를 오가는 독특한 경력을 쌓았다. 이후 그는 본사의 기업사회적책임 (Corporate Social Responsibility) 부서로 이동해 아프리카 지역에 의약품을 지원하는 의미 있는 업무를 담당하였다. 큰 회사일수록 다양한 직무가 존재하며, 제약의사로서 경험할 수 있는 일의 범위도 훨씬 넓어진다. 제약의사로서 의학부뿐만 아니라 임상, 연구개발, 마케팅, 경영, 글로벌전략 등 다양한 커리어 옵션을 고려할 수 있다.

다국적 제약회사 의학부에서의 경력 계획

제약의사 혹은 의학부 메디컬어드바이저의 경력경로는 편의상 '제너럴리스트(Generalist)'와 '스페셜리스트(Specialist)'로 구분하기도 한다. 제너럴리스트는 다양한 분야에 대한 지식과 경험을 갖춘 '다방면 인재'이며, 스페셜리스트는 한 분야의 전문성을 깊이 쌓는 '전문가'를 의미한다. 메디컬어드바이저로 입사하면 특정 치료 영역의 몇 가지 의약품을 담당하는 역할을 맡는다. 이후 업무 특성과 개인의 선호도를 고려하여 의학부의 인사관리를 담당하는 중간매니저로 성장할지, 특정 치료 영역의 전문가로 갈지를 결정할 수 있다.

'제너럴리스트'는 의학부 내부에서 다양한 제품과 업무를 경험하고, 조직을 관리하며, 비즈니스 감각을 익히는 방향으로 경력을 발전시킨다. 의학부 프로젝트를 주도하고 인사관리를 경험하면서, 회사의 전반적인 운영을 이해하고 리더십을 발휘하게 된다. 한국 지사 의학부 책임자인 메디컬디렉터로 승진하는 것이 일반적이지만, 이후 글로벌 커리어를 고려한다면 좀 더 큰 국가의 메디컬디렉터나 아시아태평양 리전 메디컬디렉터로 도전할 수도 있다. 리전 메디컬디렉터는 아시아태평양의 지역 사무소에 근무하며, 각국의 메디컬디렉터로부터 보고를 받는 위치에 있다. 다국적 제약사의 경우 리전 사무소는 싱가포르나 홍콩에 위치하는 경우가 많다. 리전 경험을 쌓은 후에는 본사 의학부의 다양한 포지션에 도전해 볼 수 있다.

'스페셜리스트'는 특정 치료 영역(Therapeutic Area, TA)에서 학문적·임상적 전문성을 깊이 쌓으면서 성장하는 경력을 선택한다. 인사관리나 비즈니스보다는 학문적인 관심이 많다면 이를 고려해 볼 수 있다. 스페셜리스트는 특정 TA에서의 임상 데이터, 최신 연구, 규제 변화 등을 전문적으로 다루며, 메디컬리더와 긴밀한 네트워킹을 통해 협력을 이끌어 낸다. 점차 깊은 경험을 쌓아 해당 TA의 전문가로 인정을 받게 되면, 이 자체가 강력한 경쟁력이 된다. 이후 리전을 대표하는 TA Lead Medical Advisor로 일할 수 있고, 리전 전체를 담당하는 TA Medical Director로 승진할 수도 있다. Regional Medical Director와 TA Medical Director는 직급이 동일한 경우가 많다. 이후 해당 TA의 임상연구 경험을 살려 본사의 연구개발부로 이동하거나 다양한 포지션에 도전해 볼 수 있다.

타 회사 혹은 국내 회사로의 이직

타 회사로 이직하면 담당 치료 영역이 바뀌거나, 매니저로 승진하는 경우가 많다. 다국적 제약회사에서 일정 기간 경험을 쌓은 후, 국내 제약회사의 메디컬디렉터로 이직하는 경우도 있다. 국내 제약회사의 의학부는 조직이 없거나 상대적으로 늦게 구성된 경우가 많아, 제약의사의 숫자가 적고, 실무자보다는 매니저 이상의 직급으로 채용되는 경우가 많은 편이다.

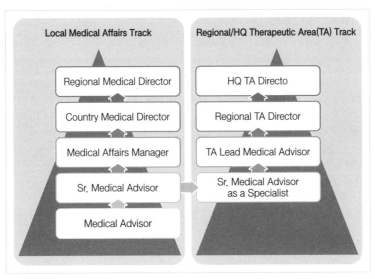

[5-3] Career within Medical Affairs Organization (HQ=headquater)

　국내 제약회사는 본사가 한국에 위치하므로 업무 범위가 넓고 다양한 경험을 할 수 있다는 장점이 있다. 특히 신약개발의 전 주기(Full Lifecycle)에 관여할 수 있다. 그 외에도 후보물질의 라이센싱, 해외 임상연구, 미국 식약처나 유럽 의약품청을 상대로 하는 글로벌 인·허가 업무 등 다양한 역할을 맡을 수 있다. 국내 회사에서 제약의사의 업무를 처음 시작하거나 경험이 부족한 상태에서 높은 직급으로 입사하는 경우, 과도한 재량과 책임을 맡게 되면서 압박감을 느낄 수도 있다. 임상 경험과 학술적 지식이 풍부한 의사라고 해도 신약개발 및 인·허가 과정에 대한 경험은 부족할 수 있다. 따라서 이직 전 조직 구조와 업무 범위를 명확히 파악하고, 필요한 역량을 미리 준비하거나 추가적인 학습이 필요할 것이다.

임상시험 대행기관 및 컨설팅 회사

제약의사는 경력이 쌓일수록 다양한 회사에서 영입 제안을 받게 된다. 그중 하나가 임상시험 대행기관(Contract Research Organization, CRO)이다. CRO는 제약회사, 의료기기 제조업체, 임상연구자로부터 의뢰를 받아 임상시험을 설계하고 프로토콜을 작성하며 실제 임상연구를 대행하는 전문기관이다. 최근에는 신약개발 전반에 대한 컨설팅을 제공하며, 신약 후보물질 평가, 미국이나 유럽으로 수출하기 위한 전략 수립, 해외 임상연구나 글로벌 인·허가 대관 업무를 대행하기도 한다.

한국임상시험산업본부(Korea National Enterprise for Clinical Trials, KoNECT)에 따르면, 2020년 기준으로 국내에는 글로벌기업을 포함해 약 50개 이상의 CRO가 등록되어 있다. 다국적 제약회사는 자체적으로 연구개발 부서를 운영하지만, 본사 정책에 따라 조직의 규모를 줄이거나 핵심 연구를 제외한 업무를 외부 CRO에 아웃소싱하기도 한다.

제약의사 출신 중에는 CRO나 컨설팅 회사로 이직하는 경우가 있으며, 본인의 업무 경력을 살려 직접 회사를 설립하는 사례도 있다. 이러한 회사에서는 의학부 경험뿐만 아니라, 임상연구 경험을 갖춘 임상연구의사를 적극적으로 영입하고 있다. CRO에서의 역할은 임상시험에 대한 경험을 살려 신약개발 과정에서 중요한 의사결정을 지원하는 것이다. 특히, 해외 임상 및 규제 대응 경험을 살려 글로벌 프로젝트에서 중요한 역할을 맡을 수 있다.

바이오 벤처 및 벤처캐피탈

최근 바이오 벤처와 벤처캐피탈에서도 의사의 영입이 늘어나고 있으며, 제약의사의 경험이 큰 강점이 될 수 있다. 이에 대한 자세한 내용은 다음 장에서 다루겠다.

제약의사가 되기 위해 필요한 조건은 무엇일까?

제약의사는 직접 환자를 진료하지는 않지만, 신약개발 과정에 참여하고 정확한 의료 정보를 생성하여 필요한 곳에 전달함으로써 더 많은 환자에게 기여할 수 있다. 또한 회사에 근무하는 동안 비즈니스 경험을 쌓고 리더십을 발전시킬 기회도 많으며, 다양한 경력 개발의 가능성도 매력적인 요소다. 무엇보다 능력 있는 동료와 협업하며 좋은 자극을 받고 지속적으로 성장할 수 있다는 점을 가장 큰 장점으로 볼 수 있겠다. 이러한 이유로 탈임상을 꿈꾸는 의사에게 제약의사는 좋은 선택이 될 수 있다.

그러나 한편으로는 임상에서 멀어지면서 의사로서의 경험과 지식을 잃지는 않을까 하는 불안감도 존재한다. 업무가 바뀔 때마다 새로운 영역에 대한 학습이 필요하며, 생소한 기업 문화에 적응해야 하는 어려움도 있다. 병원과 달리 회사에서는 백업을 해주는 윗년차가 많이 없다. 새로운 업무와 이슈가 끊임없이 발생하며, 처음 맡은 일이라도 스스로 알아서 해결해야 하는 경우가 많다. 이해관계가 다른 팀과의 갈등이 지속되기도 하고, 회사 내 정치적인 문제에 휘말리기도 한다.

그러나 도전을 즐기고 변화에 유연하게 적응하며, 사람들과 함께 일하는 것을 즐기고 목적의식이 뚜렷하다면 메디컬어드바이저 역할에 잘 맞을 것 같다. 반면, 연구를 좋아하고 새로운 지식을 쌓는 것에 기쁨을 느끼며 혼자 일할 때 효율적인 스타일이라면 임상연구의나 스페셜리스트 업무를 더 좋아할 수도 있다.

제약의사가 되려면 어떤 조건이 필요한지 종종 질문을 받는다. 가장 궁금해하는 부분을 살펴보면 다음과 같다.

제약의사에게 필요한 조건

▪ 일반의 혹은 전문의 중에 누가 더 유리할까?

제약의사의 필수조건은 '의사'여야 한다. 메디컬어드바이저의 경우 의사면허가 있다면 서류전형을 통과할 수 있으며, 따라서 일반의도 지원 가능하다. 그러나 포지션에 따라 특정 전공을 요구하기도 하고, 같은 포지션을 두고 전문의와 경쟁할 수도 있다. 최근에는 전임의나 교수 경력이 있는 지원자도 늘어나고 있어 일반의에게는 불리할 수 있다. 이 때문에 일반의 중에는 MSL로 회사에 입사하여 경력을 쌓은 후 메디컬어드바이저로 승진하는 경우도 있다. 처음 회사에 입사할 때는 전문의 자격이나 임상 경력이 중요한 평가 요소지만, 두 번째 이직부터는 개인적 역량과 업무 경험이 더 중점적으로 평가된다.

▪ 전문의의 경우 어떤 전문과목이 유리할까?

특정 포지션의 경우 담당 제품이나 질환에 따라 특정 과목의 전문의를 선호할 수 있다. 제약의사의 채용 공고를 보면 조건을 확인할 수 있는데, 최근 채용이 활발한 분야는 항암, 면역, 백신 분야이다. 이

　　　　　　　　　　　　　　　의사는 이렇게도 일한다

는 현재 연구·개발 중이거나 출시 예정인 신약이 많은 분야이기 때문이다. 항암제 관련 직무의 포지션의 경우, 항암 전문의를 선호하지만 적합한 지원자가 없는 경우 항암 치료 경험이 있는 외과 계열 전문의를 채용하기도 한다. 치료 기전이 복잡하고 의학정보가 빠르게 업데이트되는 경우, 전문의 수준의 지식을 따라잡기 위하여 많은 학습이 필요할 수도 있다. 제약의사는 주로 내과, 가정의학, 예방의학, 소아과, 정신과, 외과 출신이 많으며, 개인적인 의견으로는 내과 전문의가 가장 유리하다고 본다.

내가 첫 회사에서 담당한 제품은 항우울제와 ADHD 치료제였는데, 정신과 전문의라는 점이 큰 도움이 되었다. 새내기 사원이라 아웃룩 사용법부터 영수증 처리까지 모르는 것이 너무 많았고, 하루가 어떻게 흘러가는지 모를 만큼 시간이 부족했다. 임상 경험을 바탕으로 어느 정도 자문을 할 수 있어 그나마 최소한의 역할을 하고 있다며 스스로를 다독였다. 고객으로 만난 정신과 선생님들의 응원도 큰 힘이 되었다.

제약의사는 입사 직후부터 6개월까지의 적응 기간이 매우 중요하다. 이 시기에 반복되는 좌절을 경험하면, 자신감을 잃고 회사와 맞지 않는다고 판단해 조기 퇴사를 결정하거나 제약의사 경력 자체를 포기하기도 한다. 이때 매니저의 역할이 결정적이다. 매니저는 신입 제약의사가 새로운 환경에 적응하여 자신의 역량을 충분히 발휘할 때까지 충분히 지지하고 보호해주는 역할을 해야 한다. 매니저와 잘 맞지 않는다면 이 시기를 극복하기가 쉽지 않다. 만약 회사 내에서 도움이나 조언을 구할 사람이 없다면, 외부에서라도 적절한 멘토를 찾기를 추천한다.

이후 중간관리자로 승진할 때는 정신과 전공이 강점으로 작용하기도 했다. 회사에서는 정신과 전문의로서 팀원 관리나 갈등 해결, 커뮤니케이션 역량이 뛰어날 것이라고 기대한 것 같다. 그러나 회사의 주력 제품 포지션을 두고 경쟁할 때는 정신과 전공이 오히려 약점이 되었다. 회사에서는 제품에 대한 이해도나 중요한 메디컬리더와의 네트워크 구축 측면에서 해당 과목 전문의가 더 좋을 것이라는 판단을 내리기 때문이다. 강점과 약점은 동전의 양면과 같다. 전문의 자격이 없거나 전공이 맞지 않는다면 더 많은 업무 경험을 쌓고 자신의 실력을 높이면 된다. 경력과 성과로 자격증을 넘어설 수 있을 정도로 노력해야 한다.

▪ 제약의사 관련 교육은 어떠한가?

국내에는 제약의사에 대한 공식 인증 교육과정이 없다. 일부 대학에서 제약산업과 관련된 교육 프로그램을 운영하고는 있지만, 제약의학은 아직 의학의 전문 분야로 인정되지 않는다. 새로 입문한 제약의사에게 제약의학에 관련된 지식은 꼭 필요하다. 이를 돕기 위해 한국제약의학회에서 신입 제약의사를 위한 정기적인 교육을 실시하고 있다. 신약개발과 임상연구와 관련된 교육, 약물역학, 임상시험 방법론, 의학통계학, 의학정보학, 약물경제학 등의 지식은 제약의사로서의 가치를 높일 수 있다. 임상연구에 직접 참여했던 경험, 논문 발표 경력이 있다면 도움이 된다. 그러나 제약의사에게 가장 좋은 교육은 실무 경험이다. 자신의 담당 업무를 통해 관련 지식과 경험을 쌓아가다가, 필요하다면 회사의 지원을 통해 추가적인 교육을 받아 전문성을 키울 수도 있다.

▪ MBA 등 기타 학위가 있으면 유리할까?

제약회사에 지원하는 의사들이 많아지면서 지원자의 학력도 점차 높아지고 있다. 과거에 비해 석·박사 학위자는 물론 MBA나 해외 학위, 연수 경력을 가진 경우도 많으며, 전임의나 교수 등의 경력자도 늘어나고 있다. 그러나 이는 참고사항일 뿐, 채용 과정에서 특정 가산점이 있거나 절대적인 결정 조건은 아니다. 포지션에 따라 지나치게 높은 경력이 오히려 적절하지 않을 수 있다. 기타 학위는 중간매니저 이상으로 승진할 때 경쟁력을 높이는 요소 중 하나가 될 수도 있다.

2022년 한국제약의학회에서 제약의사 및 의학부원을 대상으로 '의학부 업무를 수행하기 위해 중요하다고 생각하는 역량'에 대한 설문조사를 진행했다. 응답 결과는 '학술적 전문성' '메디컬리더와의 커뮤니케이션 능력' '의료진의 요구사항이나 충족되지 않은 의학적 수요를 파악하는 능력' '고객으로 통찰을 얻어내는 능력' 순으로 나타났다. 이는 해외에서 시행된 MSL 역량에 대한 연구와 거의 일치하는 결과다.

제약의사에게 필요한 역량에 대해 좀 더 자세히 살펴보면 다음과 같다.

제약의사에게 필요한 역량
▪ 학술적 전문성(Academic Expertise)

국내 및 해외 조사 모두에서 가장 중요한 역량으로 언급된 '학술적 전문성'은 단순히 전공 분야의 일치를 의미하는 것은 아니다. 그

보다는 새로운 전문지식을 통합적으로 이해하고 습득할 수 있는 학습 역량을 의미한다. 현재 제약업계에서는 세포 치료제, 유전자 치료제부터 항암제, 희귀난치성질환 치료제 등 학술적 난이도가 높은 치료제가 개발되고 있을 뿐만 아니라, 새로운 진단법과 디지털 치료제, 인공지능 관련 기술 등의 의학 분야에서 방대한 정보가 쏟아지고 있다. 제약의사는 학습을 통해 최신 정보를 빠르게 업데이트하여 해당 분야의 전문가가 될 수 있어야 한다. 이는 제약의사가 가져야 할 가장 중요한 필수 역량이다.

▪ 의사소통 능력(Communication Competence)

모든 업무에서 커뮤니케이션은 중요하다. 커뮤니케이션은 조직의 성공과 생산성에 직접적인 영향을 미치는 요소다. 좋은 커뮤니케이션은 협업을 촉진하고, 문제 해결을 용이하게 하며, 고객과의 관계를 강화하고, 긍정적인 조직 문화를 형성하는 역할을 한다. 제약의사에게 커뮤니케이션 능력은 더욱 중요하다. 위에서 언급한 설문 결과에서도 확인되듯이, '학술적 전문성'을 제외한 나머지 핵심 역량은 모두 '고객과의 커뮤니케이션'을 기반으로 하고 있기 때문이다. 고객과의 학술적 커뮤니케이션, 고객이 원하는 의학적 수요를 파악하는 능력, 고객으로부터 통찰을 얻어내는 능력은 모두 의사소통을 기반으로 한다. 제약의사의 역할을 한 단어로 표현한다면 'communicator'라고 할 만큼, 커뮤니케이션은 중요한 핵심 역량이다.

▪ 영어 능력(English Competence)

외국어 실력은 또 하나의 중요한 커뮤니케이션 능력이다. 업무와 관련하여 충분한 의사 표현을 할 수 없으면 업무 평가에서도 불이익을 받을 수 있다. 한국의 영향력이 커질수록 영어를 사용해야 하는 경우가 증가하고 있다. 우선, 제약의사의 직속 상관이나 동료, 대표이사가 외국인일 경우가 많다. 제약의사의 고객은 한국에만 있지 않으며, 본사 직원, 해외 학자, 바이어 혹은 FDA 담당자일 수도 있다. 또한 회의나 학회에서 영어로 발표해야 하는 기회도 자주 있다. 의학부는 조직 구조상 본사 의학부에 속해 있으므로 본사 및 리전과의 미팅이나 화상회의가 정기적으로 진행되며, 본사 담당자가 한국에 방문하는 경우도 많다. 따라서 다국적 회사에서 근무하기 위해서 영어로 소통하는 능력은 필수적이다.

메디컬어드바이저의 경우 지원 시 토플이나 토익 등 공식적인 점수를 반드시 요구하지는 않는다. 그러나 면접 과정에서 영어 인터뷰가 포함되거나, 별도의 방식으로 영어 실력을 확인하기도 한다. 그러나 영어 실력이 조금 부족하더라도 포기하지 않기를 바란다. 실제로 의사 출신이라면 업무상 사용하는 비즈니스 영어는 일정 수준 이상 가능하기 때문이다. 다만, 업무상 관계를 넘어 본사 사람들과 친분을 쌓고 두터운 인맥을 형성하려면 더 높은 수준의 영어 실력이 필요하다. 비공식적 자리에서의 일상적인 대화인 'Lunch talking'이 편안할 정도는 되어야 한다. 영어 실력이 부족하더라도 회사에 입사한 이후 생존을 위한 영어 공부를 하다 보면 영어 실력은 금세 늘어날 것이다.

■ **적응력(Adaptability) 및 실무 능력(Practical Competence)**
제약회사 의학부에는 회사생활을 처음 시작하는 새내기 사원이 많다. 의사의 경우 병원에서 근무하다가 회사에 입사하게 되고, MSL 의 경우 전공 석·박사 과정을 마치고 첫 회사로 제약회사 의학부원이 되는 경우가 많다. 상대적으로 늦은 나이에 회사생활을 시작하므로 자신보다 어린 동료가 직급이 높기도 하다. 기업은 병원이나 학교와 업무 방식, 의사결정 구조, 조직 문화가 다르므로 기존의 사고방식을 빠르게 전환하는 적응력이 필수적이다. 의사나 연구자로서 뛰어난 경력을 쌓았더라도 기업에서 본인의 역량을 제대로 발휘하지 못하는 경우도 많다. 전문가로서의 자격증이나 학위, 논문이 아닌 자신의 실무 능력을 이해하고 연마하는 것이 중요하다. 최근 강조되고 있는 개념이 바로 '전이 가능한 기술(Transferable Skill)'이다. 이는 현재의 경력을 새로운 업무 영역으로 확장하거나, 완전히 다른 분야로 전환하는 커리어피보팅(Career Pivoting)에서 강조되는 능력으로, 특정 직무나 분야에 국한되지 않고 다양한 산업과 업무에서 활용할 수 있는 역량을 의미한다. 여기에는 정보관리, 시간관리, 프로젝트 관리 및 협업, 협상, 갈등 해결 등이 포함된다. 제약의사에 관심이 있다면 자신의 전이 가능한 기술을 인식하고, 이를 어떻게 강화할 것인지 준비하는 것도 좋을 것이다. 예를 들어, 논문을 작성하고 학회에서 발표했던 경험은 회사에서 보고서 작성 및 프레젠테이션 능력으로 연결시킬 수 있고, 병원에서 전공의 의국장으로 쌓았던 경험은 회사 내의 리더십 역량으로 발전시킬 수 있다. 이러한 기술 목록을 근거로 이력서를 작성하거나 프로필을 업데이트하는 것이 도움이 될 것이다.

의사는 이렇게도 일한다

제약의사가 되려면
어떻게 해야 할까?

과거 제약의사 채용은 지인 추천을 통해 진행되는 경우가 많았다. 1990년부터 2000년 초반까지 다국적 제약회사는 주로 대학병원 교수 또는 이에 상응하는 경력과 인지도가 있는 의사를 채용했고, 이들은 처음부터 메디컬디렉터로 회사 생활을 시작하는 경우가 많았다. 2000년대 이후 제약의사에 대한 수요가 늘어나면서 헤드헌터를 통한 채용이 활성화되었고, 이들은 의학부의 중간관리자나 메디컬어드바이저로 채용되었다. 최근에는 제약회사에서 직접 채용을 진행하는 경우가 많으며, 의사는 대부분 메디컬어드바이저로 입사하며, 때로는 MSL로 시작하기도 한다.

본격적으로 제약의사가 되기 위한 준비과정 및 방법을 살펴보도록 하자.

채용 공고 검색

다양한 사이트에서 채용 공고를 확인할 수 있다. 회사에서 직접 혹은 해드헌터를 통해 채용 전문 사이트에 채용 공고를 올리거나, 자사 홈페이지에 직접 채용 공고를 올리기도 한다. 직무, 키워드에 'medical advisor' 혹은 'MSL'로 검색하면 적절한 포지션을 찾을 수 있다. 채용 공고 게시자가 해당 회사의 인사담당자인지 헤드헌터인지 확인하면 지원 전략을 세우는 데 참고할 수 있다. MSL 채용 공고인 경우에도 지원자격 혹은 선호 조건에 '의사(Medical Doctor)'가 있다면 지원해 볼 수 있다. 이 외에도 임상연구팀, 인·허가팀에서 다양한 채용 공고가 나오니 자세히 살펴보는 것이 좋다. 의사 수준의 급여 조건을 포기한다면 제약회사의 어느 포지션이더라도 지원 가능할 것이다.

많은 회사가 상시 채용 시스템을 운영하므로, 관심 있는 회사에 자신의 이력서를 미리 등록해두면 인사부에서 채용 계획이 생겼을 때 연락을 줄 수도 있다. 최근에는 헤드헌터가 지원자를 면담하여 후보자 리스트를 확보하고 있다가 적절한 포지션이 나오면 추천하는 방식으로 진행되기도 한다. 해외 근무를 고려한다면 본사 홈페이지를 통해 글로벌 본사나 아시아 지역 포지션에 지원해 볼 수도 있다. 다만, 현지 지원자와 경쟁해야 하며, 대부분 해외 체류비용이 포함되지 않는다.

채용 공고가 올라오는 대략적인 사이트는 다음과 같다.

○ 링크드인 www.linkedin.com

○ 인디드 www.indeed.com/

○ 메디게이트 www.medigate.net

○ 피플앤잡 www.peoplenjob.com/

○ 바이오링크(네이버카페) https://cafe.naver.com/biolink

○ 제약바이오에 대한 모든 것(네이버카페): https://cafe.naver.com/gsk/204452

○ 신약 개방임상연구원 모임(네이버카페) https://cafe.naver.com/cracrc

○ 다국적 제약회사 본사 홈페이지 혹은 한국 홈페이지

업무설명서 확인

업무설명서(Job Description, JobD)란 해당 직책에서 담당하게 될 업무를 구체적으로 설명하는 문서로, 수행하는 역할과 회사의 기대치를 제시하는 중요한 자료다. 다국적 제약회사의 업무설명서는 대부분 영어로 되어 있으므로 주요 항목을 꼼꼼히 확인하는 것이 좋다. 업무설명서에서 사용된 용어를 미리 알아두면 인터뷰 때 당황하지 않을 수 있다.

- Key Responsibilities: 해당 직무의 주요 업무를 설명하는 항목이다. 메디컬어드바이저의 경우 회사마다 표현은 조금씩 다를 수 있지만, 기본적인 역할은 대부분 비슷하다.
- Required Qualifications and Skills: 채용 시 반드시 필요한 조건을 명시하는 항목이다.
- Preferred Qualifications: 지원자에게 선호되는 추가적인 자격이나 경험을 기재하는 항목이다.
- Job Environment: 업무 환경을 설명하는 항목으로, 일부 회사에서는 생략되기도 한다.

Medical Advisor Job Description

■ **Key Responsibilities**

1. Medical Expertise
   · Product Support: Provide medical guidance and support during the development, approval, and commercialization of pharmaceutical products.
   · Medical Information: Interpret scientific data related to products and provide accurate medical information to internal teams (e.g., marketing, sales) and external stakeholders(e.g.,healthcare professionals, patients).

2. Clinical Research and Data Management:
- · Clinical Study Planning: Develop clinical study protocols, oversee execution, and ensure proper data collection and analysis.
- · Data Interpretation: Analyze clinical data and document and present research findings.
- · Publication Writing: Prepare scientific publications and presentations to share research findings.

3. Regulatory and Legal Compliance:
- · Regulatory Compliance: Ensure that all product development and marketing activities comply with regulatory and legal requirements.
- · Documentation: Prepare, review, and submit documents and reports to regulatory agencies.

4. Medical Leader Management:
- · Collaboration: Build and maintain relationships with Medical Leaders to gather insights and feedback, incorporating them into product development and marketing strategies.
- · Expand Medical Network: Build and maintain relationships with healthcare professionals to gather medical insights and opinions related to products.

5. Safety Monitoring and Pharmacovigilance:
- · Adverse Event Reporting: Monitor, analyze, and report adverse events associated with product use.
- · Risk Management: Develop and implement risk management plans to enhance product safety.

6. Marketing and Sales Support:
- · Marketing Strategy Contribution: Work with the marketing team to develop product marketing strategies and provide scientific evidence to support strategic decisions.
- · Sales Training: Provide training to the sales team on the medical aspects of products and address their inquiries.

Required Qualifications and Skills

· Medical Degree: MD or equivalent medical qualification.

· Clinical Experience: Clinical practice experience in a relevant field.

· Analytical Skills: Ability to interpret clinical data and understand scientific information.

· Communication Skills: Ability to communicate complex medical information clearly and effectively to internal teams and external stakeholders.

· Regulatory Knowledge: Understanding of regulatory requirements and guidelines.

· Collaboration Skills: Strong ability to collaborate across various departments to achieve organizational objectives.

Preferred Qualifications

· Pharmaceutical Industry Experience: Experience working in a pharmaceutical company.

· Advanced Degree: An additional advanced degree (e.g., PhD, MBA).

· Specialization: Specialized knowledge in a specific medical field.

· International Experience: Experience working with international regulatory agencies and familiarity with global regulatory frameworks.

Job Environment

· Work Setting: Primarily office-based, with occasional travel required for clinical research oversight, regulatory meetings, and conferences, and field visits to hospitals and clinics.

· Collaboration: Collaborate with various departments, including R&D, regulatory affairs, marketing, and sales.

· Technology Use: Proficiency in various software tools for data analysis, document preparation, and project management.

헤드헌터 결정

제약회사에 처음으로 입사를 준비하고 있다면 헤드헌터를 통해 인터뷰를 진행하는 것을 추천한다. 헤드헌터는 회사와의 면접 이전에 지원자의 성향을 미리 파악하고, 지원하게 될 회사의 조직 구조와 담당 업무에 대한 유용한 정보를 제공한다. 특히 직속 매니저에 대한 정보는 매우 중요하며, 매니저가 원하는 직원의 성향과 해당 업무의 특성을 미리 알면 인터뷰 준비에 큰 도움이 된다.

헤드헌터와 미팅을 한 후에도 채용 절차를 반드시 진행해야 하는 것은 아니다. 나와 성향이 맞고 대화하기 편안한 헤드헌터를 찾는 것이 중요하다. 다만, 이력서를 보내는 것은 해당 포지션의 인터뷰 진행에 동의한 것으로 이해할 수 있으므로 명확한 의사를 전달하는 것이 좋다. 같은 포지션을 두고 여러 헤드헌터를 통해 지원할 경우, 인사부에 동일한 지원자의 이력서가 중복 접수될 수 있다. 이는 헤드헌터와 인사부에 실례가 될 뿐만 아니라, 지원자에게도 불리할 수 있으므로 주의해야 한다.

특히, 연봉 협상 시 헤드헌터를 활용하면 원하는 조건을 보다 명확하게 전달할 수 있다. 헤드헌터가 있다면 직접 인사부 담당자에게 직접 묻기 어려운 세세한 근무 조건을 알아보거나 희망하는 금액에 대하여 협상이 가능하다. 헤드헌터는 계약이 성사되면 회사로부터 연봉의 10% 정도의 성공 보수를 받는다. 그러다 보니 일부는 회사 측 입장을 대변하여 지원자에게 불리한 연봉 협상을 진행하는 경우도 있다. 최종 단계에서 헤드헌터로부터 전달받은 것과 조건이 달라질 수도 있으므로, 계약서에 서명하기 직전 한 번 더 확인해야 한다.

제약의사의 경력이 쌓일수록 좋은 헤드헌터와 함께할 기회도 많아진다. 업계를 잘 이해하고 경험이 풍부한 헤드헌터는 입사뿐만 아니라 전반적인 경력개발에 큰 도움을 줄 수 있다. 좋은 인재에게는 반드시 좋은 헤드헌터가 따라오는 법이다.

이력서 준비

지원하는 곳이 다국적 제약회사라면 영문 이력서를 준비해야 한다. 이력서의 기본은 정확한 사실을 바탕으로 면접관이 쉽게 읽을 수 있도록 작성하는 것이다. 업무와 관련된 부분은 구체적으로 서술하며, 개인적인 정보는 포함하지 않는 것이 원칙이다. 이력서를 작성할 때는 다음 사항들을 고려해야 한다.

▪ 이력서를 검토하는 사람을 배려하여 작성한다.

일반적인 이력서 양식이나 회사에서 제공하는 템플릿을 사용하여 작성하는 것이 좋다. 철자, 대소문자, 줄 간격, 기본 서식을 맞추는 것은 기본이다. 한꺼번에 많은 이력서를 검토해야 하는 면접관에 대한 기본적인 예의이며 배려다.

▪ 모든 정보는 오해의 여지가 없도록 정확하게 기록해야 한다.

기본적인 경력사항 중에서도 특히 학위, 면허, 자격증 유무, 교육 기간, 근무 기간을 정확하게 기재해야 한다. 학위는 공식 영어 명칭을 확인하여 작성한다. 경력 기간은 달(Month)까지 포함하는 것이 일반적이지만, 학교, 인턴, 전공의 기간은 보통 일 년 단위로 이루어지므로 해당 연도만 적기도 한다. 단기 교육의 경우 정확하게 기간을 작성하지 않으면 의도적인 것으로 오해를 받을 수 있다.

■ 최근 업무 경력부터 적는다.

규칙이 정해진 것은 아니지만, 업무 경력의 경우 현재부터 과거 순서로 작성하는 것이 일반적이다. 면접관은 지원자의 최근 경력에 가장 관심이 많기 때문이다. 이력서에 작성한 업무 내용은 면접에서 질문을 받을 가능성이 크다. 따라서 자신이 직접 담당했고 구체적으로 설명할 수 있는 경력만 적는 것이 좋다. 업무 기간에 비해 수행한 프로젝트가 지나치게 많은 경우에는 오히려 신뢰도가 떨어진다. 업무 경력을 부풀리고 싶은 유혹을 이겨내야 한다.

■ 회사 업무와 연관성이 있는 경험은 포함할 수 있다.

논문, 출판, 포스터 발표, 임상연구 참여 등 업무와 관련성이 있는 경험은 이력서에 포함할 수 있다. 제약 관련 인턴십, 임상교육 프로그램 이수, 자격증 취득 등의 경험도 유용하다. 그러나 단순한 학회 참석은 교육 이수로 보기 어렵다. 학술상 이외에도 봉사상, 표창장 등의 수상 경력은 지원자의 성향을 보여줄 수 있는 긍정적인 요소로 작용할 수 있다.

■ 개인적인 정보는 제외한다.

이력서에는 핸드폰 번호와 이메일 주소만 기재하는 것이 일반적이다. 집 주소나 개인 SNS 정보도 필요하지 않다. 최근에는 사진, 성별, 나이, 종교, 가족 관계를 기재하지 않으며, 면접에서도 이러한 질문을 하지 않는 것이 원칙이다. 일부 회사의 경우 과도한 개인정보 입력을 요구하는 이력서 양식을 제공하기도 하는데, 빈칸으로 두기 곤란하다면 헤드헌터나 인사부와 상의한 후 작성하도록 한다.

의사는 이렇게도 일한다

■ **자기소개서를 추가할 수 있다.**

이력서의 처음 혹은 마지막 부분에 자신의 업무 능력이나 장점에 대해 간단하게 요약하여 추가하기도 한다. 회사에서 요구하지 않더라도 자기소개서나 포트폴리오, 추천서를 함께 제출하는 경우도 있다.

다음은 이력서의 예시를 적어 본 것이니 참고하기 바란다. 이력서에는 본인이 수행한 구체적인 업무와 연구를 서술해야 한다.

Curriculum Vitae

Doe KIM, MD, PhD
Phone: +82-10-1234-5678
Email: kim.doe@email.com

PROFESSIONAL SUMMARY

Board-certified internal medicine physician with expertise in clinical research, pharmaceutical medicine, and medical affairs. Experienced in managing clinical trials, regulatory compliance, and medical strategy in the pharmaceutical industry. Adept at collaborating with cross-functional teams to support drug development and market access strategies.

PROFESSIONAL EXPERIENCE

Senior Medical Advisor, OOO Pharmaceuticals (May 2024 – Present)

· Provides medical and scientific expertise in cardiovascular and metabolic diseases.
· Supports the design, implementation, and management of Phase I-IV clinical trials.
· Ensures compliance with regulatory requirements (MFDS, FDA, EMA) and assists in drug approval processes.
· Collaborates with cross-functional teams (R&D, Regulatory, Marketing, Sales) to develop medical strategies.

Medical Advisor, OOO Biotech (January 2023 – February 2025)

- Provided medical input into clinical development plans and regulatory submissions.
- Conducted medical reviews and interpreted clinical trial data.
- Engaged with Key Opinion Leaders (KOLs) to support product strategy and scientific communication.
- Delivered training sessions for sales and marketing teams on product mechanisms and clinical applications.

Clinical Fellow, OOO University Hospital (Fellow in Internal Medicine Subspecialty) (March 2021 – February 2022)

- Conducted research on hypertension, lipid metabolism, and heart failure treatment.
- Participated in multicenter clinical trials and contributed to data analysis.
- Published research findings in peer-reviewed journals and presented at medical conferences.

Key Achievements

- Published over 10 research articles in high-impact journals.
- Received the Young Investigator Award from the Korean Society of Internal Medicine (KSIM) in 2020.

POSTGRADUATE TRAINING

- Residency (Internal Medicine): OOO Hospital (March 2017 - February 2020)
- Internship: OOO Hospital (March 2016 - February 2017)

EDUCATION

- Ph.D.: OOO University Medical School (March 2015 - February 2020)
- M.D.: OOO University Medical School (March 2011 - February 2015)

BOARD CERTIFICATIONS

- 2020: Korean Board of Internal Medicine
- 2015: Korean Medical License

의사는 이렇게도 일한다

PROFESSIONAL AFFILIATIONS

· Korean Society of Internal Medicine (KSIM)
· Korean Medical Association (KMA)
· Korean Society of Clinical Pharmacology and Therapeutics (KSCPT)

AWARDS

· Young Investigator Award, Korean Society of Internal Medicine (2020)
· President's Research Excellence Award, XXX Research & Laboratories (2010)

SELECTED PUBLICATIONS

· KIM, D., et al. (2022). "Efficacy of ABC-123 in the Treatment of Heart Failure." Journal of the American College of Cardiology, 38(5), 123-130.
· KIM, D., et al. (2019). "Pharmacokinetics of XYZ-789 in Patients with Type 2 Diabetes." Clinical Pharmacology & Therapeutics, 105(4), 456-463.
· KIM, D., et al. (2017). "Innovative Approaches in Clinical Trial Design for Cardiometabolic Diseases." Journal of Internal Medicine, 13(2), 210-215.

인터뷰 준비

회사 입사 과정에서 가장 중요한 것은 직속 매니저와의 인터뷰다. 메디컬어드바이저의 경우 메디컬디렉터 또는 인사부 담당자와 1차 인터뷰를 진행하며, 마케팅 혹은 영업부 매니저와 참여하는 동료 인터뷰(peer interview)를 추가로 진행하기도 한다. 다국적 제약회사는 본사나 리전 메디컬디렉터와 전화 혹은 화상으로 영어 인터뷰를 진행하는 경우가 많다. 최종 면접은 한국지사의 대표이사와 진행되며, 외국인 대표이사일 경우 영어로 진행된다.

인터뷰는 보통 한 시간 정도 진행되며, 표면적인 질의응답이 아니라 개인의 성향과 지식 수준을 심층적으로 평가하는 대화가 이루어 진다. 답변이 모호하거나 피상적일 경우, 면접관이 납득할 때까지 질 문의 형태를 변형하여 반복적으로 검증하게 된다. 따라서 면접 경험 이 적은 의사들은 더욱 철저한 준비가 필요하다. 그렇다면 어떠한 준 비가 필요한지 구체적으로 살펴보자.

▪ 회사와 면접관에 대해 조사하기

회사의 역사, 비전, 미션 등 전반적인 사항을 조사한다. 최근 뉴스 와 성과, 특히 한국 내 활동을 중점적으로 정보를 수집한다. 매니저, 대표이사에 대한 기사나 인터뷰 자료를 찾아보면 면접관의 성향과 업적을 파악하는 것도 도움이 된다.

▪ 해당 직무에 대해 조사하기

메디컬어드바이저, 임상연구의사 등 지원하는 직무에 대한 충분 한 이해가 필요하다. 업무설명서를 꼼꼼하게 읽고, 각 단어와 표현이 의미하는 업무를 정확하게 파악해야 한다. "어떤 일을 하게 될지 알 고 있느냐"라는 기본적인 질문에 답변을 제대로 하지 못하면 이후 인 터뷰 진행이 어려워질 수 있다. "본인이 해당 직무에서 어떤 역량을 발휘할 수 있겠냐"라는 질문도 자주 나오므로, 포지션에 따른 업무 내용을 충분히 숙지하고, 자신이 잘할 수 있는 부분을 미리 정리해서 답변을 준비한다.

▪ 담당 제품 및 질환에 대해 조사하기

지원자의 전문적 역량을 평가받기 위한 자리인 만큼, 담당할 제품과 관련 질환에 대한 사전 조사가 필요하다. 해당 제품의 주요 특징과 장단점, 경쟁 제품과의 차이점과 차별화 전략, 환자 특성 등을 간략하게 정리해두면 인터뷰 중 관련 질문에 보다 자신 있게 답변할 수 있다.

▪ 자기소개 및 장단점 정리하기

자기소개는 짧고 간결하게 준비하는 것이 좋다. 인터뷰를 시작하면서 아이스브레이킹을 위해 간단히 자기소개를 요청하는 경우가 많다. 따라서 자신을 표현할 수 있는 키워드를 3~4개 정도 미리 정리하고, 이를 바탕으로 몇 개의 문장으로 자신을 소개할 수 있도록 준비하자. 면접에서 자주 묻는 질문 중 하나가 본인의 장단점에 대한 것이며, "주변 사람들이 당신을 어떻게 평가하느냐", "사람들이 당신을 어떤 사람이라고 표현하느냐"와 같은 방식으로 질문이 변형될 수도 있다. 주의할 점은, 인터뷰가 자신에 대해 솔직하게 이야기하는 사적인 자리가 아니라는 것이다. 장점은 회사에 도움이 되는 역량을 강조해야 하고, 단점은 개인적으로는 어려움이 될 수 있지만 회사 업무에 방해가 되지 않는 것이어야 한다. 예를 들어 "강박적인 성향이 있어 스트레스를 많이 받는다"라는 것은 개인적 약점일 수 있지만, 회사 입장에서는 철저한 업무 태도로 해석될 수도 있다. "혼자 집중해서 일할 때 성과가 좋은 내향적인 성향"은 협업이 중요한 직무에서는 단점으로 보일 수도 있고, 연구직이나 데이터 분석 등 전문적인 업무가 필요한 경우에는 긍정적으로 작용할 수도 있다.

최근에는 인터넷에 공유된 면접용 표준 답변을 그대로 사용하는 경우도 있는데, 식상한 답변은 오히려 마이너스가 될 수도 있으므로 자신의 경험을 바탕으로 차별화된 답변을 준비하는 것이 좋겠다.

▪ 예상 질문 리스트 만들기

첫 회사의 인터뷰를 준비할 당시, 나는 제약의사에 대한 정보가 거의 없었고 헤드헌터의 도움도 받지 못했다. 나름대로 열심히 검색해서 찾은 '삼성 입사자를 위한 인터뷰 예상 질문 리스트 100가지'를 참고했는데, 이 리스트에는 취미, 특기, 리더십 경험, 존경하는 인물 등 온갖 소소한 질문들이 포함되어 있었다. 이런 것까지 준비해야 싶었으나 결과적으로 큰 도움이 되었다. 예상 질문 리스트를 작성하고 답변은 반드시 글로 정리해 보자. 답변을 정리하는 과정에서 인터뷰 연습이 되고, 예상 질문이 아니더라도 실제 면접에서 훨씬 편안하게 답변할 수 있을 것이다.

▪ 압박 면접에 대비하기

개인적으로는 지원자를 의도적으로 압박하는 면접 방식을 좋아하지 않는다. 하지만 일부 회사에서는 정책적 이유 또는 평가 기준에 따라 압박 면접을 진행하기도 한다. 예상치 못한 질문이나 동료.상사와의 갈등 상황을 가정한 질문을 던지거나, 답변에 대해 지속적으로 반박하거나, 종교적·정치적 이슈에 대한 개인적인 견해를 묻기도 한다. 일반적인 질문이라도 답변이 어려운 경우, 지원자에게는 압박감으로 느껴질 수 있다. 이런 압박 면접에서는 정답이 없다. 면접관은 지원자가 감정을 조절하고, 논리적인 사고를 유지하고, 솔직하고 차분하게 답변하는지를 관찰한다. 따라서 압박 면접이 있을 수 있다는 점을 인지하고 미리 마음의 준비를 해두는 것이 도움이 된다.

■ 프레젠테이션 테스트 준비하기

MSL의 경우, 면접 시 프레젠테이션 테스트를 요구하기도 한다. 대기실에서 한 시간 동안 노트북을 이용하여 영어 논문을 읽고 파워포인트 자료를 작성하여 10분 내외로 발표하는 방식으로 진행된다. 변별력을 위해 난이도가 높은 논문을 제시하기도 한다. 사전 공지가 있더라도 지원자 대부분이 심하게 긴장하기 때문에 본인의 역량을 제대로 발휘하지 못한다. 논문의 절반도 읽지 못하거나, 자료를 한 장도 만들지 못하거나, 발표 중에 눈물을 보이기도 한다. 그렇다면 이런 지원자는 입사에서 실패했을까? 우선, 이러한 테스트의 목적을 생각해 보자. 면접관들은 평상시라면 지원자가 훨씬 잘할 걸 알고 있다. 이 면접은 짧은 시간 안에 완성도 높은 자료를 작성하는지를 평가하는 것이 아니다. 극도로 긴장되는 상황에서 지원자가 어떻게 감정과 태도를 유지하고, 얼마나 최선을 다하는지를 살펴본다. 지원자의 지식보다는 발표 스타일과 성향을 보는 것이다. 따라서 완벽한 발표보다 침착함과 적극적인 자세가 더 중요한 평가요소가 될 수 있다. 실제 이 테스트를 망쳤더라도 합격한 경우가 꽤 있다.

■ 인터뷰 진행하기

인터뷰는 회사가 지원자를 일방적으로 평가하는 자리가 아니다. 지원자 역시 회사가 어떤 곳이고, 직속 매니저는 어떤 사람인지를 알아볼 수 있는 기회다. 자신을 소개하기 위해 별도의 포트폴리오 자료를 준비하거나 PPT로 발표하는 경우도 있는데, 이미 이력서를 제출한 만큼 같은 내용을 반복할 필요는 없다. 인터뷰에서는 침착하고 솔직한 태도로 답변하며 내가 왜 이 업무에 적합한지, 내가 어떻게 잘할 수 있는지, 그리고 꼭 하고 싶다는 의지를 보여주면 된다. 대부분의 인터뷰에서는 마무리할 때쯤 지원자에게 질문할 기회를 준다. 이때 회사에 대해 궁금했던 점을 추가로 물어볼 수 있는데, 지원자가 궁금한 연봉, 근무 환경, 처우 등에 대한 질문은 하지 않는 것이 좋다. 이러한 정보는 헤드헌터 혹은 인사부 담당자를 통해 이후에 얼마든지 확인할 수 있다. 지원자는 질문의 기회를 긍정적인 인상을 남기는 전략적 요소로 활용할 수 있다. 답변하는 사람, 즉 면접관이 긍정적인 감정을 느낄 수 있는 질문을 하자. 예를 들어 이 회사의 장점이나 개인적인 성취 경험에 대해 묻는다면, 면접관은 자신의 경험을 이야기하는 동안 긍정적인 감정을 느낄 수 있고, 이는 곧 인터뷰 전체에 대해 긍정적인 평가로 이어질 수 있다. 따라서 면접관에게 할 질문은 사전에 미리 준비해두는 것이 좋다. 최종 코멘트 기회가 있다면 자신이 어떠한 역량을 발휘하여 해당 포지션에서 역할을 담당하며, 회사에 어떻게 기여할 수 있는지 짧게 강조하도록 하자. 경력자가 아닌 경우라면 조금 과장하여, 씩씩하고 자신감 있게 말해도 괜찮다. 자신의 강점을 알리면서 마무리하는 것 역시 면접관에게 최종적으로 좋은 인상을 남길 수 있다.

■ 인터뷰 결과 확인하기

최종적으로 합격하지 못했더라도 실망하지 말자. 회사와의 만남도 인연이 닿아야 한다. 타이밍이 맞지 않으면 아무리 원하고 노력해도 내 자리가 아닌 것이다. 메디컬어드바이저 면접에 떨어졌다가 몇 달 후 같은 회사의 매니저 포지션으로 합격한 사례도 있다. 때가 되면 좋은 인연이 찾아오는 것처럼, 꾸준히 준비하고 있으면 기회는 다시 온다. 헤드헌터와 함께 인터뷰 과정을 복기하며 다음 면접을 준비하도록 하자.

연봉 협상

인터뷰에서 최종 합격 통지를 받으면 연봉 협상이 시작된다. 제약의사로서 첫 회사생활을 시작하는 경우 초봉은 회사별로 큰 차이가 나지 않는다. 대부분의 회사는 동일한 직책에 대하여 정해진 연봉 구간이 있기 때문에 큰 차이를 둘 수 없다. 임상의사로서 뛰어난 능력이 곧바로 제약의사로서의 역량과 직결되지는 않으므로, 회사로서는 파격적인 제안을 하기가 어렵다.

두 번째 경력직 이직부터는 연봉 협상의 양상이 달라진다. 오픈된 포지션에 따라 직급도 다르고, 이전 회사에서의 경험, 평판, 면접관의 피드백이 연봉 협상에 영향을 주기 때문이다. 회사에서는 공석을 빨리 채우고 싶어 하지만, 지원자는 급하게 이직할 필요가 없어 협상에서 우위를 차지할 수도 있다.

다시 강조하지만, 회사와의 연봉 협상은 헤드헌터의 도움을 받는 것이 좋다. 그러나 최근 헤드헌터 없이 지인의 추천을 통해 입사하거나, 회사의 인사부와 직접 계약하는 경우도 많다. 이러한 경우 지인의 도움을 받을 수는 있지만, 연봉 금액에 대한 비밀유지의 의무가 있으므로 주의해야 한다.

▪ 세전 금액과 실수령액 확인하기

회사의 연봉은 세전 금액으로 산정된다는 점에 유의하자. 의사들은 일반적으로 실수령액(net salary)을 기준으로 하는 네트 계약(실수령액을 기반으로 급여 계약 체결) 방식에 익숙하므로, 연봉 협상 시 세전 금액과 실수령액을 혼동하지 않도록 주의해야 한다. 연봉은 기본 수령액(Basic Salary)과 인센티브(Incentives)를 합친 금액이며, 퇴직금은 별도로 산정된다. 기본 수령액이란 일 년 동안 지급되는 고정 급여다. 임금 인상은 매년 초 기본 수령액의 일정 %로 결정되며, 회사 전체의 성과 및 개인의 성과평가 결과를 반영하여 책정된다. 임금 인상률의 산정 방식은 회사마다 다르게 적용되는데, 직급별 차등 적용을 하는 경우 일반적으로 연봉이 낮을 때 인상율이 높고 연봉이 높을수록 인상률이 감소한다. 일정 비율을 적용하는 경우, 연봉 금액과 상관없이 동일한 비율로 인상된다. 일부 회사는 개인성과가 미흡한 경우, 다음 해 임금 인상이 없을 수도 있다. 따라서 연봉 협상에서 가장 중요한 요소는 기본 수령액이다. 이는 매년 임금 인상을 결정하는 기준이 되며, 이직 시 협상의 기준이 된다.

▪ 인센티브 확인하기

인센티브는 일반적으로 일 년에 한 번, 1~3월 사이에 지급되는데, 회사마다 차이가 있다. 인센티브는 크게 전체 인센티브(Company-wide Incentives)와 개인 인센티브(Individual Incentives)로 나뉜다. 전체 인센티브는 회사가 전년도 사업 목표를 달성했을 때 지급되며, 전 직원 혹은 부서 단위로 보너스가 책정된다. 개인 인센티브는 개인의 성과 달성 여부에 따라 차등 지급된다. 따라서 연봉 협상 시 회사가 제시하는 인센티브는 확정된 금액이 아니며 회사 및 개인의 성과에 따라 변동될 수 있다.

의사는 이렇게도 일한다

▪ 사이닝 보너스란

사이닝 보너스(Signing bonus)는 입사 직후 혹은 일정 기간 근무한 이후 한 번만 지급되는 보너스다. 회사에 따라 기본 수령액 인상이 어렵거나 원하는 연봉을 맞춰 줄 수 없는 경우, 우수한 지원자를 확보하기 위한 방법으로 만들어진 보상이다. 주식이나 회사 지분을 제공하는 경우도 있다. 일부 회사에서는 기본 연봉을 낮추는 대신 인센티브와 사이닝 보너스로 총 금액을 맞추는 방식을 제시하기도 한다. 사이닝 보너스는 단 한번 지급되는 것이다. 그리고 당연한 사실이지만, 사이닝 보너스와 주식에는 세금이 부과된다는 점도 고려해야 한다.

기타 근무 조건 확인하기

대부분의 회사는 직원들을 위한 다양한 복지 혜택을 제공한다. 학회 참석이나 영어 공부를 위한 교육비, 운동 및 건강관리를 위한 자기계발비, 핸드폰 요금, 교통비, 점심 및 야근 식대, 야근·주말 근무수당이 있으며, 일정 직급 이상이 되면 개인 사무실, 차량 및 차량 유지비, 판공비 등이 책정되기도 한다. 그러나 이러한 혜택은 회사 정책에 따라 제공되는 것으로, 사전 동의 없이 중단될 수도 있다.

대부분의 회사는 법정 유급휴가 15일을 기본으로 제공한다. 캘린더 데이 기준으로 3주에 해당한다. 근속연수 1년마다 유급휴가가 1일씩 추가되므로, 장기근속자의 경우 휴가일이 더욱 길어진다. 그 외에도 여름 휴가철 혹은 연말에 셧다운으로 전 직원에게 일괄적으로 휴가를 부여하거나, 회사 창립일이나 기타 명목으로 추가 휴가를 제공하는 경우도 있다. 업무 시간 외 저녁 근무나 주말 근무를 한 경우, 해당 시간만큼 대체휴가(Compensatory Leave)를 지급한다. 일반 병·의원에 비해 긴 휴가를 자유롭게 사용할 수 있다는 점은 회사에서 근무하는 가장 큰 장점 중 하나다.

기본적인 근무시간은 오전 9시~오후 6시이지만, 최근에는 유연근무제(Flexible time)와 재택근무제가 활성화되고 있다. 정해진 시간에 반드시 사무실에 앉아서 일할 필요는 없지만, 실질적인 업무 결과를 기준으로 성과평가를 받는다. 같은 업무를 더 효율적으로 처리할 수 있다면, 보다 여유로운 회사생활이 가능할 것이다.

메디컬어드바이저는 기본적으로 근무시간이 불규칙하다는 점을 고려해야 한다. 회사의 제품 설명회나 세미나, 심포지엄 등의 행사가 주로 평일 저녁 시간이나 주말에 진행되며, 지방 출장이 많아 밤늦게 귀가하는 경우도 많다. 다국적 제약회사의 경우 본사와의 미팅이 많은데, 시차로 인하여 밤늦은 시간 혹은 아침 이른 시간에 화상회의가 잡히는 경우가 흔하다.

또한 메디컬어드바이저는 해외 출장이 가능해야 한다. 일 년에 한두 번 이상 주기적으로 의학부 전체 미팅이 있으며, 미국이나 유럽의 주요 학회 일정에 맞춰 본사의 학술행사가 진행되는 경우가 많다. 글로벌 임상연구자 미팅이나 글로벌 자문회의에 참석하는 경우도 있다. 그러나 코로나 이후 주요한 미팅이 화상회의로 대체되면서 해외 출장도 많이 줄어드는 양상이다.

최종 계약 및 입사일 확정

연봉 협상이 끝나면 계약서를 작성하게 되는데 입사가 확정되는 것은 최종적으로 계약서에 상호 서명이 완료된 이후다. 매우 드물지만, 계약서 작성을 차일피일 미루다가 일방적으로 입사 취소 통보를

의사는 이렇게도 일한다

보내는 회사도 있다. 계약서 작성 이전에 회사 행사 참석이나 업무를 요청하거나, 입사 당일 회사 사정이 어렵다면서 불리한 조건으로 재합의를 요구했다는 경우도 있다.

따라서 계약서 서명이 완료된 이후에 입사가 확정된 것으로 간주해야 한다. 이직하는 경우에는 계약서 작성 후에 이전 회사에 퇴사 통보를 하는 것이 안전하다. 만일 회사의 사정으로 인해 입사가 취소되거나 지연되는 경우, 금전적 손실에 대한 배상을 청구할 수도 있다.

업무 시작일은 회사와 협의하여 결정한다. 법적으로 퇴사 통보는 최소 한 달 전에 해야 하므로, 이직 시 한 달 이상의 기간이 필요하다. 대부분 회사는 하루라도 빨리 출근하기를 요청하는데, 전임자가 없는 공석인 경우에 더욱 그렇다. 회사의 입장을 고려하더라도, 이전 회사의 업무와 개인적인 일은 제대로 마무리하고 입사하는 것이 좋다. 특히, 회사 생활을 처음 시작하는 경우 입사 후 여유를 가지기 어렵다. 빠르게 적응하기 위해 입사 후에는 시간과 에너지 등 모든 것을 새로운 업무에 투자해야 한다.

제약의사의
미래 전망은 어떠한가?

제약의사는 회사 내에서 다양한 직책을 맡을 수 있으며, 무한한 가능성을 지닌다. 하지만 제약의사의 미래를 살펴보기 위해서는 개인의 역할을 넘어 의학부의 변화에 주목할 필요가 있다.

〈맥킨지&컴퍼니〉는 의학부의 미래를 전망하는 보고서를 정기적으로 발표해왔다. 2018년 "A Vision for Medical Affairs 2025"에서는 과거 연구개발부과 상업부서의 보조적 역할로 여겨졌던 의학부가 제약회사의 세 번째 핵심 기둥(third pillar)으로 자리 잡아야 한다는 비전을 제시했다. 이는 업계에서도 인정받는 시각이었다.

특히 코로나19 팬데믹 이후 백신 개발이 가속화되고, 의료진과 제약사 간 소통 방식이 변화하면서 의학부의 중요성이 더욱 부각되었다. 의학부는 제약회사의 핵심 부서로 자리 잡았으며, 그 역할은 점점 확대되고 있다. 과거 제약의사는 임상시험 지원, 의학적 자문 제공, 규제 대응 등의 역할을 수행했다. 이제는 제약의사가 또 다른 가능성을 맞이하고 있다.

〈맥킨지〉는 2023년 새로운 보고서 "A Vision for Medical Affairs 2030: Five Priorities for Patient Impact"에서 미래 의료는 환자 중심의 의료 혁신이 가속화될 것이라고 전망하며, 2030년을 대비한 의학부의 다섯 가지 핵심 과제를 다음과 같이 제시하였다.

○ 의학부 리더십 강화: 의학부 리더들은 단순한 부서 관리자가 아니라, 기업 차원의 사고방식을 가진 핵심 비즈니스 리더로 성장해야 한다. 경영진과의 협력을 강화하고, 데이터 및 디지털 기술을 활용한 전략적 리더십을 발휘해야 한다.

○ 데이터 및 분석 역량 통합: 의료 정보는 폭발적으로 증가하고 있으며, 이에 따라 의학부는 인공지능 및 빅데이터를 활용한 실시간 데이터 분석 역량을 갖춰야 한다. 향후 이를 기반으로 의료진 교육 및 치료 가이드라인이 개선되고, 의료 논문 분석, 콘텐츠 제작, 연구 설계 자동화가 가능해질 것이다.

의사는 이렇게도 일한다

○ 차별화된 의학부 전략 개발: 전통적인 의학부 전략에서 벗어나, 의료진과 환자의 실제 요구를 반영한 맞춤형 전략을 개발해야 한다.

○ 이해관계자를 중심으로 한 근거 중심의 의료 정보 생성 전략: 의료 정보와 연구 결과는 회사의 필요가 아니라 환자, 의료진, 보험사, 규제 당국 등 다양한 이해관계자의 필요에 맞춰 제공되어야 한다.

○ 의료진 및 환자와의 소통 방식 혁신: 의학부의 역할은 이제 주요 고객인 KOL을 대상으로 하는 활동에서 벗어나, 일반 개원의 및 환자들과의 소통을 확대하는 방향으로 변화하고 있다. 특히 디지털 채널을 활용한 맞춤형 정보 제공이 중요해지고 있으며 데이터 시각화, 애니메이션, 인공지능 기반 상호작용 콘텐츠 등을 적극 활용해야 한다.

〈맥킨지〉뿐만 아니라 많은 전문가들은 의학부의 변화가 제약업계 전체의 패러다임을 바꿀 것이라고 전망하고 있다. 이러한 변화 속에서 제약의사는 단순한 의학 전문가를 넘어, 기업 전략을 주도하는 핵심 인재로 성장할 기회를 맞이했다. 이제 제약의사는 보다 넓은 시각을 갖고, 변화하는 환경에 능동적으로 대응해야 한다. 학술적 역량 외에도 다양한 능력이 필요하다. 2030년, 제약의사의 역할은 어디까지 확장될 수 있을까? 지금이 바로 새로운 기회를 준비할 시점이다.

벤처산업을 주도하는 의사가 있다

- 창업에 도전하는 의사가 많아지고 있다
- 벤처기업 혹은 스타트업이란 무엇일까?
- 헬스케어 관련 산업에 대해 알아보자
- 국내 바이오헬스 산업에 대해 알아보자
- 국내 제약·바이오 벤처기업에 대해 알아보자
- 국내 디지털 헬스케어 벤처기업에 대해 알아보자
- 벤처기업에서 의사는 어떤 일을 할까?
- 벤처 창업을 하려면 어떻게 해야 할까?
- 정부의 창업 지원 제도는 어떤 것이 있을까?
- 벤처 의사의 미래 전망은 어떠한가?

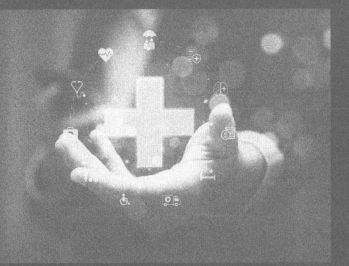

창업에 도전하는 의사가
많아지고 있다

전 세계적으로 의사 출신 벤처사업가들의 활동이 활발해지고 있다. 의료기술이 발전하면서 헬스케어 분야에서 창업하는 의사와 의대생들이 많아지고 있으며, 이들은 기존 의료 시스템의 문제를 혁신적으로 해결하려는 도전을 이어간다.

특히, 의대 재학 중 의학적 지식을 바탕으로 참신한 아이디어와 강한 실행력으로 스타트업 창업을 시도해 성공적인 기업으로 성장시킨 사례도 있다. 〈강남언니〉의 홍승일 선생님, 〈메디블록〉의 김현준 선생님, 〈에어스메디컬〉의 이혜성 선생님, 〈실비아헬스〉의 고명진 선생님, 〈닥터나우〉의 장지호 선생님 모두 의대 재학 시절에 스타트업을 설립한 케이스다. 윤희상 선생님은 본과 때부터 인공지능 기반 챗봇 서비스를 개발하는 〈띵스플로우〉에 근무하면서 관련 경험을 쌓았으며, 졸업 후 실리콘밸리에서 당뇨 관리 서비스인 〈엔도헬스〉를 창업해 미국 내 투자유치에 성공하였다.

의사들의 창업에 대한 관심이 높아지면서, 대학에서도 창업 교육이 강화되고 있다. 서울대학교 의과대학은 2021년 창업 강좌를 개설했으며, 처음에는 수강생이 거의 없었지만, 2023년에는 74명까지 증가하는 등 큰 관심을 받고 있다. 다른 의과대학에서도 창업 멘토링 워크숍이나 진로 박람회를 개최하는 등 창업을 꿈꾸는 학생들에게 실질적인 지원을 제공하고 있다. 의사 창업가들의 모임인 '의사 창업 연구회(코리아닥터프러너)'에서는 의사와 의대생의 창업을 지원하고, 창업 경험을 공유하며, 멘토링을 제공하고 있다. 일부 의과대학에서는 진료 외 다양한 분야에서 활동하는 의사들이 모인 동문 모임도 있다.

이처럼 젊은 의사들이 임상 의사 외에도 창업이라는 새로운 경로를 탐색할 수 있는 다양한 지원이 이루어지고 있으며, 이는 정부 차원이나 의료계 내에서도 긍정적인 평가를 받는다.

벤처기업 혹은 스타트업이란 무엇일까?

벤처기업과 스타트업, 무엇이 다를까? 스타트업(Startup)은 단어 그대로 설립한 지 오래되지 않은 신생기업을 의미한다. 1990년대 후반, 실리콘밸리에서 탄생한 혁신적인 아이디어와 기술을 가진 IT 분야의 신생기업을 지칭하기 위해 '스타트업'이란 용어가 사용되기 시작했다. 〈아마존〉, 〈구글〉, 〈페이스북〉, 〈에어비앤비〉 등은 모두 스타트업에서 출발했다. 최근에는 IT뿐만 아니라 다양한 산업 분야에서도 스타트업이란 용어가 사용되고 있다. 벤처기업은 명확한 정의가 존재하지 않는다. 초기에는 벤처캐피탈로부터 투자를 받은 기업을 의미했지만, 현재는 스타트업과 벤처기업이 혼용되는 경우가 많다.

스타트업은 혁신적인 기술을 통해 국제적 경쟁력을 갖춘 핵심기업으로 성장할 가능성이 크다. 따라서 각국 정부는 유망한 스타트업을 지원하는 다양한 정책을 운영하고 있다. 한국 역시 2021년 '벤처기업 인증제도'를 도입하여, 전문성과 사업화 역량을 갖춘 기업을 '벤처기업'으로 분류하고 다양한 세제 혜택 및 정부 지원을 제공하고 있다. 대부분의 국내 헬스케어 관련 스타트업들은 인증 기준에

의사는 이렇게도 일한다

맞춰 벤처기업으로 등록하고 있다. 따라서 한국 내에서 두 용어를 구분한다면 '스타트업'은 혁신적 사업 모델을 가진 신생기업을 의미하고, '벤처기업'은 정부의 벤처기업 인증을 받은 회사라고 이해하면 되겠다.

헬스케어 산업과 벤처기업이 구조를 이해하기 위해서는 스타트업의 기본 개념과 비즈니스 구조를 알아야 한다. 이러한 흐름을 이해하면 헬스케어 벤처기업들의 특성과 산업 내 위치를 보다 명확하게 파악할 수 있을 것이다.

스타트업의 성장과정

스타트업의 성장은 일정한 속도로 진행되지 않는다. 하워드 러브는 그의 저서 《The Start-Up J Curve: The Six Steps to Entrepreneurial Success》에서 기업의 성장주기를 '창업 시작(Create)' '시제품 출시(Release)' '변화와 전환(Morph)' '비즈니스 모델 최적화(Model)' '스케일 업(Scale)' '수익 창출(Harvest)'의 6단계로 구분하여 설명했다. J 커브는 단순한 성장 곡선이 아니라, 스타트업이 겪는 현실을 반영한 생존과 성공의 공식이다. 이 중 '데스밸리(Death Valley)'라 불리는 구간은 이익을 창출하기 전까지 자금 부족과 시행착오로 인해 많은 신생기업이 도태되는 시기이다. 스타트업이 이 시기를 극복하면, 이후 급격한 성장이 가능하다는 점을 J 커브를 통해 시각적으로 표현하고 있다. 스타트업이 단순한 아이디어만으로 성공할 수 없으며, 초기의 시행착오를 전략적으로 극복해야 한다는 사실을 강조하고 있다.

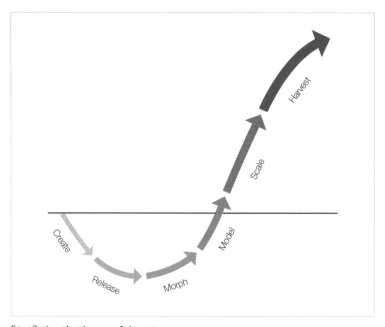

[6-1] **The Six Phases of the J Curve**

출처: Howard Love, 〈The Start-Up J Curve〉, Greenleaf Book Group Press; Illustrated edition(August 30, 2016)

스타트업 투자유치 전략

스타트업은 데스밸리 구간을 버티기 위해 다양한 생존 전략을 모색한다. 대표적인 방법이 외부로부터 자금 지원을 받는 '투자유치(Investor Relations, IR)'다. 반면, 외부 투자 없이 자생하는 전략을 선택하기도 한다. 이를 '신발 끈을 동여매다'는 의미의 '부트스트랩(Bootstrap)' 또는 '셀프펀딩'이라고 하며, 최소한의 자본으로 회사를 슬림하게 운영하는 방식을 의미한다. 창업자가 자율성을 유지할 수 있지만, 반면 기업의 성장 속도가 느려지고 생존 가능성이 낮아질 위험도 있다.

　　　　　　　　　　　의사는 이렇게도 일한다

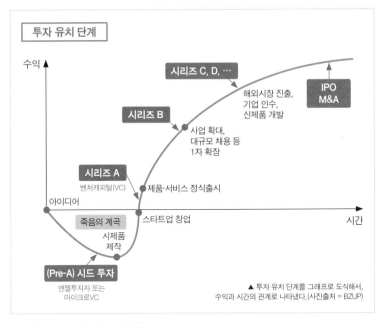

▲ 투자 유치 단계를 그래프로 도식해서, 수익과 시간의 관계로 나타냈다.(사진출처 = BZUP)

[6-2] 벤처·스타트업 투자 단계

출처: 윤상학 기자, "스타트업이 투자받기 전, 알아야 할 4가지, 《더 스타트》, 2020.09.06.

스타트업은 사업의 성장과정에 따라 여러 단계의 투자를 유치하게 되며, 이는 다음과 같이 구분할 수 있다.

○ 시드투자(Seed Investment): 첫 번째 투자 단계로, 아이디어를 사업화하는 데 필요한 자금을 조달하는 과정이다. 극초기 스타트업에 투자하는 '엔젤투자자(Angel investor)'는 높은 리스크를 감수하고 창업자의 역량이나 사업 아이디어 자체에 투자하는 개인이나 소규모 투자자다. '엑셀러레이터(Accelerator)'는 스타트업의 성장을 돕는 창업 기획자로, 투자뿐만 아니라 교육, 멘토링, 네트워킹 등의 지원 프로그램을 제공한다.

○ 시리즈 투자(Series Investment): 스타트업의 초기 시장성이 어느 정도 검증된 이후, 본격적인 성장 단계에서는 '벤처캐피탈(Venture Capital, VC)'에 의한 투자가 이루어진다. 이는 수익성이 확실하지 않은 상태에서 가능성을 보고 투자하는 고위험·고수익 투자자로, '모험자본'이라고도 불린다. 투자 시기에 따라 시리즈 A, B, C, D 등으로 구분되며, 시리즈가 진행될수록 기업의 가치와 투자의 규모가 증가하는 특징이 있다.

○ 크라우드펀딩(Crowdfunding): 전통적인 투자 방식과 달리, 다수의 소액 투자자로부터 투자받는 방식이다. 주로 제품이나 서비스가 개발되었을 때 활용되며, 초기 자금을 조달하는 동시에 소비자의 관심과 시장성을 검증할 수 있다.

스타트업 투자는 시점에 따라 리스크와 기대 수익이 달라진다. 일반적으로 투자 시기가 늦을수록 투자 위험이 감소하는 대신, 투자비용이 증가하고 기대 수익률은 낮아진다.

투자자들의 엑싯 전략

투자자는 일정 시점에서 초기 투자금을 회수하고 수익을 실현하는데, 이를 '엑싯(exit)'이라고 한다. 대표적인 엑싯 전략은 다음과 같다.

○ 기업공개(Initial Public Offering, IPO): 스타트업이 충분한 성장을 이루고 안정적인 운영이 가능해지면, 금융감독원과 한국거래소의 승인을 받은 후 기업공개를 통해 주식시장에 상장할 수 있다. 기업공개가

이루어지면 스타트업은 일반 투자자들에게 주식을 매각하여 대규모의 자본을 조달할 수 있으며, 이 시점에 초기 투자자들은 투자금을 회수하고 퇴장할 수 있다. 기업은 기업공개를 통해 사업을 확장하고 독립적인 경영을 지속할 수 있는 기반을 마련한다.

○ 인수합병(Mergers and Acquisitions, M&A): 기업은 인수합병을 통해 지분을 매각하여 투자금을 회수할 수 있다. 입수합병 계약 조건에 따라 창업자는 새로운 기업에서 사업을 지속하거나 아니면 완전히 철수할 수도 있다.

○ 기타 엑싯 전략: 그 외 지분 매각, 기업자산 매각 등을 통해 투자금을 회수하기도 한다. 지분 매각은 창업자가 보유한 지분을 새로운 투자자 또는 기존 주주에게 매각하여 투자금을 회수하는 방식이다. 기업자산 매각은 특정 사업부나 기술, 지적 재산권 등을 매각하여 투자금을 회수하는 전략이다.

엑싯은 단순한 투자금 회수가 아니라 스타트업 생태계의 선순환을 촉진하는 핵심요소다. 투자자들은 회수한 자금을 다시 신생기업에 투자하며, 이는 스타트업의 성장 기반을 마련하는 구조를 형성한다. 이처럼 자금의 순환이 반복되면서 스타트업 생태계는 지속적으로 활성화된다.

헬스케어 관련 산업에 대해 알아보자

헬스케어 산업을 이해하기 위해 헬스케어의 정의를 살펴볼 필요가 있다. '헬스케어(Healthcare)'는 신체적·정신적·사회적 건강을 유지하고 관리하기 위한 모든 행위를 의미한다. 일반적으로는 질병 예방, 진단, 치료, 재활과 같은 '의료'의 개념으로 널리 사용되지만, 넓은 의미의 헬스케어는 의료뿐만 아니라 건강증진을 위한 모든 활동과 서비스, 제품, 시스템, 전문 인력을 포함하는 개념이다. 이러한 개념의 변화와 함께 초기의 '헬스케어 산업'은 '의료 산업'만을 의미했으나, 최근에는 '건강관리 산업'까지 포함하고 있다.

Health Care Equipment & Service (3510)	
Health Care Equipment & Supplies (351010)	의료기기, 진단기기, 치료기기 및 관련 소모품 제조 기업
Health Care Providers & Services (351020)	병원, 클리닉, 건강보험, 의료서비스 제공 기관
Health Care Technology (351030)	의료 IT 시스템, 원격의료, 인공지능 기반 진단 및 치료 기술
Pharmaceuticals, Biotechnology & Life Science (3520)	
Biotechnology (352010)	유전자 치료, 세포 치료, 백신개발 등 바이오 기술 기업
Pharmaceuticals (352020)	합성의약품, 신약개발, 전문 의약품 및 일반의약품 제조 기업
Life Science Tools & Services (352030)	연구개발용 장비, 실험 기기, 바이오 분석 서비스

[6-3] GCIS code 35 : Health Care Sector classification

의사는 이렇게도 일한다

헬스케어 산업은 'Global Industry Classification Standard(GICS)'를 통해 분류할 수 있다. GCIS는 〈스탠더드 앤드 푸어스〉와 〈모건스탠리 캐피털 인터내셔널〉이 1999년에 공동 개발한 글로벌 산업분류 표준으로, 투자자, 분석가, 경제학자 등이 기업을 쉽게 비교·분석할 수 있도록 만든 체계다. 'GCIS 코드 35'는 헬스케어 섹터이며, 이는 '헬스케어 기기/서비스(Health Care Equipment & Service)'와 '제약·바이오/생명과학(Pharmaceuticals, Biotechnology & Life Science)' 두 가지 산업군으로 분류된다.

최근 헬스케어 기업들의 사업 영역이 확장되면서 하나의 기업을 하나의 산업군으로 분류하는 것이 어려워지고 있다. 과거에는 저분자의약품(pharmaceutical medicine)을 생산하는 전통적인 제약회사들이, 생물학적 제제인 바이오의약품(biomedicine)을 개발하면서 제약-바이오 기업으로 성장하였고, 이후 디지털 헬스케어 분야까지 사업을 확장하면서 디지털-제약-바이오 기업으로 변화하고 있다. 이처럼 헬스케어 산업은 기술 발전과 융합을 통해 빠르게 변화하고 있으며, 각 분야 간 경계가 점점 희미해지는 특징을 보인다.

이 글에서는 다양한 헬스케어 산업 중에서도 국내에서 벤처사업 활동이 집중되어 있는 '제약·바이오산업'과 '디지털 헬스케어 산업'에 초점을 맞추어 설명하도록 하겠다.

국내 바이오헬스 산업에 대해
알아보자

국내에서는 제약바이오, 제약바이오헬스, 바이오의약품, 바이오헬스, 바이오헬스케어 등의 용어가 혼용되고 있으며, 법령이나 프로젝트별로 각자 정의와 포함하는 산업 범위가 달라 혼란을 초래하고 있다. 정부는 일찍부터 헬스케어 산업의 핵심 분야를 '바이오헬스'로 규정하며 국가의 주요 산업으로 육성하기 위해 적극적으로 지원하고 있다. 산업통상부 정의에 따르면 '바이오헬스'는 생명공학, 의약학, 정보통신기술이 융합된 산업으로, 인체에 사용되는 제품을 생산하거나 의료·건강관리 서비스를 제공하는 분야를 의미한다.

한국 바이오헬스 산업은 지난 10여 년간 빠르게 성장하며 글로벌 경쟁력을 갖춰왔다. 2010년대에는 제약, 의료기기, 바이오 벤처를 중심으로 산업 기반이 다져졌으며, 2013년에 '제약산업 육성법'이 시행되고 2017년에 바이오헬스가 5대 신산업으로 선정되면서 정부 지원이 본격화되었다. 2019년에는 '바이오헬스 국가비전'이 발표되며 연구개발 투자 확대, 규제 개선, 인재 양성 등이 적극 추진되었다. 이러한 정책적 지원과 민간 투자의 활성화로 2020년까지 한국 바이오헬스 산업은 연평균 10% 이상 성장하는 성과를 보였다.

2020년 코로나19 팬데믹이 전 세계를 강타하면서 바이오헬스 산업은 폭발적으로 성장하였다. 백신과 치료제 개발이 가속화되면서 관련 산업이 급성장했으며, 관련 기업들이 큰 성과를 거두었고, 정부는 1조 원 규모의 K-바이오·백신 펀드를 조성하고 관련 법령을 정비하는 등 바이오헬스 산업 육성에 박차를 가했다. 이에 따라 바이오

스타트업 창업과 벤처캐피탈 투자도 활발해졌으며, 바이오헬스 산업에 대한 총 투자액은 2조 8천억 원에 달하며 역대 최고 수준을 기록했다.

하지만 팬데믹이 진정된 이후 2022년부터 글로벌 경기 둔화와 금리 인상으로 인해 바이오 투자 열기가 한풀 꺾였다. 특히 벤처캐피탈 투자가 급감하면서 스타트업과 중소기업들이 자금 조달에 어려움을 겪었고, 산업 구조는 대기업 중심으로 재편되는 흐름을 보였다. 실제로 2023년 상반기 바이오·의료 분야의 벤처캐피탈 신규 투자액은 3665억 원으로, 전년 대비 45.8% 감소하는 등 투자 위축이 뚜렷하게 나타났다. 반면, 대형 제약·바이오 기업들은 연구개발 투자를 확대하며 지속적인 성장을 이어가고 있다.

2024년 들어 바이오헬스 산업은 다시 성장세를 회복하고 있다. 바이오헬스 수출은 전년 대비 13.1% 증가한 150억 8600만 달러를 기록했고, 주요 기업들의 매출도 꾸준히 증가하고 있다. 정부는 바이오헬스 산업의 지속적인 발전을 위해 2030년까지 2조 2천억 원 규모의 '국가신약개발사업'을 추진하고, 2027년까지 바이오헬스 인재 11만 명을 양성할 계획이다. 또한 2025년에는 국가바이오위원회를 출범시키고, '2035년 세계 5대 바이오 강국 도약'을 목표로 새로운 전략을 마련하고 있다.

한편, 체계적인 산업 관리를 위해 '바이오헬스 산업의 특수분류 지정'도 추진 중이다. 현재 한국표준산업분류(Korean Standard Industrial Classification, KSIC)에는 디지털 헬스케어나 의료 인공지능 같은 신산업이 포함되지 않아, 산업 규모를 명확히 파악하는 데 어려움이 있었다. 이에 따라 산업통상자원부와 보건복지부는 2025년까지 특수분류 지정을 완료하고, 관련 정책을 보다 효과적으로 운영할 계획이다.

바이오헬스 산업은 팬데믹을 거치며 급성장했지만, 최근 투자 환경 변화와 글로벌 경제 흐름에 따라 새로운 도전에 직면하고 있다. 그러나 정부의 적극적인 지원과 지속적인 연구개발 투자, 산업 내 혁신이 맞물리면서 앞으로도 글로벌 경쟁력을 더욱 강화해 나갈 것으로 기대된다.

국내 제약·바이오 벤처기업에 대해 알아보자

국내 제약·바이오 벤처기업은 1990년대 후반부터 2000년대 초반에 본격적으로 등장했으며, 당시 스타트업으로 출발한 기업 중에는 현재 대기업 수준으로 성장한 사례도 있다. 바이오 창업 열풍이 이어지면서 신설되는 바이오 벤처기업의 숫자도 급격히 증가했다. 한 해 200개 미만이던 창업 기업 수는 2015년 300개, 2016년 514개, 2017년 333개, 2018년 359개로 급증하였다. 이 중 헬스케어 관련 창업이 가장 활발하며, 2018년 한 해 동안 창업한 359개 벤처기업 중 ▲의약품 관련 229개(64%), ▲진단 의료기기 58개(16%)였다. 통계청의 벤처기업 현황을 확인하면 의료·제약 관련 벤처기업 수는 2018년에 1,208개에서 2020년에 1,398개로 증가했다가 2023년에는 1,281개로 다시 감소하는 추세다. 최근까지도 대학병원 교수, 제약사 연구 임원, 관련 전문가들을 중심으로 희귀질환 치료제나 항암 신약과 같은 초기 단계의 신약개발을 목표로 하는 제약·바이오 벤처기업이 꾸준히

의사는 이렇게도 일한다

대분류	중분류	소분류	기업 수
레드	의약품	저분자의약품	177
		바이오의약품	121
		신개념 치료제	92
		동물의약품	31
		요소기술 개발	51
		의약품 원료 및 소재	89
	진단 의료기기	바이오센서, 체외진단 및 바이오센서/마커 장착 의료기기	276
총합			837

[6-4] 레드 바이오 벤처기업의 분류와 생존 기업 수

출처: 2021년 기준 국내 바이오 중소벤처기업 현황 통계

늘어나고 있다.

2024년 발간된 "2021년 기준 국내바이오중소·벤처기업 현황 통계"를 통해 국내 헬스케어 벤처기업의 현황을 파악할 수 있다. 이 조사는 바이오 기업 중에서 중소기업 범위에 해당하는 기업을 먼저 분류하고, 이 중 벤처 인증을 받은 이력이 있는 기업을 다시 분류하여 바이오 벤처기업으로 정의하고 있다. 2021년 기준 국내 헬스케어 벤처기업 수는 의약품 분야 561개, 진단 의료기기 276개로 총 837개의 기업이 보고되었다.

바이오 벤처기업은 초기 연구개발비 부담이 크고, 매출액 대비 영업이익률과 순이익이 상대적으로 낮은 특징을 가진다. 특히, 의약품 벤처기업은 2021년 기준으로 평균 매출액이 76.1억 원, 평균 연구개발비 22.5억 원으로 매출액 대비 연구개발비 비율 29.6%로 나타났으

대분류	중분류	해당 기업 수	기업공개 기업 수	상장 형태			기업공개 평균 소요 기간(년)
				코스닥	코넥스	유가증권	
레드	의약품	561	80	66	14	0	10.4
	진단 의료기기	276	29	19	8	2	11

[6-5] 바이오기업의 기업공개 현황

출처: 2021년 기준 국내 바이오 중소벤처기업 현황 통계

며, 이는 신약개발 과정에서의 높은 비용 부담을 반영하고 있다.

한편, 바이오 벤처기업은 기업공개까지 평균 10년 이상이 소요되는 것으로 보고되었다. 이는 신약개발 과정이 긴 바이오기업의 특성을 반영한 결과이며, 따라서 장기적인 투자와 지속적인 기술 개발이 필수적임을 의미한다.

"2024년 벤처기업 정밀실태조사"에 따르면, 2023년 12월 말 기준 법인 형태로 운영 중인 벤처기업은 총 36,959개이며, 이 중 의료·제약 관련 벤처기업은 총 1,281개로 확인되고 있다. 의료·제약 관련 벤처기업의 평균 매출액은 7357백만 원으로 전년 대비 매출액 7.2% 감소하여 타 업종과 비교했을 때 평균 매출액이 가장 많이 감소하였다. 기업의 매출 규모를 살펴보면, 500억 원 이상의 매출을 기록한 기업은 41개인 반면, 5억 원 미만의 회사는 373개로 전체의 29.1%를 차지하였다. 이는 의료·제약 벤처기업 간 매출 편차가 크며, 많은 기업이 아직 안정적인 단계에 도달하지 못했음을 나타낸다.

2023 신규자금 조달 상황을 확인하면 의료·제약 관련 벤처기업 중 31.5%는 신규자금을 조달하지 않았으며, 68.5%는 신규자금을 조달한 것으로 보고되었다. 2023년 신규자금 조달 방법은 민간 금융기

매출규모	5억 원 미만	5~20 억 원	20~50 억 원	50~80 억 원	80~ 120 억 원	120~ 200 억 원	200~ 500 억 원	500 억 원 이상	합계
회사 수	373	307	249	103	68	70	70	41	1,281

[6-6] 의료·제약 관련 벤처기업 현황

출처: 2024년 벤처기업 정밀실태조사 보고서

관 대출(24.5%), 벤처캐피탈·엔젤투자(17.8%), R&D 자금(14.6%), 정책 금융기관 지원(12.1%), 회사채 발행(2.6%). 기타(28.5%)였다. 이는 연구 개발 중심의 의료·제약 분야에서 장기적인 투자뿐만 아니라 자금 조 달이 필수적이라는 사실을 보여준다.

신약에 대한 수요는 꾸준히 증가하지만, 새로 개발되는 신약은 점 점 줄어들고 있다. 대형 제약회사들도 자체 연구만으로 경쟁력을 유 지하기 어려운 상황에 직면하면서, 오픈이노베이션(Open Innovation) 을 핵심 전략으로 삼아 신약개발 구조를 재편하고 있다. 이들은 신 속한 시장 진입을 위해 유망한 파이프라인을 라이센싱하거나 기업 간 인수·합병, 공동 연구 및 판매 협약을 체결하는 등 다양한 방법을 모색하고 있다. 대형 제약회사들과 협력하는 사례가 증가하면서, 벤 처기업들 중 초기 임상 단계에서도 높은 평가를 받는 사례가 늘어나 고 있다.

그동안 한국에서 제약 관련 벤처기업은 매력적인 투자처로 인정 받지 못했다. 신약개발은 평균 10년 이상 소요되며, 막대한 초기 연 구개발 비용이 필요하기 때문이다. 매출이 빠르게 발생하는 다른 산 업과 비교했을 때 불확실한 결과에 오랫동안 투자금이 묶이게 되므 로 투자처로서의 매력이 떨어졌다. 2015년 한미약품의 대규모 신약

기술이전 계약은 이러한 인식을 바꾸는 계기가 되었다. 신약이 최종 치료제로 상용화되기 이전에도 기술이전을 통해 수익화가 가능하다는 점이 확인되면서 제약·바이오산업에 대한 투자 관심이 높아졌으며, 이는 디지털 헬스케어 영역까지 투자가 확장되는 계기를 마련했다.

제약·바이오 분야는 관련 특허, 임상시험 수행 능력, 막대한 자금력 등의 요소가 필요하며, 젊은 의사가 창업하기에는 상대적으로 진입장벽이 높다. 그러나 신약개발 및 라이센싱, 사업 가능성 평가를 위한 전문가의 역할은 더욱 중요해지고 있다. 특히, 신약의 초기 실험 및 임상 결과를 분석하고 평가하기 위해서는 의사들의 전문성이 필수적이며, 신약개발 전략 수립과 기술이전 과정에서도 핵심 역할을 하고 있다. 이에 따라, 의사 출신 창업자와 연구자들이 제약·바이오산업에서 차지하는 비중도 점차 증가하고 있는 추세다.

국내 디지털 헬스케어 벤처기업에 대해 알아보자

헬스케어 분야는 정보통신기술(Information and Communications Technology, ICT)의 발달과 함께 진화해왔다. 과거에는 적용되는 기술과 시기에 따라 텔레헬스(tele-health), 이헬스(e-health), 유헬스(u-health), 엠헬스(m-health) 등의 명칭이 사용되었으나, 최근에는 '디지털 헬스(Digital Health)'라는 개념으로 통합되는 추세다.

일상적으로 '디지털 헬스케어'라는 용어가 사용되고 있지만, 아직

　　　　　　　　의사는 이렇게도 일한다

명확한 정의는 확립되지 않았다. 가장 넓은 의미의 디지털 헬스케어는 정보통신기술이 접목된 헬스케어와 관련된 모든 기술과 서비스를 포괄하는 개념이다. 하지만 오늘날 대부분의 인프라에 ICT 기술이 접목되고 있어, 이것만으로는 디지털 헬스케어의 범위를 명확하게 정의하기 어렵다. 실제로 FDA, WHO, Deloitte, 한국보건산업진흥원 등 기관마다 디지털 헬스케어를 조금씩 다르게 정의하고 있다.

2022년 한국디지털헬스산업협회의 "디지털헬스케어 산업 현황조사 및 활성화 방안 수립 연구"에서는 디지털 헬스케어의 정의를 가장 포괄적으로 제시하며, 디지털 헬스케어의 적용 범위를 의료의 영역뿐만 아니라 건강관리의 영역까지 확장했다. 또한 디지털 기술에 따라 각각의 기술을 디지털기기(Digital Device), 디지털 솔루션(Digital Solution), 디지털 플랫폼(Digital Platform), 디지털 전환 시스템(Digital Enabler System)으로 세분하였다.

이 글에서는 한국디지털헬스산업협회의 분류 기준에 따라 디지털 헬스케어 제품을 '의료(Medical) 제품'과 '건강관리(Wellness) 제품'으로 나누고, 각각을 기기, 솔루션, 플랫폼, 전환 시스템에 맞춰 설명하였다. 또한 디지털 헬스케어의 기본적인 개념과 용어를 설명하고, 이를 2025년 1월부터 시행되는 「디지털의료제품법」에서 정의하는 용어와 비교했다. 이후 각 분야에서의 대표적인 기업 사례, 특히 의사들이 참여하는 기업을 중심으로 살펴보고, 이를 통해 디지털 헬스케어 기술이 실제 의료 산업에서 어떻게 활용되고 있는지 설명하였다.

목적 종류	의료용(Medical) : 스크리닝·진단, 치료, 처방	건강관리용(Wellness) : 예방·증진, 사후 관리
디지털 헬스케어 기기	디지털 의료기기(2) • 진단용 • 치료용(전자약) • 재활 치료용	디지털 건강관리기기(3) • 웨어러블 측정기 • 가정용 건강관리기기 • 생활보조용 기기
	디지털융합의약품	

디지털
헬스케어
솔루션
	디지털 메디컬 솔루션(4)
	• 기능에 따른 구분
	 - 의료기기 내의 소프트웨어 (Software in Medical
	   Device, SiMD)(5)
	 - 의료기기로서의 소프트웨어(Software as
	   Medical Device, SaMD)(6)
	• 목적에 따른 구분
	 - 진단용
	 - 치료용(디지털 치료제)
		디지털 건강관리 솔루션
		• 만성질환 관리 앱
		• 라이프스타일 관리 앱
		• 수면 관리 앱

	유전체분석솔루션	
디지털 헬스케어 플랫폼	디지털 메디컬 플랫폼 • 진료 서비스 플랫폼 • 비대면 진료 플랫폼	디지털 메디컬 플랫폼 • 건강관리 서비스 플랫폼
	디지털 헬스케어 슈퍼 플랫폼	
디지털 헬스케어 전환 지원 시스템	• 전자건강기록 • 의료기관 운영 시스템 • 디지털 기반 신약개발	

「디지털의료제품법(2025년 1월 24일 시행)」
• 디지털의료제품(Digital Healthcare Products)(1) : 디지털의료기기, 디지털융합의약품, 디지털의료·건강지원기기를 포함하는 개념.
• 디지털의료기기(Digital Medical Devices)(2) : 지능정보기술, 로봇기술, 정보통신기술 등 첨단기술이 적용된 의료기기로, 다음 목적 중 하나에 해당하는 제품을 포함한다.
 - 질병의 진단, 치료, 예후 관찰 목적
 - 치료 반응 및 결과 예측 목적
 - 치료 효과 및 부작용 모니터링 목적
 - 재활 보조 목적 (식약처 지정 제품)
• 디지털의료·건강지원기기(Digital Healthcare Support Devices)(3) : 의료기기는 아니지만 생체 신호 모니터링, 건강관리 정보 제공 등을 목적으로 하는 디지털기술이 적용된 제품.
• 디지털융합의약품(Digital Combination Drugs): 의약품과 디지털의료기기(2) 또는 건강지원기기(3)가 조합된 제품. 단, 주된 기능이 디지털의료기기에 해당하는 경우는 제외.
• 디지털의료기기소프트웨어(Digital Medical Device Software)(4) : 디지털의료기기의 일부이거나 독립적으로 의료기기로 작용하는 소프트웨어.
 - 내장형 소프트웨어(5) : 디지털의료기기에 설치·연결되어 기기 제어·구동, 데이터 저장, 신호·영상 처리 등을 수행.
 - 독립형 소프트웨어(6): 특정 하드웨어 없이 범용 컴퓨터 등에서 독립적으로 운영되는 의료기기 소프트웨어.
 - 그 외 식약처 지정 소프트웨어.

〈디지털 의료제품 분류 및 등급 지정 규정〉에 의한 정의
(식품의약품안전처 고시 제2024-565)
• 프로그램(4): 디지털의료기기 사용목적을 구현하는 지시·명령문, 알고리즘, 모듈, 서비스 모델 등의 기능을 말한다.
• 의료기기 하드웨어(2): 디지털의료기기 사용목적을 구현하는 기계·기구·장치로 이를 제어·구동하는 내장형 디지털의료기기소프트웨어 또는 내장형 소프트웨어를 포함한다.
• 내장형 디지털의료기기소프트웨어(5) 기능: 의료기기 하드웨어와 설치 또는 연결되어 디지털의료기기로부터 생성된 데이터의 분석·처리 등을 통해 디지털의료기기 사용목적을 구현하는 프로그램을 말한다.
• 독립형 디지털의료기기소프트웨어(6) 기능: 단일 또는 다양한 인프라와 연계하여 그 자체로 디지털의료기기 사용목적을 구현하는 프로그램을 말한다.

[6-7] 디지털 헬스케어 제품(Digital Healthcare Products)(1) 분류체계(삼정보고서 응용)

의사는 이렇게도 일한다

디지털 헬스케어 기기(Digital Device, 하드웨어 기반 의료기기)

이는 소프트웨어 기술이 탑재된 디바이스를 의미하며, 크게 디지털 의료기기(Digital Medical Device)와 디지털 건강관리 기기(Digital Wellness Device)로 분류한다. 일반적으로 의료기기에 장착되어 의료기기의 성능을 보조하거나 제어하는 역할을 하는 내장형 소프트웨어를 '의료기기 내의 소프트웨어'라고 한다. 즉, 디지털 헬스케어 의료기기는 SiMD가 장착된 의료기기라고 이해할 수 있다.

▪ 진단용 디지털 의료기기(Digital Medical Device for Diagnosis)

기존의 X-ray, CT, 초음파 등 전통적 의료기기에 소프트웨어를 추가하여 임상 결과 분석 기능을 업그레이드한 의료기기다. 의료기기 업체들이 연구를 통해 자사 제품의 기능을 업그레드한 경우가 많으며, 기존의 영상 자료나 생체신호 측정 시 더욱 정밀한 분석을 통해 의료진의 임상 진단을 지원할 수 있도록 발전하였다.

〈삼성메디슨〉은 주로 초음파 진단기기의 성능을 향상시키는 내장형 소프트웨어 기술을 개발하고 있다. '5D Heart'는 태아 심장 기형을 자동 분석하여 산부인과에서 활용하며, 'S-Fusion'은 초음파 영상을 CT·MRI 영상과 융합하여 정밀한 영상 진단을 가능하게 한다. 〈레이언스〉는 간단한 설치만으로 기존 아날로그 방식의 유방 촬영용 엑스레이 장비를 디지털로 전환하는 솔루션 '쉬즈온'을 출시했다.

▪ 치료용 디지털 의료기기(Digital Medical Device for Treatment)

이는 전자약(Digital medicine, Electroceuticals)이라고도 불린다. 세계경제포럼의 10대 유망기술에 선정되었으며, 미래 의료를 바꿀 핵심 기술로 주목받고 있다. 전자약은 전기, 빛, 초음파 등의 자극을 통해 신경회로의 기능을 조절하는 '신경조절(Neuromodulation)'이 핵심적인 기전이다. 이를 통해 대사기능을 정상화시켜 신체의 항상성을 회복하는 치료법이다.

전기·전자 신호를 이용해 질병을 치료하는 기술은 역사상 가장 오래된 치료 방법 중 하나다. 고대에는 전기뱀장어를 이용해 두통과 통증을 완화하는 자연적인 전기 치료법이 사용되었다. 18세기에는 이후 본격적으로 신경과 전기의 관계를 연구하기 시작하였고, 20세기에 들어서면서 뇌파 발견, 전기경련요법(Electroconvulsive Therapy, ECT) 도입, 심장박동기(Pacemaker)와 같은 치료 기술이 개발되었다.

1997년 미국 FDA가 뇌전증 치료용으로 미주신경자극기(Vagus Nerve Stimulator, VNS)를 최초 승인하면서 전자약이 본격적으로 의료 기술로 자리 잡기 시작했다. 2008년에는 경두개 자기자극(Transcranial Magnetic Stimulation, TMS)이 우울증 치료를 위한 의료기기로 허가를 받았다. 21세기에 들어서면서 전자약은 더욱 정교해지고, 적용 범위도 확대되었다. 심부뇌자극(Deep Brain Stimulation, DBS)은 파킨슨병과 강박장애 치료에 도입되었고, 비침습적 기술이 개발되면서 수술 없이도 신경질환을 치료할 수 있는 가능성이 열렸다.

최근의 전자약은 인공지능을 기반으로 환자 반응을 실시간 모니터링하면서 자극의 위치, 범위, 강도를 자동으로 조절할 수 있게 되었다. 또한 기기의 크기가 작아지고 무선 작동이 가능해지면서 편의성이 크게 향상되었다. 오늘날 전자약은 신경·정신질환뿐만 아니라 통증, 치매, 요실금, 치매, 당뇨, 류마티스 관절염, 크론병, 비만과 같은 내분비 및 면역질환까지 적용되고 있으며, 일부 뇌종양에서 효과가 보고되기도 했다.

미국국립보건원은 2015년부터 SPARC(Stimulating Peripheral Activity to Relieve Conditions) 프로젝트를 추진하고 있다. 이 프로젝트의 목표는 신체 장기와 말초신경의 연결지도를 구축하여, 각 장기에 전달되는 전기신호를 분석하고 이를 기반으로 부작용 없는 전자약을 개발하는 것이다. 또한 결과 데이터를 공개하여 연구자들 간의 협력을 촉진하고, 전자약 개발을 가속화하는 것도 주요 목표다. 이를 통해 신경 자극을 기반으로 한 혁신적인 치료법을 개발해 기존 약물 치료의 한계를 보완할 가능성을 열어가고 있다.

국내의 전자약 개발도 활발히 진행되고 있다. 〈와이브레인〉은 2013년 설립된 뇌과학 기반 전자약 전문기업이다. 주요 제품인 '마인드스팀'은 경두개 직류자극(transcranial Direct Current Stimulation, tDCS) 기술을 활용한 헤어밴드형 우울증 치료기기로, 2021년 식약처 승인을 받았으며 현재 활발한 처방이 이루어지고 있는 제품이다.

〈뉴로핏〉은 2016년에 설립된 의료 인공지능 전문기업이다. 주요 제품인 '뉴로핏 잉크'는 비침습적 경두개 전기자극(transcranial Electrical Stimulation, tES) 기술을 활용하여 뇌졸중, 우울증 등 뇌질환의 증상을 개선하는 휴대형 의료기기로 2021년에 식약처 승인을 받았다.

〈뉴아인〉은 2017년 설립된 전자약 전문기업이다. 주요 제품인 '일렉시아'는 삼차신경에 전기 자극을 가해 편두통을 완화하는 이마 부착형 웨어러블 전자약이며, '스마일' 역시 이마 부위 삼차신경을 자극해 중추신경계의 활성을 조절하는 ADHD 전자약으로 미국 FDA의 승인을 완료하였다.

현재 많은 국내 기업들이 전자약 개발을 활발히 진행하고 있다.

국내에서는 전자약의 의료기기 허가 및 보험 등재 절차를 정비하고, 임상연구를 강화하는 방향으로 발전할 것으로 예상된다.

▪ 디지털 건강관리 기기

IT 기술의 발전과 함께 디지털 건강관리 기기의 사용이 일반화되고 있다. 초기에는 단순한 만보계나 혈압계와 같은 개별 기기로 시작되었으며, 이후 스마트폰과 연결되는 형태로 진화했다. 2010년대 들어 애플, 삼성, 핏빗과 같은 글로벌 기업들이 스마트워치와 스마트밴드를 개발하며 웨어러블 헬스케어 시장이 본격적으로 성장했다. 이러한 웨어러블 기기를 통해 사용자는 실시간으로 심박수, 걸음 수, 칼로리 소모량 등을 측정할 수 있으며, 보다 정밀한 건강 모니터링이 가능해졌다. 동시에 가정용 디지털 건강관리 제품도 확대되면서 스트레스 해소, 수면 개선, 피부 및 두피 건강, 집중력 향상, 마사지 기능을 지원하는 다양한 웰니스 기기들이 등장했다. 이를 통해 개인이 가정에서도 손쉽게 자신의 컨디션을 관리할 수 있는 있게 되었다.

디지털 건강관리 기기는 앞으로 더욱 정밀하고 개인화된 방식으로 발전할 것으로 예상된다. 초기 웨어러블 기기가 단순한 건강 트래킹 기능을 제공했다면, 이후 산소포화도, 심전도, 혈압 측정 등의 고급 기능이 추가되면서 의료 데이터 모니터링이 가능한 수준으로 발전했다. 미래에는 전자 피부, 콘택트렌즈형 센서, 삽입형 마이크로모듈 등의 기술이 도입되어 더욱 정밀한 건강 모니터링이 가능해질 것이다. 또한 웨어러블 기기에서 수집된 건강 데이터를 의료기관과 연계하면 원격 모니터링 및 맞춤형 치료가 이루어질 수 있다. 이는 만성질환 관리, 응급상황 대응, 개인 맞춤형 건강 솔루션 개발 등 다양한 의료 분야에서 활용될 수 있을 것이다.

디지털 건강관리 기기는 단순한 건강관리 도구를 넘어 미래의 의료 시스템의 핵심요소로 자리 잡을 것이다. 사용자가 스스로 건강 데이터를 분석하고 관리하는 기능이 강화되면서, 의료기관 방문 없이도 간단한 증상을 조절하고, 필요시에는 의료기관과 연계하여 집에서 간단한 치료를 진행할 수 있게 된다. 이처럼 디지털 건강관리 기기의 발전은 개인이 의료기관에 의존하지 않고도 스스로 건강을 돌볼 수 있는 셀프케어(Self-care) 시대를 본격적으로 열어갈 것이다.

디지털 헬스케어 솔루션
(Digital Solution, 소프트웨어 기반 프로그램)

'솔루션(Solution)'은 단순한 소프트웨어가 아니라 특정 문제를 해결하는 종합적인 시스템을 의미한다. 디지털 헬스케어 솔루션이 개발되어 방대한 건강 데이터를 분석하고 실질적으로 활용할 수 있게 되면서 의료기술이 혁신적으로 발전하고 있다. 디지털 헬스케어 솔루션은 형태에 따라 크게 '의료기기 내의 소프트웨어(Software in Medical Device, SiMD)'와 '의료기기로서의 소프트웨어(Software as a Medical Device, SaMD)'로 구분된다. '내장형 소프트웨어(SiMD)'는 일반적으로 의료기기에 장착되어 의료기기의 성능을 보조하거나 제어하는 역할을 하고, '독립형 소프트웨어(SaMD)'는 특정 하드웨어 의료기기 없이도 독립적으로 의료적 목적을 수행하며, 클라우드, 모바일, PC 등 다양한 플랫폼에서 실행 가능하다. 두 가지 개념은 혼동될 수 있으며 유사한 기능을 수행하기도 하지만, 소프트웨어가 의료기기와 분리될 수 없는 경우 일반적으로 SiMD로 간주된다.

▪ 진단용 디지털 솔루션(Digital Medical Solution for Diagnosis)

진단용 디지털 솔루션은 인공지능 기술을 기반으로 생체신호, 검사 결과, 영상 자료 등의 의료 데이터를 학습하고 분석하여 질병의 진단, 예측, 예후 평가를 가능하게 하는 소프트웨어로, 의료진을 보조하여 정밀하고 신속한 진단을 돕는다.

국내 기업 중 〈루닛〉은 2013년에 설립된 의료 인공지능 전문기업으로, 대표인 가정의학과 서범석 선생님과 영상의학과 전문의들이 개발에 참여하고 있다. 주요 제품인 '루닛 인사이트'는 영상 이미지를 분석하고, '루닛 스코프'는 병리 이미지를 분석하여 암 진단을 보조하고 위험도를 예측한다. 2020년 《JAMA Oncology》에 발표된 연구에서 유방암 선별검사에 사용되는 3개 회사의 인공지능 알고리즘을 비교한 결과, '루닛 인사이트'가 통계적으로 유의미하게 높은 정확도를 보인 것으로 보고되었다. 현재 〈GE헬스케어〉, 〈필립스〉 등 글로벌 의료기기 기업과 파트너십을 맺고 있으며, 전 세계 의료기관에 제품을 공급하고 있다.

〈뷰노〉는 2014년에 설립된 의료 인공지능 전문기업으로, 의료 영상 및 생체신호 데이터를 분석하여 진단과 치료 결정을 지원하는 진단용 솔루션을 개발하고 있다. 주요 제품인 '뷰노메드 본에이지'는 국내 최초로 허가받은 인공지능 의료기기로, 뼈 사진을 분석하여 성장판 나이를 측정하는 기술을 제공한다. '뷰노메드 딥카스'는 입원 환자의 심정지를 평균 15.78시간 전에 예측할 수 있다.

〈제이엘케이〉는 2014년에 설립된 인공지능 기반으로 뇌졸중 솔루션을 개발하는 기업이다. 주요 제품인 'MEDIHUB STROKE'은 CT, MRI, MRA 등 다양한 의료 영상을 분석하고, 뇌출혈과 뇌경색의 유형을 분류하여 응급 상황에서의 신속한 대응을 돕는다.

〈코어라인소프트〉는 2012년에 설립된 인공지능 기반 흉부 3D 영상 분석 소프트웨어를 개발하는 기업으로, 영상의학과 백상현 선생님이 최고의학책임자이다. 주요 제품인 '에이뷰' 제품군은 3차원 CT 영상 분석 솔루션을 제공하며, 그중 '에이뷰 LCS 플러스'는 폐암, 폐기종, 관상동맥질환을 동시에 진단 가능하여 폐암검진 프로그램에서 사용된다.

〈메디컬에이아이〉는 2019년에 설립된 인공지능 기반 심전도 분석 소프트웨어를 개발하는 기업으로, 대표인 응급의학과 권준명 선생님이 제품 개발을 주도하고 있다. 심전도 데이터를 분석해 심장질환 조기 진단을 지원한다. 'AiTiALVSD'는 심전도를 분석해 좌심실 수축 기능부전 가능성을 점수와 위험도로 표시하는 인공지능 의료기기이며 'AiTiAMI'는 급성 심근경색 가능성을 인공지능으로 분석하는 소프트웨어다. 모바일 앱 '하트세이프'를 통해 스마트워치 등으로 측정한 심전도를 의료기관과 연계하는 서비스도 운영하고 있다.

〈비웨이브〉는 2019년에 설립된 인공지능 기반 뇌파 분석 소프트웨어를 개발하는 기업으로, 정신과 이승환 선생님이 대표다. 주요 제품으로는 '마음결' 시리즈가 있으며, 두뇌 및 정신건강 상태를 평가하고 개인 맞춤형 솔루션을 제공하는 기술을 보유하고 있다. 또한 인공지능 기반 뇌지도 분석 기술을 활용하여 정신질환의 조기 진단 및 치료를 지원한다.

진단용 디지털 솔루션은 기존 의료기기 회사와 협력하여 결과 분석 서비스 사용료를 지불하는 '구독형 소프트웨어 서비스(Software as a Service, SaaS)' 형태로 제공되기도 한다. 동시에 독자적인 헬스케어 플랫폼을 구축하려는 시도도 활발히 이루어지고 있다.

▪ 치료용 디지털 솔루션(Digital Medical Solution for Treatment)

일반적으로 '디지털 치료제(Digital Therapeutics, DTx)'라고 하며, 식품의약품안전처에서는 '디지털 치료기기'로 분류되어 있다. 이는 소프트웨어 기반의 증거 기반 치료법으로 모바일 앱, 웹서비스, 게임, 챗봇 등의 형태로 개발된다. 디지털 치료제는 소프트웨어 자체가 치료효과를 가져야 하며, 임상적 근거와 식약처의 승인이 필요하다.

정신과에서는 디지털 치료제의 개념이 정립되기 이전부터 소프트웨어를 활용한 치료 방법이 연구되어왔다. 1990년대 후반에 시작된 가상현실 노출 치료(Virtual Reality Exposure Therapy)는 디지털 치료제의 초기 모델로 평가된다. 이는 증강현실(Augmented Reality, AR)과 가상현실(Virtual Reality, VR) 기술을 활용하여 공포증, 외상 후 스트레스장애(PTSD), 불안장애 등을 치료하는 방식으로, 환자가 특정한 공포나 불안을 느끼는 환경을 가상공간에서 적응하도록 유도하는 기법이다. 예를 들어, 고소공포증 환자가 가상현실 속에서 낮은 층에서 점차 높은 층으로 올라가는 연습을 하는 것이다.

2000년대 초반에는 컴퓨터를 기반으로 행동교정 알고리즘을 활용하여 불안장애 및 우울증 치료에 활용되기도 하였다. 이처럼 초기 디지털 치료제 모델들은 다양한 정신 치료를 기반으로 하였으며, 현재의 디지털 치료제는 게임, 메모리 훈련, 운동재활 치료 등 다양한 치료 기전을 활용하여 개발되고 있다.

○ 인지행동 치료(Cognitive Behavioral Therapy, CBT): 환자가 부정적인 사고

패턴을 인식하고 교정하여 감정과 행동을 변화시키도록 돕는 치료법이다. 치료 효과가 입증된 정신과적 치료법이지만, 시간과 비용부담 때문에 임상에서는 많이 사용되지 못했다. 이러한 CBT 치료과정을 자동화하여 환자가 앱을 통해 혼자서 치료를 수행하는 원리다. 2017년에 FDA가 승인한 최초의 디지털 치료제인 'reSET'는 약물중독 치료를 위한 CBT 기반 소프트웨어다.

○ 게임 기반 치료(Game-Based Therapy): 게임의 몰입성과 보상 시스템을 활용하여 치료적 행동을 유도하며, 신경 자극을 통해 인지기능, 운동 능력, 감각 조절 능력을 강화하는 원리다. ADHD, 신경재활, 감각·운동 조절 훈련에 적용된다. 2020년에 ADHD 치료제 'EndeavorRx'가 FDA의 승인을 받으며, 게임을 활용한 치료법이 본격적으로 시장에 도입되었다.

○ 운동재활 치료(Physical Rehabilitation Therapy): 재활을 위한 맞춤형 운동 가이드를 제공하는 원리다. 센서를 활용해 환자의 움직임을 분석하고, 올바른 운동 방법을 훈련할 수 있도록 돕는다. 뇌졸중 재활, 근골격계질환 치료, 호흡재활, 수술 후 재활에 적용된다.

○ 메모리 훈련 기반 치료(Memory Training Therapy): 반복적인 기억 훈련을 통해 인지기능을 향상시킨다. 신경 가소성을 촉진하여 기억력 및 정보 처리 속도를 개선하는 원리다. 경도인지장애, 치매 예방에 적용된다.

2024년 말까지 식약처에서 승인받은 국내 '디지털 치료기기'는 총 4개다.

〈에임메드〉는 국내 최초 디지털 치료제인 '솜즈'를 개발해 2023년

2월 식품의약품안전처의 허가를 받았다. 6~9주간 불면증 인지행동 치료를 기반으로 환자가 스스로 수면 습관을 개선할 수 있도록 돕는 프로그램이다.

〈웰트〉는 불면증 디지털 치료제 '웰트아이'를 개발해 2023년 4월에 식약처의 허가를 받았다. 6주 동안 사용자의 수면 패턴을 분석하고 맞춤형 수면 솔루션을 제공하는 방식으로 작동한다. 의사이자 삼성헬스케어 출신 강성지 선생님이 창업한 기업으로, 웨어러블 디바이스와 디지털 헬스케어 기술을 기반으로 다양한 제품을 개발하고 있다.

〈뉴냅스〉는 뇌졸중 후 발생하는 시야장애를 개선하는 '비비드브레인'을 개발해 2024년 4월에 식약처의 승인을 받았다. 이는 뇌신경 재활을 기반으로 시각 기능 회복을 돕는 디지털 치료제로, 신경과 강동화 선생님이 대표로 있다.

〈쉐어앤서비스〉는 만성 폐질환 환자를 위한 개인 맞춤형 호흡재활 치료제 '이지브리드'를 개발해 2024년 4월에 식약처의 승인을 받았다. 이는 폐 기능을 개선하고 호흡 곤란 증상을 줄이는 데 도움을 주는 디지털 치료제로, 재활의학과 최희은 선생님이 창업하였다.

〈이모코그〉는 경도인지장애 환자를 위한 디지털 치료제 '코그테라'를 개발해 2025년 상반기에 식약처 승인을 목표로 하고 있다. 이는 메타기억 훈련(metamemory training)을 기반으로 환자가 기억력과 주의력을 훈련할 수 있도록 설계되었다. 정신과 이준영 선생님이 창업한 기업으로, 현재 치매의 스크리닝, 진단, 치료, 재활까지 연결되는 '종합 치매 플랫폼' 구축을 위한 연구를 진행하고 있다.

〈의료기기안심책방(의료기기 통합 정보 시스템)〉 홈페이지에서 승인된 디지털 치료제 현황 및 진행 중인 임상시험 정보를 확인할 수 있다. 2024년 12월 기준으로 식약처에 등록된 디지털 치료제의 임상시험 정보는 다음과 같다.

○ 인지 치료 (Digital Cognitive Therapy) 기반

  - D-kit/EF1(서울대학교병원): 발달장애 아동 인지 향상

  - Neuro-World DTx-ADHD(우리소프트): ADHD 인지재활

  - SMD SleepDoc(에스엠디솔루션): 불면장애

  - NICO-THERA(에프앤아이코리아): 니코틴 중독 치료

  - ALCO-THERA(에프앤아이코리아): 알코올 중독·사용장애 치료

○ 신경과학 기반 치료(Digital Neuroscience Therapy)

  - ADAM-101(드래곤플라이): 신경과학 기반 ADHD 치료

○ 정서장애 치료(Digital Therapy for Emotional Disorders)

  - CHEEU.Forest(강남세브란스병원): VR 기반 주요 우울장애 치료

  - Neuro MDD_VR(옴니씨앤에스): VR 기반 우울장애 치료

  - ANZEILAX(하이): 범불안장애 치료

○ 호흡재활(Digital Respiratory Therapy)

  - 레드필 숨튼(라이프시맨틱스, 한양대학교구리병원): 만성 폐쇄성 폐질환, 천식, 폐암 환자의 호흡 기능 개선

○ 시각 훈련(Digital Vision Therapy)

  - SAT-100(에스알파테라퓨틱스): 소아 근시 치료

○ 재활의학(Digital Rehabilitation)

  - RehabWare Standard(강북삼성병원, 서울대병원): 뇌졸중 환자의 가상현실 기반 재활 치료

- ETH-01K(에버엑스㈜): 슬개대퇴 통증 증후군 환자 치료
○ 병원 진료보조 소프트웨어(Digital Hospital Support Software)
- NEGTREA(테크빌리지): 편측 무시 증후군 치료를 위한 병원 진료
  보조 소프트웨어
○ 평형기능 분석 소프트웨어(Balance Function Analysis)
- NE-VIVE-VR-01(뉴로이어즈): 전정재활을 위한 평형기능 분석 소
  프트웨어

디지털 치료제는 미래 헬스케어의 핵심 기술로 자리 잡고 있지만, 시장은 아직 초기 단계다. 2023년 최초의 디지털 치료제 개발 회사인 〈페어테라퓨틱스〉의 파산은 비즈니스 모델의 안정성과 보험 급여 적용, 임상 데이터 축적의 필요성을 보여준 사례다. 지속적인 성장을 위해서는 기술 혁신뿐만 아니라 규제 정비, 보험 적용 확대, 의료진과 환자의 인식 개선이 필수적이다.

■ 디지털 건강관리 솔루션(Digital Wellness Solution)

디지털 건강관리 솔루션은 초기에는 사용자가 직접 건강 데이터를 입력하고 관리하는 형태로 시작되었다. 2000년대 초반에는 운동, 식단, 체중을 기록하는 기본적인 건강관리 앱이 등장했으며, 이후 스마트폰 보급과 함께 칼로리 계산, 운동 루틴 추천, 명상 가이드 등의 기능이 추가되었다. 이후 인공지능 알고리즘과 웨어러블 기기 연동을 통해 실시간 맞춤형 건강관리 서비스로 발전하고 있다. 사용자의 운동, 수면, 식습관 패턴을 분석하고, 스마트워치나 웨어러블 디바이스와 연동해 걸음 수, 심박수, 수면 패턴 등을 자동으로 기록·분석하

여 최적의 건강관리 솔루션을 제안할 수 있다. 챌린지, 리워드 시스템, 커뮤니티 기능을 통한 사용자의 지속적인 참여를 유도하는 것이 중요하다. 만성질환 환자에게는 맞춤형 관리 플랜을, 일반 사용자에게는 체중 조절, 식단 계획, 스트레스 관리 등 생활습관 개선을 위한 기능을 제공한다. 향후 법적 규제가 정비되면 의료기관과 연계한 맞춤형 건강관리 및 예방 시스템 구축도 가능해질 것으로 기대된다.

대표적인 성공 사례로 꼽히는 〈넛지헬스케어〉는 2016년 예방의학 나승균 선생님이 설립한 기업이다. 주요 서비스인 '캐시워크'는 하루 1만 보를 걸으면 100원을 적립해주는 보상 시스템을 도입하여 높은 사용자 참여율을 이끌어 냈다. 2023년에 연 매출 1000억 원을 돌파하며 디지털 헬스케어 시장에서 큰 성과를 거두었으며, 정신건강관리 서비스 '마음챙김', 진료 내역 조회 서비스 '캐시닥' 등 다양한 서비스를 제공하고 있다.

〈지아이비타〉는 2018년에 외과 이길연 선생님이 설립한 기업이다. 주요 서비스인 '로디'는 개인 맞춤형 건강관리 앱으로, 생활습관 데이터를 수집·분석하여 맞춤형 건강관리 솔루션과 개인별 미션을 제공한다.

〈랜식〉은 2022년에 양혁용 선생님이 설립한 기업이다. 주요 서비스인 '글루코핏'은 연속혈당측정기(CGM)를 활용한 실시간 혈당 모니터링과 생활습관 기반 맞춤형 피드백을 제공한다. 이를 통해 자신의 혈당 패턴을 이해하고, 혈당 스파이크 횟수를 줄이면서 체중 감량 목표를 달성할 수 있다.

〈카카오헬스케어〉는 2022년 설립된 디지털 헬스케어 기업으로, 소아청소년과 황희 선생님이 대표로 근무하고 있다. 카카오의 기술력과 의료 전문성을 결합하여 개인 맞춤형 건강관리 서비스를 제공하며, 주요 서비스로는 혈당관리 애플리케이션인 '파스타', 모바일 기반 개인 건강관리 플랫폼, 병원 디지털 전환 솔루션, 의료 데이터 분석 플랫폼 등의 서비스를 통해 개인 맞춤형 건강관리부터 병원의 디지털 전환까지 다양한 분야에서 헬스케어 혁신을 주도하고 있다.

수면관리 앱은 디지털 헬스케어 시장에서 빠르게 성장하는 분야로, 의사의 처방이 필요 없다는 점에서 디지털 치료제와 차별화된다. 이 앱들은 사용자의 수면 데이터를 실시간으로 모니터링하고, 패턴을 분석해 맞춤형 숙면 솔루션을 제공한다. 기본적으로 수면 코칭, 명상, 호흡법 안내, 백색소음, 수면 단계별 음원 재생 기능이 포함되며, 최근에는 스마트워치, 침대 센서 등 스마트 디바이스와 연동하여 심박수, 호흡률, 뒤척임 등을 분석하여 최적의 수면 환경을 조성하는 기능이 추가된다. 인공지능 기반 기술이 접목되면서 숙면을 위한 개인 맞춤형 솔루션이 더욱 정교해지고 있으며, 향후 만성적인 수면장애를 겪는 사용자를 위한 헬스케어 서비스로 확장될 가능성도 크다.

코로나19 팬데믹 이후 스트레스, 우울증, 불안장애와 같은 정신건강을 관리하는 앱이 빠르게 증가했다. "딜로이트 보고서"에 따르면, 2021년 기준으로 앱 스토어에 등록된 정신건강 관련 앱만 2만 개에 달한다. 또한 "Mental Health Apps Market 보고서"에 따르면, 2023년 글로벌 시장은 60억 달러 규모로 평가되었으며 연평균 성장률 16.5%로 2032년에는 100억 달러에 이를 것으로 전망된다.

정신건강관리 앱은 사용자가 자신의 심리 상태를 기록하고 관리하는 기분 다이어리부터 스트레스 관리, 명상, 호흡법 등의 기능을 제공한다. 일부 앱은 필요시 심리상담사와 연결하거나 치료를 보조하는 기능을 추가하고 있다. 최근 주목받는 기술 중 하나는 인공지능을 기반으로 한 감정 분석 기술과 챗봇을 활용한 정신건강 상담 서비스다. 인공지능을 활용해 개인의 언어 사용, 표정, 스트레스 수준, 대인 관계 등을 분석하여 위험 신호를 감지하고 본인과 주변에 알릴 수 있다. 이를 통해 사고나 자살을 예방할 수 있으며, 이러한 데이터를 의사와 공유하여 심리 상태를 진단하거나 원격으로 치료하는 서비스도 가능해진다.

정신건강관리 솔루션의 또 하나의 트렌드는 기업의 웰빙 프로그램과의 결합이다. 많은 기업이 직원들의 정신건강 개선에 관심을 기울이며, 사내 건강관리 프로그램에 이를 포함하고 있다.

미래의 정신건강 앱 시장은 웨어러블 기기와 통합되거나 디지털 치료기기와의 연결을 통해 보다 체계적인 정신건강 관리 서비스를 제공하는 방향으로 발전할 것으로 보인다.

■ 유전체 분석 솔루션(Genomic Analysis Solution)

디지털 헬스케어 솔루션에서 가장 중요한 영역은 '유전체 분석'이라는 주장도 있다. 이는 맞춤형 의료 트랜드와 연결되며, 질병의 위험도를 예측하고 예방적 치료를 가능하게 하는 미래의료의 핵심 기술로 평가된다. 대표적인 사례는 안젤리나 졸리의 결정이다. 2013년 5월 14일, 그녀는 《뉴욕 타임스》에 "My Medical Choice"라는 기고문을 통해 유전자검사 결과와 수술 사실을 공개했다. 졸리는 BRCA1 유전자 변이와 가족력이 있어 유방암 발병 위험이 높았기 때문에 예방적 유방절제술을 결정했다. 그녀는 이 사실을 공개함으로써 보다 많은 여성들이 적극적으로 건강을 관리할 수 있기를 바란다는 메시지를 전했다. 이후 실제로 유전자검사 사례가 증가하였으며, 의료기관에서도 졸리의 사례를 통해 환자에게 보다 쉽게 설명할 수 있게 되었다. 이는 유전체 분석이 단순한 정보 제공을 넘어 개인의 건강관리와 예방적 치료에 실질적인 영향을 미치는 시대가 되었음을 알리는 계기가 되었다.

인간 유전체 빅데이터 프로젝트도 진행 중이다. 1990년부터 2003년까지 진행된 '인간 게놈 프로젝트(Human Genome Project)'를 시작으로 현재까지도 다양한 인구집단의 유전체 변이지도를 작성하는 연구가 진행 중이다. 국내에서도 유전체 연구가 활발히 진행되고 있으며, 대표적인 프로젝트로는 다음과 같다.

○ 한국인 유전체역학조사연구(Korean Genome and Epidemiology Study): 한국인의 유전체와 생활습관, 질병 간의 연관성을 연구
○ 한국인 유전체프로젝트(Korean Genome Project): 한국인의 유전체 데이터를 분석하여 정밀의료 및 맞춤형 치료에 활용하는 연구
○ 국가 바이오 빅데이터 구축사업: 질병·유전체·의료 데이터를 통합하여 한국형 바이오 빅데이터를 구축하는 국가 차원의 프로젝트

유전체 분석은 이제 의료기관뿐만 아니라 일반인들도 활용하기 시작했다. 소비자가 직접 의뢰하는(Direct to Consumer, DTC) 유전자검사는 2015년에 국내에서 법적으로 처음 허용되었으나, 초기에는 웰니스 중심의 12개 항목 46개의 유전자만 검사 가능했다. 2022년 DTC 유전자검사 역량 인증제가 도입되었고, 2023년 보건복지부는 유전자검사 항목을 여성형 탈모, 골강도, 심박수, 폐경 연령 등 건강

의사는 이렇게도 일한다

관리와 밀접한 165개로 확대했다.

유전체 분석은 국내 건강관리 플랫폼과 연계되고 있다. 〈마크로젠〉의 '젠톡'은 비만, 탈모, 영양소 대사, 식습관, 운동, 수면 패턴 등 129개 유전자검사 항목을 제공하며, 앱을 통해 검사키트를 신청하고 결과를 확인할 수 있다. 니코틴 의존성 유전자검사도 가능해 개인별 유전적 특성에 따른 맞춤형 금연 전략을 세울 수도 있다. 〈롯데헬스케어-테라젠헬스〉의 '프롬진'은 기본 30종 유전자검사 외에도 다이어트, 탈모, 피트니스 등 다양한 맞춤형 패키지를 선택할 수 있다. 현재 국내 DTC 검사는 질병 예측이 아닌 웰니스 중심으로 제한되어 있지만, 향후 검사 항목이 더욱 확대될 가능성이 크다.

유전체 분석의 활용 범위는 헬스케어 산업 전반으로 점차 넓어지고 있다. '23andMe'는 고객으로부터 수집한 유전체 데이터를 분석해 특정 유전자 변이와 질병 간의 연관성을 연구하고 있다. 2018년부터 글로벌 제약사 GSK와 전략적 파트너십을 맺고 공동으로 신약개발을 진행하면서, 유전체 기반 맞춤형 치료제 연구에 박차를 가하고 있다.

디지털 헬스케어 플랫폼(Digital Healthcare Platform)

플랫폼은 여러 주체가 상호작용할 수 있도록 구축된 구조나 환경을 의미하며, 사용자와 공급자를 연결하고 데이터를 기반으로 가치를 창출하는 개념이다. 디지털 헬스케어 플랫폼은 디지털 기술을 통해 의료서비스와 건강관리를 지원하는 통합 시스템이다. 환자와 의료기관을 연결하고, 건강 관련 정보, 상품, 서비스를 종합적으로 제공하는 거래 공간으로도 기능하며, 인공지능과 빅데이터 분석 기술을 활용하여 개인 맞춤형 서비스를 강화하고 있다. 미래에는 생체 정보를 직접 수집하는 모니터링, 원격 진료와 원격 검사, 온라인 약국 서비스, 디지털 치료제 및 의료기기의 처방, 의료 관련 커뮤니케이션까지 디지털 헬스케어의 모든 것이 한 공간에서 이루어지는 '디지털 헬스케어 슈퍼 플랫폼'으로 진화할 것이다.

■ 디지털 의료 플랫폼(Digital Medical Platform)

이 중에서도 '진료 서비스 중개 플랫폼(Medical Service Platform)'은 환자와 의료기관을 연결하는 역할을 한다. 초기에는 사용자가 병원 정보를 검색하고, 진료과목·위치·운영 시간 등을 확인할 수 있는 기본적인 '정보 제공 플랫폼'의 형태로 시작되었다. 여기에 병원 방문 후기 기능을 추가하여 정보의 신뢰도를 높이는 구조로 발전했다. 특히, 피부·성형 분야에서는 병원 정보에 대한 수요가 높아 사용자들이 빠르게 늘어났고, 이에 따라 플랫폼은 광고 등 부가적인 서비스를 통해 수익을 얻는 모델로 전환하였다.

일부 플랫폼은 O2O(Online to Offline) 서비스 기능이 추가되어 온라인에서 진료 예약이 가능한 '진료 서비스 중개 플랫폼'으로 발전하였다. 특히, 소아과의 경우 진료 예약 기능이 필수적인 서비스로 자리 잡으며, 사용자들의 만족도가 높아지고 병원의 관리가 편리해지는 이점을 제공했다.

코로나19 팬데믹을 계기로 플랫폼들은 본격적인 '비대면 진료 플랫폼(Virtual Care Platform)'으로 변화하였다. 진료 예약을 하고, 의사와 환자가 전화로 상담하고, 처방전까지 발급받을 수 있는 시스템이 구축되었다. 병원에 방문하지 않기 때문에 감염 위험을 줄이고, 의료 접근성을 낮은 지역에서도 의료 서비스를 쉽게 이용할 수 있는 기반이 마련되었다.

이와 함께 만성질환 관리, 건강 모니터링, 예방의학까지 포함하는 '종합 헬스케어 플랫폼(Integrated Healthcare Platform)'으로의 변화도 진행 중이다. 진료와 처방뿐만 아니라, 환자의 건강 상태를 분석하고, 생활 습관 데이터를 반영한 맞춤형 치료를 제공하는 방향으로 확장되고 있다.

현재 한국에는 30개 이상의 진료 중개 플랫폼이 운영 중이며, 각 플랫폼은 특정 분야에 특화된 서비스를 제공하며 차별화를 시도하고 있다. 〈모바일닥터〉의 '열나요'는 육아 필수 앱으로, 아이의 체온 기록, 해열제 복용 안내, 유행 질병 정보 제공, 진료 가능한 병원 정보 조회 기능을 갖추고 있다. 의학 전문기자 출신이자 가정의학과 신재원 선생님이 개발한 이 앱은 2017년에 출시한 이후 꾸준히 성장하여, 만 2~4세 아이를 둔 부모의 절반 이상이 사용하고 있다. 현재는 소아 체온 데이터, 해열제 복용 데이터, 다양한 열 증상 시계열 데이터를 분석하여 딥러닝 기반의 독감 스크리닝 모델을 개발 중이다.

〈힐링페이퍼〉의 '강남언니'는 성형수술을 포함한 미용 의료 분야에 특화된 플랫폼으로 후기 공유, 시술 가격 비교, 상담 및 예약 기능을 지원한다. 홍승일 선생님은 본과 3학년이던 2012년에 친구들과 함께 스타트업을 설립하고 만성질환 관리 서비스를 제공했으나 시장 수요와 맞지 않아 두 차례의 실패를 겪었다. 이후 미용 의료 분야로 방향을 전환하며, 젊은 고객층을 대상으로 2015년에 '강남언니'를 개발했으며, 철저한 사용자의 후기 관리를 통해 신뢰도 높은 정보 제공에 집중하고 있다. 현재 일본과 동남아를 중심으로 해외 시장 진출도 추진 중이다.

〈닥터나우〉의 '닥터나우'는 대한민국 1위 진료 서비스 앱이며, 국내 최초로 비대면 진료 서비스를 제공하는 원격의료 플랫폼으로 자리 잡았다. 장지호 선생님은 본과 3학년이던 2020년에 창업하였다. 현재는 개인 맞춤형 영양제 서비스 '닥터잇츠' 서비스를 출시하였고, 일본 등 해외 진출과 다양한 분야로 사업을 확장하고 있다.

특정 플랫폼의 영향력이 커지면서 소비자와 병원이 해당 서비스에 의존하는 상황이 발생하고 있다. 특히 소아과의 경우 특정 앱을 통해서만 예약이 가능하고, 그중 일부 앱이 유료화되면서 의료 접근성에 대한 사회적 이슈로 번지기도 하였다. 한편 병원 입장에서는 유명 플랫폼에 노출되지 않으면 환자 유치가 어렵고, 광고비나 유료 서비스 이용료 부담이 커질 가능성도 있다. 일부 플랫폼의 쿠폰 제공이나 시술권 판매 방식에 대한 의료법 위반 논란도 제기되었다. 플랫폼이 의료 서비스 접근성을 높이고 환자의 편의를 향상시키는 긍정적인 역할을 하지만, 소비자 보호와 의료기관의 자율성을 보장할 수 있는 기준이 마련되어야 한다는 의견이 나오고 있다. 그러나 플랫폼은 미래의 의료 시장에서 더욱 강력한 영향력을 가지게 될 것이며, 이러한 변화는 이미 거스를 수 없는 흐름이다.

플랫폼 중에서도 비대면 진료 서비스 플랫폼은 가장 큰 관심을 받는 분야다. 코로나19 팬데믹은 의료 서비스의 원격화를 앞당긴 결정적인 계기가 되었다. 2020년 〈맥킨지〉 보고서에 따르면, 코로나19 기간 동안 미국 내 비대면 진료 이용이 전년 대비 3800% 증가했으며, 전 세계적으로 600개 이상의 비대면 진료 플랫폼 및 관련 기업들이 새롭게 등장했다.

한국에서도 코로나19 팬데믹 동안 비대면 진료가 전면 허용되면서, 기존 플랫폼 업체들이 빠르게 원격진료 서비스로 전환했다. 그러나 비대면 진료와 관련된 법적·제도적 불확실성이 해결되지 않고 있다. 국내에서 비대면 진료는 시범사업 형태로 운영되면서, 정부의 필요와 정책 변화에 따라 허용과 금지가 반복되고 있다. 또한 비대면 진료는 가능하지만 아직 의약품 배송 서비스는 불가능하기 때문에 처방약을 받으려면 환자가 직접 약국을 방문해야 하는 불편함이 있다. 이 외에도 다이어트 약, 발모제 등 약물 오남용 우려, 향정신성 의약품을 포함한 일부 약물에 대한 처방 제한, 의료계와 정부 간의 입장 차이 등 해결해야 할 문제가 많다. 비대면 진료 플랫폼 사업자들은 '원격의료 산업협의회'를 결성하여 정부의 정책 결정 및 여론 형성에 공동 대응하고 있다. 또한 건강관리 서비스 제공, 맞춤형 영양제 구독 서비스, 해외 진출 등 비즈니스 모델을 다각화하며 새로운 성장 기회를 모색하고 있다.

이와 함께 원격임상시험, 즉 탈중앙화 분산형 임상시험(Decentralized Clinical Trial, DCT) 플랫폼도 등장하고 있다. DCT 방식의 임상시험에서는 참여자가 병원을 방문하지 않고, 우편으로 약품을 받으며 디바이스를 활용하여 비대면 모니터링이 가능하다. 코로나19 팬데믹 동안 진행된 12개의 DCT 연구 결과, 기존 임상 대비 첫 환자 등록까지의 시간이 78% 단축되었으며, 임상시험 비용 역시 10~25% 감소한 것으로 나타났다. 이는 임상시험의 효율성을 높이고, 참여자의 부담을 줄이며, 신약개발 프로세스를 가속화하는 효과를 가져왔다. 국내에서도 〈메디데이터〉, 〈제이앤피메디〉, 〈에비드넷〉 등의 기업에서 관련 서비스를 제공하고 있다.

앞으로 디지털 의료 플랫폼은 인공지능 기반 건강 데이터 분석과 맞춤형 헬스케어 서비스까지 통합하는 방향으로 발전할 가능성이 크다. 그중에서도 비대면 진료는 잠재적 수요가 많고 환자 만족도가 높을 뿐만 아니라 의료 접근성을 높이고 감염 위험을 줄이는 등 장점이 많아 궁극적으로는 전면 허용될 것으로 예상된다. 의료 서비스의 질과 안전성을 유지하기 위한 법적·제도적 기반 마련이 필수적이며, 지속 가능한 운영을 위해 정부, 의료계, 플랫폼 사업자 간의 긴밀한 협력이 필요하다.

■ 디지털 건강관리 플랫폼(Digital Wellness Platform)

건강관리 플랫폼은 일반인을 대상으로 맞춤형 서비스를 제공하는 디지털 헬스케어의 핵심 영역이다. 국내에서도 이 시장을 선점하기 위한 경쟁이 치열하게 진행되고 있으며 기업, 보험사, 정부 등 다양한 주체들이 건강관리 플랫폼 사업에 뛰어들고 있다.

현재 건강관리 서비스 플랫폼은 다음과 같이 나눌 수 있다.

○ 일반인 대상 플랫폼: 스마트폰을 활용해 사용자의 건강 정보를 수집하여, 운동, 수면, 스트레스 관리, 복약 관리, 영양 관리 등 개인 맞춤형 건강관리가 가능하도록 설계된다. 그러나 이러한 플랫폼은 수익화가 어렵다는 문제가 있다. 구독 모델의 경우에도 유료 사용자 전환율이 낮고, 사용자 이탈률이 높아 장기적인 수익 모델을 만들기 쉽지 않다. 따라서 건강제품이나 영양제 처방, 유전자검사, 일대일 상담 서비스를 추가하거나, 기업, 보험사, 병원과 연계하는 B2B 협업이나, 데이터를 분석하여 판매하는 모델이 개발되고 있다.

○ 기업 주도형 플랫폼: 근로자의 건강이 기업의 생산성과 직결되면서,

의사는 이렇게도 일한다

대기업을 중심으로 사내 건강관리 플랫폼 도입이 증가하고 있다. 이러한 플랫폼은 근로자의 건강을 모니터링하고, 맞춤형 서비스를 제공하며, 피트니스 시설 및 의료기관과 연계하여 체계적인 건강증진 프로그램을 운영하는 방식으로 발전하고 있다.

○ 보험사 주도형 플랫폼: 최근 보험사들이 보험 가입자의 건강증진과 질병 예방을 목표로 플랫폼을 운영하고 있다. 이를 통해 건강 상담, 만성질환 예방 프로그램, 보험료 할인 등의 혜택을 제공하며, 특히 '고령층 특화 플랫폼'이 주목받고 있다. 이는 2017년 건강증진형 보험 상품이 허용되면서 보험 가입자가 건강증진을 위한 노력을 하는 경우 보험료 할인과 같은 혜택을 제공할 수 있게 되었고, 2019년 보험사가 피보험자에게 건강관리 서비스를 제공하는 것이 허용되었다. 이후 국내 보험사들은 가입자의 건강을 관리하는 헬스케어 사업자로 변신하는 전략을 추진하고 있다.

○ 정부 주도형 플랫폼: 공공 보건정책의 일환으로 국민 건강 증진과 의료 접근성 향상을 목표로, 국민의 건강 데이터를 기반으로 맞춤형 서비스를 확대하고 있다. 2024년 서울시는 서울시민 120만 명의 데이터를 기반으로 한 '서울시민 건강관리 플랫폼'을 만들었으며, 이를 지속적으로 업그레이드하여 '서울형 스마트헬스케어 모델'을 확산한다는 계획이다. 또한 '지역사회 정신건강케어 플랫폼'을 도입하여 의료 취약 지역의 정신건강관리 및 위험군 조기 발견을 목표로 하는 사업도 있다. 이처럼 정부는 민간 기업 및 의료기관과 협력하여 보다 체계적인 건강관리 서비스를 제공하고 있으며, 이를 통해 의료 접근성을 확대하고 건강 격차를 해소하는 방향으로 발전하고 있다.

건강관리 플랫폼은 위험인자를 조기에 발견하고 예방하는 단계로 발전하고 있으며, 유전자 분석 데이터를 연동한 개인 맞춤형 건강관리로 확장되고 있다. 또한 의료, 보험, 기업, 정부 간 협력을 통해 더욱 정교화되면서 예방적 건강관리와 맞춤형 치료의 핵심 역할을 수행할 것으로 예상된다.

디지털 헬스케어 전환 지원 시스템
(Digital Healthcare Enabler System)

'Digital enabler'는 의료 데이터의 수집, 저장, 공유, 분석을 지원하는 기술과 시스템을 의미한다. 헬스케어 분야에서는 인공지능, 클라우드, 블록체인, 데이터 표준화 기술 등이 핵심요소로 작용하며, 특히 의료 데이터 관리의 여러 단계에서 중요한 역할을 수행한다. 실시간으로 건강 데이터를 수집하고 저장하고, 표준화된 데이터 변환 기술을 통해 의료기관 간의 원활한 정보를 교류하며, 블록체인과 인공지능 기반 보안 기술을 적용하여 개인 건강정보 보호를 강화하고, 의료 데이터를 분석해 맞춤형 건강관리 서비스를 제공할 수 있도록 돕는다. 앞으로 'Digital enabler' 기술이 발전하면서 의료 데이터는 개별 시스템이 아닌 통합된 의료 데이터 허브로 관리될 가능성이 크다. 이를 통해 병원, 보험사, 기업, 정부 간 협력이 강화되고, 정밀의료와 예방의학으로 확장될 전망이다.

■ 의료 데이터 전환 지원 시스템

의료 데이터는 정확한 진단, 맞춤형 치료, 예방적 건강관리, 연구개발을 가능하게 하며, 헬스케어 혁신과 효율성을 높이는 핵심요소

의사는 이렇게도 일한다

다. 이는 데이터의 관리 주체와 활용 범위를 기준으로 개별 병원 내에서 데이터를 관리하는 '전자의무기록(Electronic Medical Record, EMR)', 여러 병원에서 데이터를 공유할 수 있도록 확장된 '전자건강기록(Electronic Health Record, EHR)', 개인이 직접 자신의 건강 데이터를 기록하고 관리하는 '개인건강기록(Personal Health Record, PHR)'의 세 가지 형태로 구분한다.

현재는 의료기관별로 독립적인 EMR 시스템이 운영되고 있지만, 향후 법률 개정에 따라 의료 데이터 활용 범위가 확대될 전망이다. 이를 위해 국제 표준을 기반으로 한 데이터 변환 프로세스 구축이 필요하며, 블록체인과 암호화 기술을 적용해 보안을 강화해야 한다. 또한 환자의 데이터 접근 권한을 명확히 설정하여 정보 보호와 활용의 균형을 유지하는 것이 중요하다. 이러한 변화에 맞춰 의료 데이터 전환시스템은 EMR, EHR, PHR 간의 데이터 변환을 지원하며, 표준화된 데이터 활용을 통해 보안과 환자 정보 보호를 강화하는 역할을 하게 된다.

의료 데이터 영역에서는 의사들의 창업이 특히 활발하다. 의사들은 진료 과정에서 비효율적인 데이터 관리의 문제점을 직접 경험하며, 동시에 의료 데이터의 가치를 깊이 이해하고 있기 때문이다. 이에 따라 다양한 의료 데이터 전환 지원을 돕는 기업이 등장하고 있다.

〈아이쿱〉은 2011년에 내분비내과 조재형 선생님이 설립한 기업이다. 주요 서비스인 '닥터바이스'는 의원급 EMR '의사랑'과 연동하여 의사와 환자 간 만성질환 관리를 지원하는 플랫폼이다.

〈메디블록〉은 2017년에 영상의학과 이은솔 선생님이 설립한 기업으로, 블록체인 기술을 활용하여 의료 데이터의 보안성과 무결성을 강화하는 것이 특징이다. 주요 서비스인 '닥터팔레트'는 클라우드 기반 EMR 시스템으로 의료진의 진료 편의성과 병원 경영 효율성을 높이는 솔루션이다.

〈에비드넷〉은 2017년에 조인산 선생님이 설립한 기업이다. 주요 서비스인 'FeederNet'는 의료 데이터를 표준화하여 병원 및 연구기관이 공동으로 활용할 수 있도록 지원하는 의료 빅데이터 플랫폼으로 현재 약 6천만 명의 환자 데이터를 보유하고 있다. 또 다른 서비스인 '메디팡팡'은 개인의 건강기록을 통합하여 스마트한 건강 관리를 돕는 앱이다.

〈에이치디정션〉은 2017년에 안과 장동진 선생님이 설립한 기업이다. 주요 서비스인 '트루닥'은 정신건강의학과 의원에 특화된 클라우드 기반 EMR 시스템으로 데이터 관리와 문서 작업의 효율성을 높이는 솔루션이며, 다른 전문과목으로 서비스를 확장하고 있다.

〈미라벨소프트〉는 2021년에 내과 박기호 선생님이 설립한 기업이다. 주요 서비스인 'MD PACS'는 1차 의료기관의 진료 환경에 디지털 전환을 시도한 건강 정보 통합관리 및 공유 시스템이다.

〈파이디지털〉은 연세의료원과 카카오헬스케어가 공동 출자한 기업이다. 2022년 개발된 '자누싱크'는 디지털 치료제를 의료진이 EMR 시스템 내에서 바로 처방할 수 있도록 지원하는 플랫폼이다.

보건복지부는 2021년부터 '의료 마이데이터 서비스'를 추진하고 있다. 이는 개인이 자신의 진료 이력, 처방 내역, 검사 결과 등 의료 데이터를 직접 관리하고 활용할 수 있도록 지원하는 서비스다. 현재 '나의건강기록' 앱이 출시되었으며, 2025년부터 본격적으로 시행될 예정이다.

▪ 디지털 기반 신약개발 지원 시스템

신약개발 과정에서 의료 데이터의 활용은 보다 효과적인 치료제 개발을 가능하게 한다. 기존의 신약개발은 오랜 시간과 높은 비용이 소요되는 과정이었지만, 디지털 전환시스템을 통해 연구 효율성을 극대화하는 방향으로 변화하고 있다. 현재의 신약개발은 유전체 정보, 실시간 건강 데이터, 전자의무기록 등 빅데이터를 활용하여 질병에 대한 이해도를 높이고, 맞춤형 치료제를 신속하게 설계할 수 있는 시스템으로 전환되고 있다. 특히 인공지능 기반 신약개발 플랫폼, 데이터 분석을 통한 후보물질 도출, 디지털 트윈(Digital Twin) 기술을 활용한 시뮬레이션 연구 등이 신약개발의 디지털 전환을 가속화하고 있다.

〈온코크로스〉는 2015년 혈액종양내과 김이랑 선생님이 설립한 인공지능 기반 신약개발 기업으로, 자체 개발한 인공지능 신약개발 플랫폼 'RAPTOR AI'를 활용하여 신약 후보물질을 빠르게 발굴하고 적응증을 확대하고 있다. 〈파로스아이바이오〉는 2016년에 설립된 인공지능 기반 신약개발 전문 기업으로, 신약개발 플랫폼인 '케미버스'를 통해 신약후보 물질을 개발하고, 희귀난치성질환 치료제를 개발하고 있다.

디지털 헬스케어는 그 개념만 설명하는 데도 책 한 권이 부족할 정도로 방대한 분야다. 하지만 이 글에서 굳이 길게 설명한 이유는 이 산업에서 의사의 역할이 점점 커지고 있으며, 특히 젊은 의사들에게 새로운 기회가 열리고 있기 때문이다. 제약·바이오 분야와 비교했을 때, 디지털 헬스케어 분야는 초기 투자비용이 적고, 제품 개발과 상용화 속도가 빠르다. 이로 인해 의료 데이터를 활용한 솔루션 개발, 인공지능 기반 솔루션, 건강관리 플랫폼 등 다양한 분야에서 젊은 의사들의 창업이 활발하게 이루어지고 있다. 디지털 헬스케어는 의학적 지식만으로 충분하지 않다. 정보기술에 대한 이해가 필수적이며, 인공지능, 빅데이터, 모바일 헬스케어 기술을 의료에 어떻게 접목할 것인지 고민해야 한다. 젊은 의사들은 디지털 기술과 친숙하고, 최신 트렌드에 빠르게 적응하는 강점을 가지고 있다.

앞으로의 의료 환경에서는 기존의 임상 경험과 디지털 기술을 결합할 수 있는 의사가 더욱 중요한 역할을 하게 될 것이며, 의료의 디지털 전환을 주도하는 의사들이 미래 헬스케어를 이끌어갈 것이다.

벤처기업에서 의사는
어떤 일을 할까?

의사들의 벤처 창업은 주로 헬스케어 분야에서 이루어진다. 의사가 직접 창업할 경우 대표나 공동대표를 맡거나, 개발본부장, 기술이사 등의 핵심 직책을 담당하기도 한다. 벤처기업에 취업하는 경우, 기업 운영의 주요 부분을 책임지는 임원직을 맡을 가능성이 크다. 기업에서 근무하지 않더라도 컨설팅, 사외이사, 임상연구자 등 다양한 방식으로 이 산업에 기여할 수 있다. 최근에는 벤처캐피탈에서 투자심사역으로 활동하는 의사들이 늘어나면서, 스타트업의 평가와 투자 유치 과정에서도 중요한 역할을 맡고 있다.

의사는 이렇게도 일한다

의사가 벤처기업을 창업하는 경우

최근 의사 창업자의 성공 사례가 늘어나면서, 창업을 고려하는 젊은 의사들이 증가하고 있다. 초기에는 진료와 사업을 병행하지만, 최근에는 임상을 완전히 떠나 사업에만 전념하는 경우도 많아지고 있다.

의사 창업가들은 사업의 리스크와 현실적인 어려움을 강조하면서도, 새로운 도전에 대한 기대감이 크다고 말한다. 다만, 의학적 지식이나 임상 경험, 연구자로서의 역량과 비즈니스적 역량은 전혀 다른 영역이므로 신중한 결정이 필요하다고 조언한다.

그렇다면 의사가 창업을 하면 과연 유리할까? 의사가 창업할 때 가장 큰 강점은 임상 경험에서 비롯된 혁신적인 아이디어다. 직접 경험한 '의학적으로 충족되지 않은 수요'에 대한 해결책을 구상할 수 있다. 의료 데이터에 대한 접근성이 높아 혁신적인 제품과 서비스 개발에 유리하며, 의료진과의 네트워크는 강력한 자산이다. 또한 의사들은 높은 학습 능력과 강한 몰입력을 갖추고 있어 새로운 지식을 빠르게 익히고 활용하는 능력이 뛰어나다.

반면, 의사가 창업할 때 불리한 점도 존재한다. 의사가 안정적인 직업이라는 것은 장점이면서도 동시에 약점이 될 수 있다. 투자자들 사이에서 의사 창업가는 사업이 어려워지면 쉽게 포기하고 임상으로 복귀할 거라는 편견이 있다. 또한 의학적 전문성은 뛰어나지만, IT 기술에 대한 이해가 낮을 것이라는 선입견도 있다. 의사 창업가 본인이 투자유치를 위해 직접 발로 뛰며 자신의 기술과 사업성을 설득하는 역할을 불편해할 수도 있다. 창업을 할 때까지는 사업 아이디어와 전문적 지식이 필요했다면, 창업 이후 회사를 운영하는 데는 리더십과 경영 능력이 요구된다. 의사들은 일반적인 기업 문화와 운영에 대한 경험이 부족한 편이다. 특히, 대학병원 교수는 권위적이고 일방적인 커뮤니케이션에 익숙한 경우가 많다. 그러다 보니 사업 자체보다 조직 운영과 사람 관리에서 더 큰 어려움을 겪기도 한다. 결국, 의사로서의 정체성을 넘어 사업가로 거듭나는 과정이 필요하다.

의사가 직접 대표이사를 맡지 않고 지인을 대표로 내세워 창업하는 경우, 법적·윤리적 측면에서 더욱 신중하게 고려해야 한다. 법인 운영에 대한 권리와 의무는 대표이사에게 있으며, 이는 경영권 문제나 내부 갈등으로 이어질 가능성이 크다. 경험이 부족할수록 법적 테두리 안에서 사업을 운영하는 것이 좋다. 법이란 법을 지키는 사람을 보호해주는 것이다. 만약 불가피하게 이와 같은 방식으로 창업한다면, 지배 구조, 계약 관계, 지분 구조 등 법적 문제를 철저히 검토하고, 신뢰할 수 있는 법률적 조언을 받는 것이 필수적이다.

의사가 벤처기업에 취업하는 경우

헬스케어 벤처기업의 증가로 의사에 대한 수요도 함께 늘어나고 있으며, 특히 경력자의 가치가 높아지고 있다. 벤처기업에서는 임상 연구 개발뿐만 아니라 의약품의 전략 기획, 마케팅 경험, 인적 네트워크까지 고려하여 의사를 영입하는 경우가 많다. 해외 진출을 계획하는 기업들은 해외 근무 경험이 있는 인재를 선호한다. 따라서 제약의사 출신이 벤처기업으로 이직하는 사례가 많다. 학문적 경험과 폭넓은 인적 네트워크를 가진 메디컬 리더급 의사를 영입하기도 한다. 그러나 젊은 의사들 중에서는 첫 직장으로 벤처기업을 선택하고 실무를 배우면서 자신의 커리어를 키우면서 전문가로 성장하는 사례도 늘어나고 있다. 헬스케어 벤처기업에서 의사의 역할은 창업뿐만 아니라 연구개발, 경영, 전략 기획, 투자 등 다양한 분야로 확장되고 있다.

벤처기업은 상대적으로 규모가 작으므로 커뮤니케이션 능력과 학습 능력이 더욱 중요하다. 대부분의 의사는 임상시험, 기술 개발, 허가, 라이센싱, 마케팅, 판매 전략 수립 등의 다양한 업무를 담당하게 되므로, 신약개발뿐만 아니라 다양한 업무에 필요한 지식을 학습해야 한다. 벤처기업에서는 한 사람이 여러 역할을 동시에 수행해야 하는 경우가 많다. 업무 인수인계나 체계적인 교육이 부족할 수 있어, 적극적이고 자기주도적인 태도가 중요하다.

벤처기업은 직급 인플레이션이 심한 경향이 있으며 이사, 상무, 전무, 부사장 등의 한글 직책은 실제 역할과 큰 관련이 없는 경우가 많다. 그러나 영어 직급은 기업 내에서 수행하는 역할과 직결되므로 정확한 이해가 필요하다.

○ CEO(Chief Executive Officer): 최고경영자 대표이사, 대표이사

○ CTO(Chief Technology Officer): 연구개발을 총괄하는 최고기술책임자

○ CMO(Chief Medical Officer): 의료 전략을 총괄하는 최고의료책임자

○ CPO(Chief Privacy Officer): 고객 정보를 보호하는 최고개인정보책임자

○ COO(Chief Operating Officer): 회사 운영을 총괄하는 최고업무책임자

○ CFO(Chief Financial Officer): 재무/회계를 총괄하는 최고재무책임자

○ CCO(Chief Customer Officer): 고객 경험을 총괄하는 최고고객책임자

벤처기업의 연봉은 제약회사와 비교했을 때 낮은 경우가 많지만, 스톡옵션이나 지분 등 추가적인 보상 조건이 포함될 수 있다. 다만,

이러한 보상은 기업이 상장한 이후에야 실현되는 경우가 많으므로 단기적인 보상보다는 장기적인 성장 가능성을 고려해야 한다.

대기업과 달리 벤처기업에서는 의무 근속 기간이나 특수한 조건이 계약에 포함될 수 있다. 법적 책임이 수반될 수 있는 업무를 맡게 될 수 있으므로, 근무 조건과 법적 책임사항을 충분히 검토하는 것이 중요하다. 경쟁 업체 이직 제한, 지분 정리 문제 등 퇴사 시 불이익 조항이나 스톡옵션 지급 조건이 퇴사 후에도 유효한지 확인해야 한다.

무엇보다 벤처기업은 기업의 성장 여부가 핵심요소다. 사업의 가능성을 분석하고, 창업자 및 경영진의 비전과 사업 방향이 현실적인지 평가해야 한다. 재정 상태와 투자유치 현황을 확인하는 것도 좋다. 결국, 이 회사가 자신의 미래를 투자할 만한 회사인지 판단하는 능력이 필요하다.

벤처기업의 자문가, 임상연구자, 사외이사로 일하는 경우

의사들은 다양한 방식으로 벤처기업과 협력할 수 있으며, 역할에 따라 기여하는 역할과 책임이 달라진다.

○ 자문가(Consultant): 특정 프로젝트나 연구에 대해 조언하는 역할을 수행하며, 의약품 개발, 임상 전략, 규제 대응 등의 분야에서 전문적인 의학적·과학적 의견을 제공하고, 회사의 의사결정 과정에 영향을 미칠 수 있다. 공헌도에 따라 자문료나 스톡옵션 등의 보상을 받을 수도 있다.

○ 임상연구자(Clinical Investigator): 벤처기업이 진행하는 임상시험의 프로

의사는 이렇게도 일한다

토콜을 설계하고, 실제 임상연구를 수행하며, 결과 분석 및 논문 작성 등에 기여한다. 연구 결과의 중립성을 보장하기 위해 연구비 외의 추가적인 금전적 보상이 제한될 수 있다.

○ 사외이사(Independent Director): 경영 실무에는 직접 참여하지 않지만, 이사회의 독립적인 구성원으로서 기업의 의사결정 과정에 참여하고 내부 통제 및 법적 준수 여부를 감시하는 역할을 한다. 상장법인의 경우 사외이사 제도가 의무적으로 운영되지만, 비상장법인에서는 선택사항이다. 최근 회계 부정이나 법규 미준수 사례와 관련하여 사외이사의 책임을 묻는 사례가 증가하고 있어, 법적 리스크를 고려해야 한다.

의사가 투자 전문가(벤처캐피탈리스트)로 일하는 경우

국내 스타트업 투자에서 가장 큰 비중을 차지하는 것이 벤처캐피탈이며, 투자 여부를 결정하는 핵심 역할을 수행하는 사람이 바로 벤처캐피탈리스트, 즉 투자심사역이다. 투자심사역은 성장 가능성이 높은 기업을 발굴하고, 경영진과 기술력을 평가하여 투자 여부를 결정한다. 투자 이후에도 경영 자문, 인력 추천, 추가 펀딩 및 기업공개까지 지원하며 기업의 성장을 성장을 돕는다.

최근 헬스케어 산업에 대한 투자 규모가 증가하면서 전문성을 갖춘 투자심사역의 수요도 늘어나고 있다. 국내 투자심사역 인력은 2016년에 112명에서 2020년에 207명으로 늘어났으며, 의사 출신 투자심사역도 2020년에 6명에서 2022년에는 약 15명으로 증가한 것으로 파악된다. 이러한 흐름은 앞으로도 지속될 가능성이 높으며, 의학적 전문성을 가진 투자심사역의 역할이 더욱 중요해질 것으로 예상된다.

국내 최초의 의사 출신 벤처캐피탈리스트는 산부인과 문여정 선생님이다. 2016년 벤처캐피탈에 입사한 이후 의료 인공지능 기업 〈루닛〉에 대한 투자 결정을 이끌어 냈으며, 이후 연구지원과 지속적인 투자유치를 통해 루닛의 성공적인 기업공개를 성사시키는 데 기여했다.

김치원 선생님은 디지털 헬스케어에 대한 책을 저술하고, 관련 업계 사람들과 교류하며 디지털 헬스케어 스타트업에 자문 역할을 담당했다. 2021년에는 〈카카오벤처스〉에 합류해 디지털 헬스케어 분야의 초기 투자를 주도했으며, 현재 부대표로 활동 중이다.

이승우 선생님은 디지털 헬스케어 벤처기업에서 경력을 시작해서 딥테크 엑셀러레이터 블루포인트파트너스를 거쳐, 2021년부터 데브시스터즈벤처스에서 벤처캐피탈리스트로 활동하고 있다.

정지훈 선생님은 초기부터 엔젤투자자로 활동하면서 가능성 있는 벤처그룹에 투자하고 지원하는 일을 담당해왔다. 현재 K2G 테크펀드의 제너럴 파트너로서 한국과 미국을 오가며 실리콘밸리 기반의 스타트업 생태계 트렌드를 분석하고 의료뿐만 아니라 다양한 분야의 딥테크 스타트업에 투자하고 있다.

의사 출신 벤처캐피탈리스트는 특히 초기 기업 발굴에 효과적이라는 평가를 받는다. 이들은 기술 검토뿐만 아니라 실제 임상에서 수요와 상용화 가능성을 정확히 평가할 수 있기 때문이다. 개발자와의 소통 능력이 뛰어나 의료기술에 대한 깊은 이해를 바탕으로 적절한 투자 판단을 내릴 수 있고, 의료인 네트워크를 활용해 신속한 피드백을 받을 수 있다. 이러한 강점으로 인해 업계 내에서도 긍정적인 평가를 받고 있으며, 향후 의사 출신 투자심사역의 역할은 더욱 확대될 것으로 보인다.

초기에는 지인 추천 방식으로 벤처캐피탈리스트의 선발하는 경우가 많았으나, 최근에는 공식 채용 프로세스를 거치는 방향으로 변화하고 있다. 일부 회사에서는 면접 과정에 가상 케이스를 제시하고, 투자 결정 여부에 대한 토론을 포함하기도 한다. 벤처캐피탈리스트의 연봉은 임상의사보다 낮다고 알려져 있지만 성과에 따른 인센티브가 있다. 개인의 능력에 따라 성과를 낼 수 있고, 경력을 쌓을수록 인지도를 높일 수 있다는 점이 매력으로 작용한다. 특히 "그 사람이 투자한 회사라서 믿을 수 있다"라는 평가를 받을 정도로 투자전문가로서의 개인 브랜드를 구축할 수 있다. 이러한 이유로 의사 출신 벤처캐피탈리스트에 대한 관심과 수요는 꾸준히 증가하는 추세다.

의사가 보험회사에서 일하는 경우

숫자가 많지는 않지만, 보험회사에서 일하는 의사들도 있으며 '사의(社醫)'라고 불린다. 관련 기사에 따르면, 1999년 손해보험사가 처음으로 의사를 고용했으며 2000년대 중반부터 삼성화재, 현대해상, DB손해보험, KB손해보험, 메리츠화재, 한화손해보험, 롯데손해보험 등 주요 손해보험사에서도 의사를 추가로 고용했다. 2017년 기준으로 국내에서 활동하는 사의는 약 20명 정도로 보고되었으나, 최근의 정확한 통계는 부족하다.

사의는 보험 상품을 개발하거나, 가입자의 위험도를 측정해 보험료율을 결정하는 언더라이팅 업무를 한다. 또한 보험사고 발생 시 인수 심사 및 지급 심사 기준을 마련하고, 심사자 교육 등 의학적 자문을 총괄하는 역할을 수행하며, 새로운 제도와 시스템을 개발할 수 있다.

대표적인 사례로, 보험업계 최초의 '유병자 특약'이 있다. 삼성화재가 국내에서 처음 도입한 이 상품은 만성질환이 있는 환자도 건강보험에 가입할 수 있도록 설계되었다. 유병자 보험은 가입 조건과 위험도에 따라 추가 보험료를 부담하는 방식으로 운영되므로, 의학적 통계 분석과 전문지식이 필수적이다. 당시 삼성화재에서 근무했던 사의가 이 상품의 개발에 핵심적인 역할을 했던 것으로 알려졌다.

미래의 보험회사 사의는 보다 폭넓은 역할을 수행하며, 더 많은 사람들에게 건강관리 서비스를 제공할 것으로 예상된다. 보험회사는 기존의 보장 중심에서 벗어나 종합 헬스케어 사업자로 변화하고 있으며, 이에 따라 사의는 건강관리 서비스 기획, 의료 데이터 분석, 맞춤형 헬스케어 솔루션 개발 등으로 역할이 확대될 것으로 전망된다.

벤처 창업을 하려면
어떻게 해야 할까?

창업을 고민하지만 어디서부터 시작해야 할지 막막한 경우가 많다. 가장 먼저 필요한 것은 자신만의 창의적인 사업 아이디어다. 벤처 창업은 단순한 아이디어에서 출발하지만, 이를 구체적인 사업 모델로 발전시키고 안정적인 운영 단계로 진입하는 것이 핵심이다. 창업을 위한 기본 절차는 다음과 같다.

의사는 이렇게도 일한다

아이디어 개발 및 검증

아이디어를 개발하기 위해서는 헬스케어 산업 전반에 지속적인 관심을 갖고 최신 트렌드와 기술을 파악하는 것이 중요하다. 이를 위해 헬스케어 관련 행사나 온라인 세미나에 참여하는 것도 도움이 된다. 또한 〈맥킨지〉〈딜로이트〉〈아이큐비아〉와 같은 글로벌 컨설팅 기업에서는 헬스케어 산업에 대한 심층 분석 보고서를 정기적으로 발행하며, 국내 연구기관에서는 해외 보고서를 요약한 한글판 자료를 제공하기도 한다. 이러한 자료를 활용하면 헬스케어 산업의 흐름을 파악하고, 기존 아이디어와의 차별성을 검토하는 데 유용하다.

자신의 창업 아이디어가 이미 상용화되었는지, 국내 상황에 적합한지에 대한 확인이 필요하다. 아이디어를 뒷받침할 핵심 기술을 정리하고, 이를 사업 아이템으로 구체화한 후 시장성을 검증해야 한다.

사업계획서 작성

사업계획서를 작성하는 과정만으로도 아이디어를 객관적으로 분석하는 데 큰 도움이 된다. 창업 동아리, 창업 경진대회, 창업 패키지에 참여할 수도 있지만, 혼자서도 기본적인 양식에 맞춰 작성해 볼 수 있다. 이를 통해 아이디어를 정리하고 실제 시장 수요, 비즈니스 모델, 사업 아이템의 현실 가능성을 점검할 수 있다.

가장 중요한 것은 자신의 아이디어가 실제 시장에서 고객이 비용을 지불할 만큼의 가치가 있는 창업 아이템인지 검증하는 것이다. 국내 의료 관련 제품과 서비스는 가격이 낮은 편이라 새로운 제품이 개발되더라도 가격 경쟁력을 갖추기가 어렵다. 시장과 경쟁 제품을 분석하고, 주요 고객층을 명확히 설정한 뒤, 누가 얼마만큼의 비용을 지불할 것인지 수익 모델을 구체화해야 한다. 이에 맞춰 제품이나 서비스를 최적화하는 과정이 필요하다.

사업계획서를 작성하는 과정은 아이디어를 구체적인 비즈니스 모델로 발전시키는 중요한 단계다. 사업의 가능성이 확인되면, 투자자를 찾거나 정부 지원 프로그램에 지원하는 것도 고려할 수 있다.

법인 설립 및 조직 구성하기

아이디어를 사업화하기로 결정했다면, 조직을 구성해야 한다. 이 과정에서 뜻이 맞는 동업자를 찾거나 필요한 인력을 채용하게 된다.

사업체의 경우 개인사업자로 사업을 시작할 수도 있지만, 작은 규모라도 법인으로 등록하는 경우가 많다. 법인을 설립하기 위해 법인명을 결정하고, 주식회사나 유한회사 등 법인 유형을 선택하고, 최소한의 초기 자본을 마련한 뒤 관련 절차를 거쳐 법인 등록을 마치면 각종 증명서와 사업자등록증을 발급받게 된다. 지적재산권 보호를 위해 특허, 상표, 저작권 등록을 진행하고, 필요하다면 도메인도 확보하는 것이 좋다.

자금 확보 및 투자 결정

사업 운영에 있어 외부 투자를 받을지의 여부는 신중한 판단이 필요하다. 많은 스타트업이 시드 투자, 벤처 투자 등 다양한 방식으로 자금을 조달하지만, 경영상의 독립성을 유지하기 위해 외부 투자를 받지 않기도 한다. 정부 및 공공기관이 제공하는 스타트업 지원 프로그램, 연구개발 지원금, 창업 보조금 등을 활용하기도 하며, 사업자금을 융자할 수도 있다. 결국, 기업의 성장 전략에 따라 투자유치 여부

의사는 이렇게도 일한다

를 결정하고 이를 준비해야 한다.

제품의 개발 및 허가, 시판까지

제품의 개발과 허가 과정은 의사 창업가가 모든 역량과 에너지를 쏟아붓는 단계다. 창업 아이템이 일반인을 대상으로 하는 웰니스 제품인 경우, 법적 규제는 덜하지만 경쟁이 치열하고 모방 제품이 쉽게 등장할 수 있다. 의약품이나 의료기기 등 의료제품의 경우, 임상시험을 통해 안전성과 유효성 결과를 확보해야 하고, 이를 근거로 보건당국의 승인을 받아야 한다.

의약품과 의료기기의 허가 및 보험 등재 과정은 단계별로 진행된다. 각각의 심사마다 최소 몇 개월에서 수년 이상 소요될 수 있으므로, 초기 단계부터 규제 전문가와 허가 전략을 함께 준비하는 것이 필수적이다. 정부의 규제 완화의 움직임이 있지만, 현재까지도 의료 산업은 높은 진입장벽이 존재한다.

○ 식품의약품안전처(MFDS)의 허가·심사: 의약품·의료기기의 안전성과 유효성을 평가하여 임상에서 사용 가능 여부를 결정

○ 한국보건의료연구원(National Evidence-based Healthcare Collaborating Agency, NECA)의 신의료기술 평가: 새로운 의료기술이 적용된 제품의 임상적 안전성과 치료 효과를 검토하여 의료 현장에서 사용 가능 여부를 평가

○ 건강보험심사평가원의 건강보험 등재 결정: MFDS 및 NECA에서 허가받은 의약품 및 의료기기의 건강보험 적용 여부를 심사

○ 국민건강보험공단의 약가 협상: 의약품의 경우 제약회사와 공단이

약가를 최종적으로 협상

○ 식약처의 혁신의료기기 지정: 높은 기술 혁신성과 의료적 가치를 가진 의료기기를 대상으로 하며, MFDS의 허가심사 및 NECA의 신의료기술 평가에서 우선심사 및 신속 검토를 통해 시장 진입 속도를 단축

제품과 서비스를 개발하는 데 있어 가장 중요한 것은 핵심 경쟁력을 갖추는 것이다. 벤처기업들은 "네이버나 카카오 같은 대기업에서 동일한 아이템을 만든다면, 어떤 차별점을 가질 수 있는가?"라는 질문을 받는다. 이에 대한 답변이 자신만의 경쟁력이다. 따라서 기술적 우위, 독점적 데이터, 특허, 네트워크, 신뢰성 등의 강점을 확보하여 대체 불가능한 차별화 요소를 만드는 것이 필수적이다.

투자유치 전략과 영업 실적 확보

많은 벤처 회사들이 기업공개를 목표로 한다. 이를 위해 초기 단계부터 재무 건전성, 경영의 투명성, 시장 경쟁력, 영업 실적 등 기업 상장 요건을 충족시킬 수 있도록 전략적으로 접근해야 한다.

헬스케어 벤처기업이 성장하기 위해서는 명확한 수익 모델을 구축하고 매출 전략을 체계적으로 수립해야 한다. 회사의 지속 가능성을 판단하는 중요한 기준은 영업 실적이다. 아무리 기술력이 뛰어나도 그것만으로는 성공할 수 없다. 좋은 제품을 만들고도 판로를 찾지 못해 무너지는 기업이 있다는 점을 명심해야 한다. 많은 벤처기업이 연구직과 임원 중심으로 운영되면서, 이 단계에서 발로 뛰며 판매를 이끌어 낼 영업조직이 부족한 경우가 많다. 우수한 제품만큼이나 안

의사는 이렇게도 일한다

정적인 고객 확보가 기업의 생존을 좌우할 것이다.

'기술특례 상장제도'를 활용하여 상장하는 경우, 재무제표상의 실적이 필수 요건은 아니지만, 결국 매출 성과가 핵심 평가요소가 된다. 상장 후 연 30억 원 이상의 매출을 달성하지 못하면 상장폐지 위험에 처할 수도 있다. 이 때문에 단기간에 수익을 내기 어려운 일부 헬스케어 벤처기업들은 화장품, 부동산, 베이커리 등으로 매출을 보완하려 한다. 그러나 이는 연구개발을 지연시키고, 기업의 핵심 역량을 분산시키는 악순환을 초래할 수 있다.

지속적인 성장 및 확장

벤처기업이 지속적으로 성장하여 마침내 기업공개에 성공했다면 크게 축하할 일이다. 그러나 이는 기업의 최종 목적지가 아니라 더 큰 성장을 위한 하나의 전환점이다. 상장을 통해 새로운 주주를 확보하고 추가 투자금을 유치할 수 있으며, 이를 기반으로 회사를 더욱 성장시킬 수 있는 기회를 얻은 것이다. 기업공개는 투자자들이 자금을 회수하는 엑싯 전략의 한 방법이지만, 기업의 입장에서는 상장 이후 성장의 기반을 마련하는 것이 더욱 중요하다.

창업의 길은 험난하고 예측할 수 없는 도전들로 가득하며, 때로는 극복할 수 없는 난관에 부딪히기도 한다. 그러나 이러한 과정에서 창업가는 끊임없이 성장하고 변화하며, 새로운 가능성을 만들어 낸다. 특히 헬스케어 분야에서 창업을 고민하는 의사들은 의료 현장의 경험과 전문성을 바탕으로 혁신을 주도할 수 있는 강점을 지니고 있다. 하지만 전문지식만으로 성공이 보장되지는 않는다. 스타트업 생태계에서 생존하고 성장하기 위해서는 사업적 통찰과 네트워크, 투자유 치 전략, 시장의 흐름을 읽는 역량이 필요하다. 이 길을 혼자 걸을 필 요는 없다. 경험 많은 전문가들의 조언을 적극 활용하고, 새로운 지 식을 배우며, 시장과 끊임없이 소통하는 것이 중요하다. 가장 중요한 것은 자신의 아이디어가 세상을 바꿀 가능성을 믿고 도전하는 것이 다. 창업을 꿈꾸는 의사들이 새로운 길을 개척하며 헬스케어 산업의 미래를 만들어가는 과정을 응원한다.

정부의 창업 지원 제도는 어떤 것이 있을까?

정부는 중소벤처기업부, 창업진흥원 등 다양한 기관을 통해 산업 별 창업을 지원하고 있다. 특히 '보건산업혁신창업센터'는 헬스케어 분야 창업을 집중적으로 지원하며, 의사 창업을 가장 많이 돕는 핵심 기관 중 하나다. 의사 창업가는 기술적인 부분에서는 최고의 전문가 이므로 기술 지원 보다는 일반적인 세무, 인사, 비즈니스 운영, 투자 유치 등 창업 실무와 관련된 지원을 필요로 하는 경우가 많다. 이에 따라, 정부뿐만 아니라 민간에서도 의사 창업가들을 위한 다양한 네 트워크와 지원 시스템이 형성되고 있다.

창업을 준비하거나 사업을 확장하려는 기업에게 정부는 창업 단 계에 따라 다양한 지원 프로그램을 운영하고 있다.

○ 예비창업 단계(아이디어 검증&창업 준비): 창업을 시작하기 전 아이디어

를 구체화하고 사업 모델을 검증하는 과정이 필수적이다. 예비창업 패키지를 통해 멘토링과 창업 교육을 받을 수 있으며, 실무 역량 강화를 위해 창업 교육 지원도 활용할 수 있다.

○ 초기창업 단계(시장 진입&사업화): 창업 초기에는 제품을 개발하고 시장에 출시하는 과정이 중요하다. 초기창업 패키지를 통해 사업화 자금을 지원받고, 법률 및 투자 컨설팅을 받을 수 있다. 청년 창업자는 창업 사관학교를 활용하여 체계적인 교육과 멘토링을 받을 수 있으며, 기술 기반 스타트업이라면 기술창업 인큐베이터 프로그램 (Tech Incubator Program for Startup, TIPS)을 통해 민간 투자유치와 함께 연구개발 및 해외 진출 지원을 받을 수 있다.

○ 성장·확장 단계(투자유치&매출 확대): 창업 3년 이상 된 스타트업은 시장 확장과 투자유치를 위한 전략적인 지원이 필요하다. 창업도약 패키지를 활용하면 대기업과 협업할 기회를 얻고, 투자 연계를 통해 기업의 성장을 가속화할 수 있다. 또한 창업 공간 및 시제품 제작 지원을 활용하면 창조경제혁신센터, 메이커스페이스, 스타트업 파크 등에서 사무실과 네트워킹 공간을 활용하며 제품 개발을 진행할 수 있다.

○ 재창업 단계(실패 후 새로운 도전): 사업 실패 후 재도전을 원하는 창업자들은 재도전 성공 패키지를 통해 재창업 교육과 경영 컨설팅을 받을 수 있다. 실패의 경험을 바탕으로 새로운 사업 모델을 구축하고, 안정적인 사업 운영을 할 수 있도록 지원받을 수 있다.

창업 단계	지원사업	지원 대상/금액/주요 지원 내용
예비 창업단계	예비창업 패키지	예비 창업자 최대 1억 원 (평균 5천만 원) 전담 멘토링, 창업 교육, 비즈니스 모델 검증 지원
	창업 교육 지원	예비 창업자 및 스타트업 교육 및 멘토링 지원 경영, 투자, 마케팅 교육 및 온라인 강의 제공
	창업 공간 지원	예비 창업자 및 스타트업 창업 공간 및 장비 제공 코워킹스페이스, 창조경제혁신센터, 메이커스페이스 등 지원
초기 창업단계	초기창업 패키지	창업 3년 이내 스타트업 대표자 최대 1억 원 (평균 7천만 원) 사업화 지원금, 네트워크 연결, 법률 및 투자 컨설팅
	창업 사관학교	만 39세 이하 청년 창업자 (창업 3년 이내 기업) 최대 1억 원 창업 코칭, 창업 교육 프로그램 (합격 이수 필수)
	TIPS(팁스) 프로그램	창업 7년 이내 기술 스타트업 민간 투자 1~2억 원 유치 시, 정부 최대 7억 원 추가 지원 연구개발(R&D), 해외 마케팅, 글로벌 시장 진출 지원
성장·확장 단계	창업 도약 패키지	창업 3년 초과 7년 이내 기업 대표자 최대 3억 원 (평균 1.2억 원) 성장 지원, 대기업 협업 트랙, 투자 연계 지원
	창업 공간 및 시제품 제작 지원	스타트업 시제품 제작 공간 및 창업 공간 제공 창조경제혁신센터, 메이커스페이스, 스타트업 파크 활용
재창업 단계	재도전 성공 패키지	중소기업 폐업 후 재창업자 또는 업력 3년 이하 재창업자 최대 2억 원 재창업 교육, 경영 컨설팅 및 사업화 지원

[6-8] 정부 지원사업의 종류

최신 창업 지원 정보를 확인하려면 다음의 사이트를 참고하면
된다.

○ K-Startup (https://www.k-startup.go.kr/)

○ 창업진흥원 (https://www.kised.or.kr/)

의사는 이렇게도 일한다

○ 중소벤처기업부 (https://www.mss.go.kr/)

○ 창조경제혁신센터 (https://ccei.creativekorea.or.kr/)

○ 보건산업혁신창업센터 (https://www.khidi.or.kr/kbiostartup)

○ TIPS 공식 홈페이지 (https://www.jointips.or.kr/)

이러한 제도는 의사 창업자들에게도 유용한 기회가 될 수 있다. 정부 지원 프로그램을 활용하면 창업 리스크를 줄이고 안정적인 성장 기반을 마련하는 데 도움이 될 수 있다. 의사들이 창업한 벤처기업 중 다양한 정부 창업 지원 패키지를 활용하여 자신의 아이디어를 사업화하고, 단계별 지원을 받아 회사를 성장시킨 사례도 있다.

벤처 의사의 미래 전망은 어떠한가?

의료의 중심이 빠르게 변화하고 있다. 특히 디지털 기술이 의료에 깊숙이 스며들면서, 의사는 더 이상 단순한 치료자가 아니라 의료 혁신을 이끄는 리더가 되어야 한다. 벤처기업을 운영하는 의사라면 기존 시스템을 보완하고 새로운 가치를 창출하는 역할이 더욱 중요해진다.

〈맥킨지〉의 2021년 보고서 "The Future of Healthcare: Value Creation Through Next-Generation Business Models"에 따르면, 미래에는 디지털 기술을 적극적으로 활용하는 의료기관이 더욱 높은 가치를 창출할 가능성이 크다. 원격의료, 정밀의료, 환자 맞춤형 치료와 같은 혁신적인 방식이 확대되면서, 기존의 병원 중심 모델에서 벗어난 새로운 의료 시스템이 자리 잡고 있다. 같은 해 발표된 〈맥킨지〉의 또 다른 보고서 "Digital Health Ecosystems: Voices of Key Healthcare Leaders"에서는 COVID-19 팬데믹 이후 디지털 헬스케어 생태계의 중요성이 더욱 커졌다고 분석한다. 의료 제공자, IT 기업, 보험사, 정부 간 협력을 통해 디지털 헬스케어 생태계를 구축해야 하며, 의사는 이 과정에서 핵심적인 역할을 담당해야 한다.

미래 벤처 의사의 역할은 단순히 의료기술을 받아들이는 것을 넘어, 이를 환자와 진료의 맥락에 맞게 해석하고 활용하는 데 있다. 또한 벤처의사는 의료 생태계 내 다양한 이해관계자와 협력하며 신뢰할 수 있는 의료 서비스를 제공해야 한다. 인공지능이 질병을 조기에 발견할 수는 있지만, 최적의 치료 전략을 결정하는 것은 여전히 의사의 몫이다. 빅데이터가 환자의 건강 상태를 예측할 수 있지만, 이를 해석하고 적절한 건강관리 계획을 세우는 데는 의사의 전문성이 필요하다. 결국 기술은 의사를 대체하는 것이 아니라, 보다 나은 의료를 위한 도구가 되어야 한다.

기술이 발전할수록 의사의 역할은 더욱 중요해진다. 데이터를 바탕으로 최적의 치료법을 설계하고, 의료 시스템을 연결하며, 기술과 인간 중심 의료를 조화롭게 운영하는 것이 벤처 의사의 핵심 경쟁력이 될 것이다. 변화의 흐름을 따라가는 것이 아니라 의료 혁신을 주도하는 리더가 되는 것, 그것이 앞으로의 의사에게 요구되는 역할이다.

아이디어를
사업으로 만드는
의사가 있다

- 투잡하는 의사가 많아지고 있다
- 의사는 어떤 아이디어로 사업을 하고 있을까?
- 의학 교육사업, 어떻게 의사들의 성장을 도울 수 있을까?
- 의사 커뮤니티와 플랫폼이 진화하고 있다
- 의사 출신 사업가의 미래 전망은 어떠한가?

CHAPTER 07

투잡하는 의사가
많아지고 있다

부업이라고 하면 대리운전이나 쇼핑몰 운영, 시간제 아르바이트처럼 본업이 끝난 저녁이나 휴일을 활용해 추가 수익을 올리는 일을 떠올리기 쉽다. 본업 이외에 또 다른 일을 병행하는 것을 '투잡(Two-job)'이라고 부르지만, 이제는 두 가지보다 더 많은 부업을 동시에 하는 'N잡'의 시대가 열렸다.

최근의 부업은 자신이 좋아하는 일을 하거나 자기계발을 하면서 부가적인 수익을 만드는 식이다. 재능 공유 플랫폼이 속속 등장하면서 이러한 기회가 더 늘어나고 있다. 전문가로 등록해 관련 컨설팅을 하거나, 업무 노하우를 자료로 만들어 판매하거나, 취미를 공유하는 수업으로 만든다. 이렇게 부업으로 시작한 일이 본업으로 자리 잡는 사례도 늘고 있다. 예를 들어, 자신만의 부동산 투자법을 담은 전자책을 만들어 판매하다가 관련 유튜브 채널을 운영하면서 투자전문가로 명성을 얻은 후 강의나 관련 서적을 출간하는 '지식창업'으로 이어지는 것이다.

이제는 직장인뿐만 아니라 학생, 주부, 전문직 종사자들까지 본업 외 다양한 활동을 통해 경제적 자유와 자아실현을 추구한다. 아직 부업에 대한 사회적 편견과 겸직 금지 조항의 문제가 제기되기도 하지만, 부업은 이미 거스를 수 없는 시대적 대세로 자리 잡고 있다.

오래전부터 낮에는 진료를 보고, 밤에는 부업에 나서는 의사들이 있었다. 2009년 의사 포털 사이트 〈아임닥터〉에서는 개원의를 대상으로 '투잡' 관련 설문조사를 진행했는데, 응답자 832명 중 39.7%가

"현재 자신의 병원을 운영하는 것 외에 다른 일을 병행하고 있다"라고 응답했다. 투잡을 시작한 이유로는 64.6%가 "개원할 때 받은 대출금 부담"을 가장 큰 요인으로 꼽았으며, "경제적 어려움"과 "아이들 학비 부담"이 그 뒤를 이었다. 또한 "의사로서 본업 외에 다른 일을 할 의향이 있는가"라는 질문에 51.2%가 "그렇다"라고 답했다. 조사 방식의 한계로 인해 이 결과가 전체 의사의 상황을 대변한다고 보기는 어렵다. 그러나 현재 의사들의 경제적 상황이 전보다 나아진 것 같지는 않으며, 사회적 분위기를 고려할 때 부업을 하는 의사의 수는 더욱 증가했을 가능성이 크다.

그렇다면 의사들은 주로 어떤 부업을 하고 있을까? 위의 설문조사에서 투잡을 하는 개원의 중 71.2%가 응급실 아르바이트를 하고 있다고 답했고, 커피 전문점이나 레스토랑을 운영하는 경우가 13.6%에 달했다. 그 외에도 투자 전문가, 일식 요리사, 보험 설계사 등 다양한 분야에서 활동하는 의사들이 있다.

최근 의사들의 부업은 과거와는 달리 다양한 분야에서 두드러진다. 의학적 지식과 진료 경험을 바탕으로 의사들이 강점을 가질 수 있는 분야에서 사업하는 사례가 늘어나고 있다. 인적 네트워킹을 이용해 의사를 대상으로 하는 서비스 사업이 등장하고 있다. 의사들은 새로운 기회를 찾고 있으며, 자신만의 아이디어를 사업화하여 성공한 사례도 늘어나고 있다.

의사는 이렇게도 일한다

의사는 어떤 아이디어로
사업을 하고 있을까?

의사들은 진료 현장과 병원 운영 중 겪는 어려움을 통해 다양한 사업 아이디어를 얻는다. 환자의 삶의 질에 관심이 높아지면서 건강이나 미용 사업으로 확장되기도 하고, 진료의 불편함을 개선하거나 시스템의 문제를 직접 해결하려고 한다. 의사들의 아이디어가 어떻게 사업화되고 있는지 살펴보도록 하겠다.

코스메슈티컬, 화장품의 전문화가 일어나고 있다

코스메슈티컬(Cosmeceuticals)이란 '화장품(cosmetics)'과 '의약품(pharmaceuticals)'의 합성어로, 단순 기능성 화장품에 의학적으로 검증된 치료적 효과를 가진 화장품을 말한다. 주로 피부 재생, 주름 개선, 미백 등에 피부 개선 효과가 있는 기능성 원료가 일정 함량 이상 포함된 제품을 지칭한다. 코스메슈티컬은 차세대 K-뷰티, 한국 화장품 산업의 새로운 성장 동력으로 기대되고 있다. 비슷한 용어인 더마코스메틱(dermacosmetics)은 '피부과(dermatology)'와 '화장품(cosmetics)'의 합성어로, 화장품에 피부과 치료 개념을 더했다는 의미로 사용된다.

화장품의 역사는 고대 이집트에서 시작되었으며, 기원전 3000년 전 파피루스 문서에 피부관리 화장품에 대한 기록이 있다. 로마 시대 의사 갈렌은 올리브오일과 밀랍을 섞어 보습 크림의 원형인 '콜드크림'을 만들었다. 현대적인 코스메슈티컬의 시작은 20세기 후반, 미국의 피부과 의사인 클리그만 박사가 레티노이드 성분을 함유한 화장품을 개발하면서부터 본격화되었다. 그의 연구는 기능성 화장품 시장의 기반을 마련하는 데 중요한 역할을 했다.

국내 코스메슈티컬의 본격적인 성장은 2000년 전후 피부과 전문의들이 주도하며 시작되었다. 1세대 브랜드로는 〈이지함화장품〉, 〈차앤박화장품〉, 〈고운세상코스메틱〉, 〈리더스코스메틱〉이 있다. 이들 브랜드는 피부과 의원에서 환자에게 처방 및 판매하는 원내 화장품으로 시작하여, 환자들의 입소문을 타고 빠르게 성장하였다.

〈차앤박화장품〉은 2013년 LG생활건강에 수백억 원의 가치를 인정받으며 전격 인수되었고, 2011년 〈리더스코스메틱〉을 인수한 회사는 주력 사업을 화장품으로 전환하였다. 〈이지함화장품〉은 이지함 피부과의 창립 멤버인 피부과 선생님들이 2018년에 〈이지함앤코〉라는 이름으로 사업을 다시 시작하였다. 〈고운세상코스메틱〉은 〈닥터지〉라는 브랜드로 리뉴얼되었으며, 2018년 미그로스 그룹에 일정 지분이 매각되었고, 2024년 12월에 로레알 그룹에 합병되었다.

이 외에도 수많은 닥터브랜드 화장품이 출시되고 있다. 피부과 의사의 꿈이 '자신만의 화장품 브랜드를 가지는 것'이라고 할 만큼, 많은 피부과 전문의들이 화장품 사업에 적극적으로 참여한다. 일부에서는 '뷰티 클래스'를 운영하는 등 브랜드 가치를 높이기 위한 차별화 전략을 펼치고 있다.

국내 코스메슈티컬 시장은 〈LG생활건강〉과 〈아모레퍼시픽〉 등 국내 화장품 업계 '빅2' 기업이 뛰어들면서 본격화되었다. 여기에 〈셀트리온〉, 〈동국제약〉, 〈일동제약〉, 〈유한양행〉, 〈동아제약〉, 〈동화약품〉 등 국내 제약회사들이 대거 참여하며 기존 화장품 기업들과 경쟁을 벌이고 있다. 제약회사가 화장품 사업에 관심을 가지는 이유는 신약보다 개발이 쉽기 때문이다. 또한 제약 브랜드 자체가 기능성

의사는 이렇게도 일한다

화장품의 신뢰도를 높이며, 기존의 의약품 판매망과 결합하여 시너지 효과를 낼 수 있다. 제약 브랜드 화장품의 성공 사례에 따라, 국내 제약회사들은 화장품 사업에 대한 투자를 확대하고 있다.

최근에는 한 단계 더 발전한 바이오테크 화장품(Biotech Cosmetics), 즉 생명공학(Biotechnology)기술을 활용하여 개발한 화장품이 주목받고 있다. 바이오 화장품은 펩타이드, 미생물 발효, 줄기세포 배양액 등의 신소재를 활용하여 나노기술을 포함한 다양한 바이오기술을 적용한다. 유전 정보를 이용하여 개인 맞춤형 화장품을 제공하고, 재생의학과 융합하여 피부 치료 및 노화 방지 기술로 발전하고 있다. 이는 이미 에스티로더, 랑콤, SK-II 등의 브랜드 제품에 적극적으로 활용되고 있다.

미국 시장조사 전문업체 〈P&S 인텔리전스〉에 따르면, 글로벌 더마코스메틱 시장 규모는 2020년 570억 달러에서 2024년 763억 달러까지 성장할 것으로 전망되었다. 〈Kings research〉에 따르면, 글로벌 바이오테크 화장품 시장은 2023년 약 63억 8천만 달러에서 2031년까지 약 102억 1천만 달러에 도달할 것으로 전망된다. 국내 시장의 경우 "한국코스메슈티컬교육연구소 보고서"에 따르면 2017년 5천억 원에서 2020년 1조 2천억 원 규모로 성장하였다. "삼정KPMG의 보고서"에서는 2020년 국내 시장 규모를 약 4조 5325억 원으로 추정하고 있어, 조사 기관별로 차이가 존재한다. 최근 자료는 없지만, 이러한 성장세를 고려할 때 현재 국내 시장 규모는 더욱 커졌을 것으로 추정된다.

코스메슈티컬 제품은 화장품의 기능성 성분이나 치료 효과를 강조하는 경우가 많아, 과대 광고 및 오인 광고 논란이 있다. 2024년 5

월, 식약처는 '화장품 표시·광고 관리지침'을 개정하여 광고 표현의 범위와 기준을 조정하였는데, 특히 화장품이 의약품으로 오인될 수 있는 표현에 대한 규제가 강화되었다. 예를 들어 '항염' '항진균' 등의 표현은 사용할 수 없으며, '주름 개선' '피부 재생' 등 의학적 효능도 직접적으로 언급할 수 없다. 이를 위반할 경우, 광고 업무 정지부터 제품 등록 취소, 형사처벌 등의 제재를 받을 수 있다. 이는 소비자 보호와 시장의 공정성을 유지하기 위한 정부의 강력한 조치로, 화장품 사업을 운영하는 기업이라면 반드시 주의해야 하는 사항이다.

닥터브랜드 영양제, 의사들이 만드는 영양제가 있다

영양제는 '다이어터리 서플리먼트(Dietary Supplement)', 즉 '식이보충제'로 번역되며 국내에서는 유사한 개념으로 '건강기능식품'이란 단어가 사용되고 있다. 식약처는 "건강기능식품은 의약품과 달리 질병을 직접적으로 치료하거나 예방하는 것이 아니라, 인체의 정상적인 기능을 유지하거나 생리 기능을 활성화하여 건강을 유지하고 개선하는 데 도움을 주는 제품"이라고 설명하고 있다.

한국건강기능식품협회의 조사 결과에 따르면, 2024년 기준 국내 영양제 판매 시장 규모는 약 6조 440억 원으로 나타났다. 건강기능식품 구매 경험률은 82.1%로 10가구 중 8가구 이상이 연간 한 번 이상 구매했으며, 소비층도 변화하여 기존 51세 이상 중심에서 2040세대와 10세 이하 아동으로까지 확대되고 있다. 가장 많이 판매된 기능성 원료는 홍삼이었으며, 그다음으로 프로바이오틱스, 종합비타민, 단일비타민, EPA 및 DHA 함유 유지, 체지방 감소 제품, 단백질 보충제 순으로 나타났다. 코로나19 이후 건강에 대한 관심이 더욱 높아지면

의사는 이렇게도 일한다

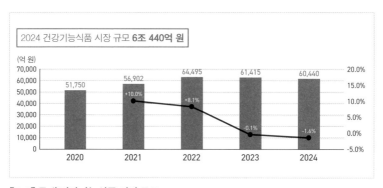

[7-1] 국내 건강기능식품 시장 규모

출처: 한국건강기능식품협회, "2024년 국내 건강기능식품 시장 인포그래픽"

서, 이와 함께 국내 건강기능식품 시장은 빠르게 성장하고 있다.

그러나 영양제의 효용성에 대한 의문은 여전히 남아 있다. 영양제가 효과적이라는 과학적 근거가 충분하지 않은 데다, 규칙적인 식사가 가능하다면 추가로 영양제를 복용할 필요가 없고 오히려 건강에 해로울 수 있다는 주장도 있다. 반면, 영양제 유용론 측에서는 환경오염으로 인해 식품 속 영양소가 감소했기 때문에 필수 영양소 보충을 위한 영양제가 필요하다고 주장한다. 이처럼 전문가들 사이에서도 의견이 일치하지 않는다.

2023년 의사 포털 사이트 〈인터엠디〉에서는 의사 회원을 대상으로 "건강기능식품을 섭취하는지"에 대한 설문조사를 시행했다. 응답자 500명 중 275명(55%)이 "그렇다"라고 답변했으며, 225명(45%)은 "아니다"라고 답변했다. 건강기능식품을 먹지 않는 이유는 절반 이상(57.3%)이 "건강에 이로운 효과가 미미하거나 없다고 본다"라고 응답했다.

영양제의 종류와 브랜드가 워낙 많고 명확한 기준이 부족하다 보니, 소비자는 자신에게 맞는 적절한 제품을 선택하는 데 어려움을 겪는다. 그래서인지 '닥터'가 포함된 제품명이 유독 많다. '의사 개발 영양제' '닥터 영양제'라고 검색하면 수백 가지의 국내외 제품이 쏟아진다. 영양제는 의사가 보증한다는 것만으로도 브랜드 경쟁에서 명확한 이점을 가지는 것이다.

국내 닥터 브랜드 영양제의 대표주자로는 2008년에 설립된 〈에스더포뮬러〉가 있다. 가정의학과 여에스더 선생님이 광고와 제품 패키지에 직접 모델로 등장하여 "의사가 만든 건강식품"이라는 포지셔닝을 강조하며 성공적인 브랜드를 구축했다. 〈닥터김바이오로직〉의 대표 김연휘 선생님은 초기창업패키지로 회사를 설립했으며, 이 회사의 건강기능식품 전문 브랜드 '닥터에비던스'는 의사가 직접 연구하고 개발했다는 점에서 신뢰를 얻고 있다.

이 외에도 각 질환별로 전문의가 개발하는 영양제들이 점점 많아지고 있다. 정신과 의사는 수면 개선 및 집중력 향상 영양제를, 소아과 의사는 면역력 강화 및 성장 지원 영양제를, 피부과 의사는 피부 개선 및 노화 방지 영양제를, 비뇨기과 의사는 성기능 개선 영양제를 개발하는 것이다. 최근 닥터브랜드 영양제 시장은 빠르게 성장하고 있으며, 시장 내 경쟁도 더욱 치열해질 것으로 보인다.

이러한 가운데 〈에스더포뮬러〉는 허위·과장 광고 논란으로 한 차례 유명세를 치렀다. 2023년 11월, 전 식약처 직원이었던 A씨는 이 회사의 400여 개 제품 중 절반 이상이 「식품 등의 표시·광고에 관한 법률(식품표시광고법)」을 위반했으며, 검증되지 않은 내용으로 질병 예방 및 치료 효과를 광고해 소비자를 속이고 있다며, 공익을 위해 고발했다고 밝혔다. 2024년 1월, 식약처는 일부 광고를 부당 광고로 판

의사는 이렇게도 일한다

단하고 영업정지 2개월의 행정처분을 내렸다. 하지만 같은 해 5월, 경찰은 최종적으로 해당 사건에 대해 무혐의 결론을 내렸다.

건강기능식품에 대한 광고는 「식품표시광고법」에 따라 건강기능식품협회의 자율심의기구 심의를 받아야 하며, 규정을 위반할 경우 시정명령, 영업정지 등의 행정처분을 받을 수 있다. 해당 법률 「제8조(부당한 표시 또는 광고 행위의 금지)」에서는 의약품으로 오인될 우려가 있는 표현, 질병의 예방 치료에 효능을 암시하는 표현에 대해 금지하고 있다. 또한 거짓·과장된 표현, 경쟁사를 비방하는 표현도 허용되지 않는다. 의사, 치과의사, 한의사, 약사 등이 해당 제품의 기능성을 보증하거나 제품을 공인·추천·지도·사용한다는 표현도 소비자 기만 광고로 간주되어 금지된다. 다만, 의사 등이 해당 제품의 연구·개발에 직접 참여했다는 표현 등 일부는 허용된다. 그러나 이러한 기준은 다소 모호하여, 자율 심의를 통과하더라도 규제기관의 해석에 따라 달라질 수 있다. 따라서 행정처분을 받는 경우, 최종적인 판단은 개별 사안에 대한 법적 해석에 따르게 된다. 화장품이나 건강기능식품 등 광고 관련 규정은 보수적으로 해석하는 것이 안전하다.

진료 아이템, 의사가 가장 잘 만들 수 있다

진료에서 사용되는 아이템을 직접 개발하는 의사가 많아지고 있다. 수술 기구에 대해 가장 잘 아는 사람은 수술을 집도하는 의사다. 환자의 불편함을 누구보다 깊이 이해하는 것도 담당 주치의일 것이다. 이들은 진료 상황에서 직접 겪는 불편함과 문제점을 개선하기 위해 직접 관련 제품을 개발하기도 한다.

대표적으로는 치과의사들이 개발한 임플란트, 교정 장치, 치과 기자재 등이 있다. 치과 영역에서는 일찍부터 치과의사들이 기존 제품의 개선을 위한 해결책을 찾기 시작했다. 치과의사 최규옥 선생님이 1997년에 설립한 〈오스템임플란트〉도 이러한 흐름 속에서 탄생했으며, 이 회사는 현재 국산 임플란트 브랜드 1위 기업으로 자리 잡았다. 치과의사인 선경훈 선생님은 인공관절 표면이 뼈와 더 잘 접합될 수 있도록 하는 금속 3D 프린팅 기술에 주목하고, 해당 기술을 가진 회사 〈인스텍〉을 직접 인수하여 의료기기뿐만 아니라 우주항공기술 분야까지 사업을 확장하고 있다.

외과 영역에서도 의료 아이템의 개발이 활발하다. 〈코렌텍〉은 2000년에 정형외과 선두훈 선생님이 창립한 인공관절 전문 의료기기 기업이다. 그는 국내 최초로 한국인 체형에 맞는 소형 인공관절을 개발하여, 수입에 의존하던 제품의 국산화에 기여하였다. 주요 제품은 인공고관절, 인공슬관절, 척추 임플란트 등으로 현재 미국, 러시아, 중남미 시장으로 사업을 확장 중이다. 〈인터메디〉는 2015년에 정형외과 윤택림 선생님이 창립한 3D 프린팅 맞춤형 의료기기 기업이다. 주요 제품은 수술용 보호 도구와 맞춤형 임플란트이며, 수술의 정확도를 높일 수 있도록 수술 전 시뮬레이션 및 환자 맞춤형 의료 솔루션을 제공한다.

이 외에도 전기 수술 도구, 무영등, 살균기, 공기 정화 시스템부터 수술실 테이블, 모니터링 시스템 등 수술의 효율성을 올려주고 안전성을 높이며 감염 위험을 줄이기 위한 의료장비들이 개발되고 있다. 이뿐만 아니라, 스마트 수술실 등 최신 트렌드를 반영한 신기술이 적극적으로 도입되고 있다.

피부·미용 영역도 의사들의 관심이 높다. 이전부터 리프팅 실 등

의사는 이렇게도 일한다

의 단순한 제품은 의사들이 직접 개발하여 사용해왔다. 최근에는 의료기기 사업자와 함께 기기를 업그레이드하거나 직접 회사를 창업하기도 한다. 〈오스힐〉은 2014년 정형외과 송해룡 선생님과 영상의학과 양영상 선생님이 창립한 의료·미용기기 회사로, 주요 제품인 '닥터피오나'는 가정용 뷰티디바이스다. 〈아그네스메디컬〉은 2018년에 피부과 안건영 선생님이 설립한 피부·미용 의료기기 회사이며, 주요 제품으로는 여드름·한관종 치료기기 '아그네스', 리프팅 기기 '더블타이트' 등이 있다.

　의사들은 의료 소모품을 직접 개발하기도 한다. 의료 소모품이란 사용 후 폐기되거나 소독이 어려운 일회용 제품들을 말하며, 기본적으로 주사기, 주사바늘, 붕대, 장갑, 검사 키트, 수술기구 커버, 바늘 찔림 사고 방지 주사기나 일회용 튜브, 감염 방지용 마스크, 방수 가능한 깁스, 수술 후 필요한 압박복, 교정 밴드까지 종류가 다양하다. 이처럼 의료 소모품은 기능이 단순하여, 새로운 아이디어가 계속 나온다.

　그러나 현실에서는 아이디어가 있어도 제품을 생산해 줄 제조업체를 찾기가 어렵다. 좋은 제품을 생산하더라도, 의료수가 문제로 인해 수익성도 확보하기 어렵다. 해당 의료 소모품이 비보상성 재료인 경우 환자가 따로 비용을 부담해야 하며, 만일 건강보험 수가 항목에 포함되는 재료인 경우 병원은 환자와 보험공단에 추가 비용을 청구할 수 없다. 즉, 병원에서 좋은 제품을 쓸수록 손해가 생기는 구조다. 따라서 새로운 제품이 개발되더라도 실제 진료 현장에서 사용할 수 없는 경우가 많다.

　이러한 어려움에도 불구하고 의사들은 개발을 멈추지 않는다. 진료 현장의 충족되지 않은 수요를 해결하기 위해 의사가 직접 만든 제품들은 진료의 효율성을 높이고, 환자와 의료진의 안전을 지키며, 제품의 국산화에도 도움이 된다. 의사들은 이러한 노력을 통해 의료 산업의 성장과 발전을 주도하고 있으며, 이러한 흐름은 앞으로도 지속될 것으로 보인다.

경영지원 회사, 병원의 경영을 돕고 네트워킹을 강화한다

의사가 병원을 운영하는 것은 일반적인 사업보다 훨씬 복잡하다. 의료기관의 특성상 단순한 사업 운영 외에도 행정 업무가 많다. 의약품·의료기기 구매, 요양급여 청구, 환자 관련 신고, 필수의료 교육 이수 등이 지속적으로 요구된다. 또한 의료법을 포함한 다양한 법규를 준수해야 하며, 정부 규제 및 심사 대응 등 행정적 절차까지 처리해야 한다.

이러한 경영 부담을 줄이고, 의사가 진료에 집중할 수 있도록 돕는 것이 경영지원 회사(Management Service Organization, MSO)의 역할이다. MSO는 인사·노무관리, 재무·회계, 마케팅, 전산 시스템 구축, 법률·세무 자문 등 병원 운영 전반을 담당하여 의료진과 경영 업무를 분리하고 병원의 운영 효율성을 높인다.

네트워크 병원의 성장과 함께 MSO도 동시에 발전해왔다. 비급여 진료 중심으로 시작된 네트워크 병원은 현재 다양한 진료과로 확산되는 양상이다. 초기에는 출신 학교 이름을 병원 상호에 넣어 동문 의사임을 강조하는 정도였다면, 점차 성공한 병원의 2호점, 3호점을 추가로 개원하는 형태로 발전했다. 병원 간의 경쟁이 심화되면서 여러 병원이 공동 개원, 집단 개원, 메디컬 빌딩 등의 방식으로 협력하

의사는 이렇게도 일한다

기 시작했고, 1990년대 후반부터는 본격적인 네트워크 병원 모델이 자리 잡기 시작했다.

네트워크 병원의 성장과 함께 MSO를 활용한 병원 경영 방식이 보편화되었으며, 단순한 행정·재무 지원은 물론 병원의 운영 전반을 아우르는 중요한 조직으로 자리 잡았다. 현재 네트워크 병원은 보다 체계적이고 전문적인 시스템을 갖추며 성장하고 있다. 의사가 직접 운영하는 MSO뿐만 아니라 병원 경영 전문가, 마케팅 전문가, 투자자들이 공동으로 출자하여 운영하기도 한다. 이를 통해 강한 자본력과 전문 경영 시스템을 갖추는 방향으로 발전하고 있다.

네트워크 병원에 편입되지 않고 가족법인 형태의 소규모 MSO를 운영하는 경우도 있다. 이는 주로 세금 혜택과 자산 보호를 목적으로 활용되는 방식이다. 법인을 이용하면 최대 45%의 개인 소득세율 대신 9~24%의 법인세율이 적용된다. 가족을 법인의 주주나 직원으로 등록해 소득을 분산하여 병원의 운영 경비를 처리하거나 자산을 관리한다.

MSO의 등장 이후 관련 산업이 활성화되며 다양한 비즈니스 모델의 형태로 발전하고 있다. 그러나 MSO의 업무 범위가 명확하지 않고, 편법과 불법 사이의 비즈니스 모델을 둘러싼 법적 논란이 계속되고 있다. 보건복지부는 MSO 실태조사 및 경찰 고발을 통해 위반사항을 관리하고 있으며, 처벌 수위 또한 높아질 것으로 예상된다.

MSO와 관련된 주요 법적 이슈는 다음과 같다.

○ 사무장 병원 문제: 비의료인이 사실상 병원을 경영하는 구조
○ 의료인 1인 1개소 원칙 위반의 가능성: 의료인이 다른 병원의 경영

에 개입하는 구조

○ 특수관계인[2] 간의 거래 문제: 불공정 계약, 이익 편취, 탈세 가능성

○ 병원과 MSO 간 계약의 구속력 문제: 해지 등의 분쟁 발생 가능성

○ 기타 법적 문제 발생 가능성: 마케팅, 환자 정보관리, 인력 운영과 관련된 법적 책임 등

사무장 병원이라는 오해를 피하기 위해서는 MSO가 병원의 운영을 지원하는 과정에서 병원 경영에 실질적으로 관여하지 않아야 한다. 「의료법 제33조」에 따르면, 의료기관은 의사·한의사·치과의사 등 의료인 또는 학교법인, 재단법인과 같은 비영리법인만 개설할 수 있다. MSO는 병원의 독립성을 보장하며, 경영지원 역할을 명확히 구분하는 것이 중요하다. MSO가 병원의 수익을 직접 관리하거나 의사에게 급여를 지급하는 등 운영권을 과도하게 행사할 경우 이는 의료법 위반으로 간주될 수 있으며, 이 경우 형사처벌, 요양급여비용 환수, 개설 허가 취소 및 폐쇄 명령 등의 처분을 받을 수 있다.

1인 1개소법 위반이라는 오해를 피하기 위해서는, MSO가 병원의 운영을 지원하는 과정에서 대표원장이 다른 지점의 병원 경영에 실질적으로 관여하지 않아야 한다. 각 병원의 독립성을 보장하고, MSO의 지원 범위를 명확히 설정하여 법적 분쟁을 예방해야 한다. 「의료법 제33조」에서는 한 명의 의료인이 실질적으로 여러 개의 병원을 운영하는 것을 금지하고 있다. 대표원장이 공식적으로는 1개 병원만

---

2 법적으로 밀접한 경제적·경영적 연관을 가진 개인이나 법인을 의미하며, 국세기본법상 혈족·인척 등 친족관계, 임원·사용인 등 경제적 연관관계, 주주·출자자 등 경영지배관계가 포함된다.

개설했음에도 불구하고 1인 1개소법 위반으로 간주될 수 있으며, 이 경우도 형사처벌, 요양급여비용 환수, 개설 허가 취소 및 폐쇄 명령뿐만 아니라 면허 정지 및 취소 등의 법적 처분을 받을 수 있다.

특수관계인과의 거래 투명성을 확보하기 위해서는 명확한 증빙서류가 필요하다. 의료인의 가족이나 친인척이 설립한 MSO를 운영하는 경우, 병원과의 거래가 불공정하게 이루어진다는 오해를 받을 가능성이 있다. 병원이 MSO에 과도한 운영비를 지급하거나 불필요한 서비스 계약을 체결하여 병원 수익이 MSO로 흘러 들어가는 경우, 탈세 및 편법적인 자금 운용으로 문제될 수 있다. 공정거래법 및 조세법 준수를 위해 MSO와 병원 간의 계약을 투명하게 체결하고, 시장 가격에 맞는 적절한 서비스 대가를 설정해야 하며, 철저한 증빙을 갖춰야 한다.

네트워크 병원이 빠르게 확산되면서 의사들의 가입과 탈퇴가 잦아지고 이에 따른 계약 분쟁이 증가하고 있다. MSO가 병원과의 계약을 통해 제공하는 경영지원 서비스의 범위와 조건을 명확히 설정하지 않으면, 기대한 만큼의 지원을 받지 못했다는 병원의 불만이 발생할 수 있다. 또한 MSO가 병원 운영에 과도하게 개입하면 갈등이 심화될 수도 있다. 개원 초기 지원을 받은 후, 병원이 일방적으로 계약 해지를 요구하는 사례도 존재한다. 이를 방지하기 위해 계약 체결 시 지분 구조, 지원 방식, 운영 형태 등을 철저히 검토하고, 계약 해지 조건을 명확히 설정하는 것이 필수적이다.

MSO가 마케팅을 대행하는 과정에서 의료법상 허위·과장 광고, 환자 유인, 할인 행사 홍보를 하지 않도록 철저히 관리해야 한다. 의료법상 이러한 행위는 엄격히 금지되어 있으며, 위반 시 병원과

MSO가 함께 법적 책임을 질 수 있다. 또한 환자 정보는 의료법과 개인정보 보호법에 따라 철저히 보호되어야 하며, 사전동의 없이 환자 정보를 활용하거나 제3자에게 제공하는 경우 법적 처벌을 받을 수 있다. 그런가 하면 MSO가 병원에 행정 직원을 파견하는 경우, 근로기준법 및 노동 관련 법규를 준수해야 한다. 직원의 고용 형태 및 근무 조건을 명확히 설정하고, 병원과의 계약을 통해 직원의 관리 책임을 분명히 하는 것이 필요하다.

MSO를 설립하고 운영하려면 의료법, 계약법, 의료기관 운영 규정 등 관련 법적 리스크를 정확히 이해하고 대응하는 것이 필수적이다. 더 자세한 정보가 필요하다면 《메디칼타임즈》에 게시된 '의료 판례 칼럼'을 검색해 보자. 해당 칼럼에서는 의료법 관련 판례와 법적 해석을 다루고 있어, MSO 및 네트워크 병원의 법적 리스크를 보다 깊이 이해하는 데 도움이 될 것이다.

해외에서는 MSO가 일찍부터 발전했으며, 대표적인 사례로 〈Optum〉, 〈Privia Health〉, 〈VillageMD〉 등이 있다. 미국의 MSO들은 자본을 유치해 성장하고, 투자자들에게 배당을 제공하는 영리 목적의 비즈니스 모델을 갖추고 있다. 기본적으로 재무관리, 운영 최적화, 보험 청구 등 폭넓은 서비스를 제공하고, 민간 보험사, 기업, 정부 기관과 협력해 다양한 고객층을 확보하고 있다. 또한 의료 데이터 분석, 전자 건강 기록, 인공지능 같은 디지털 의료기술을 활용하여 병원 경영을 지원한다. 그중 〈Optum〉은 가장 성공적인 MSO 모델 중 하나로, 건강보험 가입자 수 4400만 명을 보유한 미국 최대 민영 건강보험 기업 〈UnitedHealth Group〉의 자회사다. 〈Optum〉은 의료 서비스를 담당하는 'Optum Health', 약국 서비스를 제공하는 'Optum Rx', 의료 데이터 및 분석을 담당하는 'Optum Insight'로 구성되어 있다. 2024년 총매출은 2530억 달러로, 전년 대비 12% 증가한 263억 달러를 기록했으며, 이 중 'Optum Health'의 매출이 1054억 달러를 차지했다. 이러한 사례는 MSO가 단순한 경영지원을 넘어 헬스케어 산업의 새로운 모델로 발전했음을 보여준다.

한국의 MSO는 아직 초기 단계로, 주로 네트워크 병원과 중소형 병원의 경영 및 행정 지원에 집중하고 있다. 이는 미국과 달리 한국의 의료 시스템이 국민건강보험 체계와 의료수가 제한을 기반으로 운영되며, 병원 법인이 비영리 법인으로만 설립될 수 있다는 제도적 한계에서 비롯된다. 이러한 제한으로 인해 관련 업계에서는 외부 투자유치에 신중한 태도를 유지해왔다. 그러나 보건복지부가 2022년 발표한 '의료기관 개설 및 의료법인 설립·운영 편람'에서, '자본조달형 MSO'[3]는 위법하지만 '경영지원형 MSO'[4]는 허용된다고 명확히 밝히면서 관련 투자가 다시 활발해지는 계기가 되었다. 한국의 법적 규제가 MSO의 성장을 제한하고 있지만, 국내에서도 MSO의 성장 가능성은 주목받고 있으며, 보다 체계적인 시스템 구축과 합법적 운영 모델의 발전이 기대되고 있다.

---

[3] 자본조달형 MSO는 비의료인이 투자한 자본으로 병원 운영에 개입하는 형태로, 의료법 위반 소지가 높은 모델이다.

[4] 경영지원형 MSO는 병원의 행정·운영을 지원하는 형태로, 의료 행위에는 개입하지 않고 합법적으로 경영 서비스를 제공하는 모델이다.

의약품 유통사업에 의사들이 직접 참여하고 있다

의약품, 의료기기와 소모품은 병원의 주요 고정비용 중 하나다. 오랫동안 의사들은 공동 구매, 대량 구매, 지인 및 동료와의 협력 구매 등 다양한 방법을 통해 비용 절감을 모색해왔다. 이 과정에서 의약품 유통사업에 관심을 가지고, 직접 참여하려는 의사들이 있다. 하지만, 의약품 및 의료기기 유통사업은 정부의 강력한 규제를 받으며, 특히 의료인의 사업 참여가 엄격히 제한된 영역이다.

과거에는 의사들이 직접 의약품 도매상을 운영하기도 했으나, 2018년 정부는 약사법을 개정하여 이를 금지하고 있다. 「약사법 제47조제4항」에 따르면 ▲의료기관 개설자인 의사는 의약품 도매상 허가를 받을 수 없으며, ▲의사가 지분을 50% 이상 보유한 법인이 운영하는 도매상은 해당 병원에 의약품을 납품할 수 없고, ▲의사의 2촌 이내 친족이 지분을 가진 도매상도 의약품 납품이 금지되며, ▲의사가 지분을 적게 보유하더라도 도매상에 실질적인 영향력을 행사하는 행위 역시 금지된다. 이와 같이 정부가 의사의 의약품 유통사업 개입을 원천적으로 차단하는 이유는, 의사가 의약품 처방과 관련된 경제적 이익을 취하는 것을 방지하기 위해서다. 따라서 현재 법률상 의사는 도매상을 운영할 수 없으며, 이를 위반할 경우 법적 처벌을 받을 수 있다.

이러한 상황에서 의사들은 영업대행조직(Contract Sales Organization, CSO)에 관심을 두고 있다. CSO는 제약사 및 의료기기 회사와 계약을 맺고 영업 및 판매를 대행하는 조직으로, 약사법에서는 '의약품 판촉영업자'로 정의하고 있다. CSO를 활용하면 제약회사는 고정 영업 인력을 줄이면서도 주력 제품의 영업에 집중할 수 있어 CSO 시

의사는 이렇게도 일한다

장은 빠르게 성장해왔다. 하지만 정부는 CSO가 불법 리베이트의 창구로 악용될 가능성이 크다고 판단해 관련 규제를 강화하고 있다.

의약품과 의료기기 시장은 보건당국의 규제를 받으며, 특히 처방과 관련된 불법 리베이트에 대해 강력한 단속이 이루어지고 있다. 「약사법 제47조제2항」에 따르면, 제약회사가 의사에게 마진을 지급하는 행위는 명백히 금지되어 있으며, 이를 위반할 경우 3년 이하의 징역 또는 3천만 원 이하의 벌금형에 처해진다. 의사의 경우, 요양급여 환수, 면허 정지 등 추가적인 행정처분까지 받을 수 있어 처벌 강도가 더욱 높다.

동시에 합법적인 판촉 활동에 대한 관리도 강화되고 있다. 회사가 제공할 수 있는 경제적 이익과 서비스는 금액, 종류, 횟수에 제한이 있으며, 이를 위반할 경우 모두 불법 리베이트로 간주된다. '한국형 선샤인액트[5](Sunshine Act)'라고 불리는 '경제적 이익 제공 지출보고서 작성 의무화 제도'란 제약·의료기기 업체가 의사, 약사, 병원 등에 제공한 모든 합법적인 경제적 이익과 서비스를 기록하고 대외적으로 공개하는 것이다. 2018년부터 제약회사와 도매상에게 적용되다가, 2023년부터 의약품 판촉영업자까지 확대되었으며, 2025년부터 건강보험심사평가원을 통해 대중에게 공개된다. 이처럼 의약품·의료기기 시장에 대한 규제가 점차 강화되면서, 의약품 도매와 관련된 활동은 더욱 엄격한 법적 기준을 준수해야 하는 환경으로 변화하고 있다.

앞서 설명한 경영지원 회사인 MSO와 영업대행 조직인 CSO는

---

5 선샤인 액트(Sunshine Act): 의약품 공급업체가 약사, 의료인, 병원 등에 경제적 이익을 제공할 경우 이를 대외적으로 공개하도록 규정한 미국의 법률이다.

의약품 구매와 관련한 활동을 할 수 있지만, 설립 목적과 비즈니스 모델이 다르다. CSO는 의약품·의료기기 판매를 대행하고, 제약사 또는 도매상으로부터 판촉 수수료를 받는다. MSO는 병원의 운영 지원을 목적으로 하며, 이 과정에서 의약품 구매대행 업무를 수행할 수 있지만, 병원으로부터 수수료를 받는다. 따라서 MSO는 약사법상 '의약품 판촉영업자' 규제대상에 포함되지 않는다. 다만, MSO가 특정 의약품을 판촉하는 등 편법으로 운영되는 경우 규제대상이 될 수 있다.

현재까지 의사들이 운영하는 CSO는 법적 문제가 없지만, 도매상과 마찬가지로 의사의 사업 참여를 제한하는 방향으로 법령이 개정될 가능성이 높다. 따라서 현재 CSO를 운영하는 의사들은 합법적인 경영 구조를 유지하고, 세무 및 법적 리스크를 철저히 관리할 필요가 있다. 향후 법 개정 동향을 지속적으로 주시하며, 변화에 대응할 준비를 해야 할 것이다.

의학 교육사업,
어떻게 의사들의 성장을 도울 수 있을까?

의사는 평생 교육이 필수적인 직업이다. 의학 지식이 두 배로 증가하는 데 걸리는 시간, 즉 '배가시간(Doubling Time)'은 기술 발전과 연구의 가속화로 인해 빠르게 단축되었다. 1950년에는 약 50년이 걸렸던 것이 1980년에는 7년, 2010년에는 3.5년으로 줄어들었으며, 2020년에는 약 73일로 단축될 것으로 예측된 연구도 있었다. 의학

의사는 이렇게도 일한다

논문 사이트 〈PubMed〉에는 하루 평균 3,000~4,000개의 새로운 논문이 업데이트되며, 매년 약 150만 건의 논문이 추가되고 있다. 2024년 12월 기준으로, 〈PubMed〉에는 3800만 건 이상의 논문이 축적되어 있다.

의대생들이 학습해야 할 의학 지식은 빠르게 증가하고 있으며, 여기에 디지털 기술, 데이터 분석, 법·윤리 교육, 환자와의 커뮤니케이션 등 학습 범위도 확대되고 있다. 의학 교과서는 점점 두꺼워지고, 학습 부담도 늘어나고 있다. 그러나 의과대학의 커리큘럼과 교육 방식이 이러한 변화를 충분히 반영하지 못하면서, 실질적인 학습 효과를 내기 어려운 문제가 지속되고 있다.

이미 면허를 취득한 의사들에게도 지속적인 교육이 필수적이다. 의사들은 꾸준한 학습을 통해 최신 정보를 습득하고 이를 임상에 적용할 의무가 있다. 한국의사협회는 의사면허 인증제도를 통해 일정 시간 이상의 교육을 규정하고 있지만, 이것만으로는 부족하다. 해외에서는 다양한 '의사평생교육' 프로그램이 운영되고 있으며, 보다 쉽게 최신 지식을 습득할 수 있도록 의사들을 위한 온라인 강좌와 디지털 학습 자료도 증가하고 있다. 단순한 정보 전달을 넘어, 의료 환경과 기술 발전에 맞춘 혁신적인 교육 방식이 필요한 시대다.

의대생의 필독서, 후배들을 위한 매뉴얼

의대생과 전공의 후배들을 위해 자료를 정리하고 매뉴얼을 제작한 선배 의사들이 있다. 이러한 참고서들은 많은 양의 의학 정보를 효율적으로 공부할 수 있도록 돕는 필수 자료를 만들어 왔다.

대표적으로는 《파워내과》 시리즈가 있다. 내과의사 신규성 선생님이 정리한 교재로, 1998년 출판 당시 '파워풀'한 영향력을 발휘하며, 의대생들에게 바이블과 같은 존재가 되었다. 학생들은 축소 복사해서 만든 미니북을 가운 주머니에 넣고 다니며 임상 실습을 버텼고, 교수님의 질문에 '파워내과에 이렇게 나와 있다'라고 당당하게 대답한 학생의 에피소드도 전해진다. 지금까지도 꾸준히 사랑받고 있는 시리즈다.

《로드맵 임상내과학》은 기존 텍스트 위주의 교과서와 차별화된 새로운 형태의 교재로, 지도처럼 구성되어 있어 원하는 내용을 빠르게 찾을 수 있도록 설계되었다. 내과 조재형 선생님은 학생 시절부터 구상한 아이디어를 실현하여 2012년에 이 책을 출간했으며, 이후 영문판인 《Clinical Load Map of Internal Medicine》을 제작해 아마존에서 판매하였다. 조재형 선생님은 2011년에 의료 정보와 콘텐츠를 공유할 수 있는 아이패드 전용 앱 'ikoob'을 개발했으며, 현재는 디지털 환자상담 플랫폼인 'iKooB Clinic'을 운영하고 있다.

빠르게 변화하는 의학 정보의 특성상 최신 의학 정보를 제공하기 위해 온라인 학습 플랫폼을 구축한 사례도 있다. 가정의학과 이상봉 선생님은 2013년 〈바른의학연구소〉를 설립하여 임상 진료 매뉴얼을 발간했고, 2019년부터는 온라인 사이트 〈메타메딕〉을 함께 운영하여 최신 의학 정보를 실시간으로 업데이트하고 있다. 과거에는 손으로 직접 쓴 인계장을 들고 실전에 투입되었지만, 후배들에게 체계적인 자료를 남기고자 했던 선배 의사들의 노력으로 이제는 디지털 환경에서 최신 정보를 빠르게 공유할 수 있는 시스템이 마련되었다.

의사는 이렇게도 일한다

의대생을 위한 의학 교육 전문 학원

의과대학 공부는 단순히 열심히 하는 것만으로는 부족하며, 막대한 학습량을 효율적으로 소화할 수 있는 노하우가 필요하다. 한 과목이라도 F를 받으면 유급되는 의대 커리큘럼 특성상, 매년 전국적으로 수백 명 이상의 의대생 유급자가 발생하고 있다. 〈메디프리뷰〉는 2003년에 영상의학과 권양 선생님이 설립한 학원으로 의대생들을 위한 맞춤형 학습 솔루션을 제공하고 있다. 권양 선생님은 의사 커뮤니티 '스카이닥터'를 운영해온 경험을 바탕으로, 의사와 치과의사를 대상으로 하는 온라인 결혼 정보 서비스 '봄봄닥터스'를 운영하기도 했다.

의사 국가고시 준비를 돕는 학원도 있다. 초기에는 해외 의과대학 졸업생들이 한국 의사면허 취득을 준비할 수 있도록 지원하는 소규모 학원 형태로 시작했지만, 국가고시 난이도가 높아지면서 국내 의대생의 수요도 점차 증가하고 있다. 한국보건의료인국가시험원 자료에 따르면, 2001년부터 2023년까지 해외 의과대학을 졸업하고 국내 의사 국가고시에 응시한 한국인은 총 409명이며, 이 중 247명이 합격해 합격률은 60.4%로 집계됐다.

한편, 국내 의대생들 중 원하는 병원에서 수련을 받기 위해 학원을 찾는 경우도 늘어나고 있다. 서울의 주요 대학 병원의 인턴 선발 기준에서 국가고시 성적(40%)과 학부 내신 성적(20~30%)이 중요한 평가요소로 반영되어 있기 때문이다. 현재 대부분의 의학 교육 전문 학원이 수도권에 집중되어 있으며, 주말을 이용해 수업을 듣는 학생들이 늘어나고 있다.

첨단기술이 변화시키는 의학 교육의 혁신

가상현실, 증강현실, 인공지능, 메타버스 등 첨단 기술이 적용된 새로운 교육 방식이 자리 잡고 있다. VR·AR 기술은 해부학 및 생리학 교육에서 학습 효과를 극대화하는 도구로 활용된다. 3D 모델링을 통해 인체 구조를 입체적으로 시각화하고, 이를 반복 학습할 수 있도록 설계하여, 카데바 없이도 가상 해부 실습(Virtual Dissection)을 진행할 수 있다. 국내에서는 경희대학교 해부학교실이 VR 기반의 해부학 교육을 포함한 '하이브리드 강의'를 먼저 도입했으며, 이러한 기술은 의료 술기 및 수술 실습에도 적용된다. 분당서울대학교병원의 'SMART 수술실'에서는 VR·AR 기반 의료 시뮬레이션을 활용해 가상 환자를 대상으로 문진과 검진부터 가상 수술까지 체험할 수 있도록 지원한다.

인공지능 기반 가상 환자는 실제 환자처럼 반응하며, 의대생들이 진단과 치료 계획을 연습할 수 있도록 돕는다. 이 시스템은 학습자의 실력을 분석해 맞춤형 피드백을 제공하며, 다양한 임상 시나리오를 무한 반복할 수 있어 기존 모의 환자 교육을 보완하는 강력한 도구로 활용된다. 메타버스는 가상의 의학 교육 환경을 제공하여, 세계 어디서나 의대생과 의료진이 실시간 강의를 듣고 협업할 수 있다. 국내에서도 60개 이상의 기관에서 메타버스 기반 교육을 도입하고 있으며, 이를 지원하는 기업들도 늘어나고 있다.

의학 교육 콘텐츠 개발과 온라인 플랫폼

디지털 기술의 발전으로 의사 및 의료 전문가를 위한 온라인 의학 교육 플랫폼이 빠르게 확대되고 있다. 해외에서는 이미 〈Medscape〉,

의사는 이렇게도 일한다

〈UpToDate〉, 〈Coursera〉뿐만 아니라 유튜브에서도 최신 의학 강의, 연구 자료, 가상 환자 시뮬레이션을 활용한 교육 프로그램을 제공하며, 의사들이 쉽게 학습할 수 있도록 지원하고 있다. 이를 통해 의료 교육의 접근성과 효율성이 크게 향상되었으며, 디지털 기반의 맞춤형 학습이 의학 교육의 새로운 표준으로 자리 잡고 있다.

국내에서는 의과대학과 병원을 중심으로 디지털 의료 교육이 활발히 진행되고 있다. '의과대학 이러닝 컨소시엄'은 의학 교육에 필요한 이러닝 콘텐츠를 공동 개발하고 공유함으로써 체계적인 온라인 학습 환경 구축에 기여하고 있다. 아주대학교 의과대학은 자체 온라인 교육 플랫폼 'AMUSE(Ajou Medical University Self E-learning)'를 운영하며, 누구나 강의 영상을 제작·업로드할 수 있도록 지원하고 있다. 인하대병원의 '인튜이티브 허브(Intuitive Hub)'는 로봇수술 절차를 녹화·편집·공유하는 시스템을 구축하여, 의료진이 최신 수술 기법을 학습하고 전문 지식을 공유할 수 있는 환경을 제공하고 있다.

의학 논문 지원 서비스와 연구자를 위한 전문 플랫폼

의학 논문 작성은 복잡하고 시간이 많이 소요되는 과정이다. 이에 따라 연구자들의 부담을 줄이고 논문의 질을 높이기 위한 의학 논문 컨설팅이 활성화되고 있다. 〈크몽〉은 국내 최대의 전문가 매칭 플랫폼으로, 다양한 분야의 전문가와 고객을 연결해주는 서비스를 제공하고 있다. 이미 많은 의사들이 〈크몽〉을 통해 의학 논문 컨설팅을 제공하고 있으며, 이 외에도 논문 작성에 필요한 일러스트 제작, 통계 분석 등이 서비스도 의뢰할 수 있다.

〈리서치팩토리〉는 내과 유정주 선생님이 설립한 의학 논문 컨설팅 전문 기업이다. 2020년 예비창업패키지를 통해 설립되었으며, 창업 콘테스트 '미니디데이'에서 수상했다. 현재 여러 대학 및 학회와 협력하여 논문 작성 서비스를 제공하고 있으며, 논문 작성 자동화 플랫폼 개발에도 집중하고 있다.

의학 교육사업은 의사들이 직접 주도할 수 있는 영역으로, 단순한 학습 보조를 넘어 하나의 비즈니스 모델로 확장될 수 있다. 의학 교육은 이론뿐만 아니라 실제 임상 경험을 기반으로 한 실전 중심의 콘텐츠가 중요하며, 이는 의료진뿐만 아니라 의대생들에게도 큰 도움이 된다. 특히, 디지털 기술과 접목된 의학 교육이 발전하면서 의사들이 직접 교육 콘텐츠를 개발하거나 플랫폼을 운영하는 사례가 늘어나고 있다. 최근에는 인공지능을 활용한 맞춤형 교육이 확대되면서, 시간과 공간의 제약 없이 더욱 효율적인 학습 환경이 조성되고 있다. 이에 따라 의학 교육 시장도 꾸준히 성장할 것으로 전망된다.

의사 커뮤니티와 플랫폼이 진화하고 있다

의료계에서 정보 교류와 네트워킹은 필수적이며, 이를 지원하는 다양한 온라인 플랫폼이 등장했다. 의사 전용 서비스는 단순한 정보 공유를 넘어 업무 효율성과 전문성을 강화하는 역할을 하며, 나아가 수익 모델로도 발전하고 있다. 기존 포털뿐만 아니라 특정 직군 및 전문과목 커뮤니티, 지식 공유, 학술 교육, 네트워킹 서비스까지 폭넓게 확장되는 추세다.

의사는 이렇게도 일한다

의사들을 위한 종합 서비스 플랫폼

의사들을 위한 종합적인 온라인 포털로, 채용 정보 및 개원 정보, 의료 정책, 최신 의학 소식, 익명게시판을 통한 의사 간 네트워크와 정보 교환을 지원한다. 이들 포털은 의사들의 업무 효율성과 정보 공유를 지원하며, 최근에는 웨비나 및 의학 교육 서비스도 강화하고 있다.

○ 메디게이트: 1999년에 설립된 국내 최대 규모의 의사 커뮤니티로, 2000년 의약분업 당시 전국의 의사들이 대거 가입하면서 빠르게 성장하였고, 현재 회원 수는 11만 명 이상이다. 의료 정책, 최신 의학 뉴스, 개원 정보, 초빙·구직 서비스를 제공하며, 익명게시판 등 세분화된 게시판을 통해 다양한 정보를 교류할 수 있다. 최근에는 웨비나 서비스 등 의료 교육 기능을 확대하고 있다.

○ 닥플: 2017년에 〈크레도웨이〉가 인수한 의사 전용 포털 서비스로, 국내 의사 커뮤니티 중 두 번째 규모이며 현재 회원 수는 약 5만 명 이상이다. 게시판, 커뮤니티, 의학 정보 제공 등 기본적인 기능 외에도 의약품 처방 분석 및 의료 청구 사전 점검 서비스를 제공하고 있다.

○ 아임닥터: 2017년에 설립된 포털 서비스로, 봉직의를 위한 네이버 카페에서 출발하여 현재는 공보의, 군의관 등 다양한 의료인을 위한 커뮤니티로 발전했다. 개원 관련 정보 공유가 활발하며, 오프라인 개원 세미나 등 의료진을 위한 교육 및 네트워킹 행사도 정기적으로 개최하고 있다.

특정 그룹을 위한 커뮤니티

특정 직군·전문과목에 특화된 온라인 커뮤니티로, 일반 포털보다 전공의, 개원의, 공보의, 특정 과목 전문의들, 학교별, 전문과목별, 지역별 의사들이 모여 활발한 네트워킹 및 정보 공유가 이루어지는 공간이다. 소규모 커뮤니티부터 대형 플랫폼까지 다양하다.

○ 넥스트메디신: 의대생·인턴·전공의를 위한 커뮤니티다. 주로 본과 4학년부터 인턴들이 이용하며, 국가고시 및 전공의 시험 기간에 트래픽이 급증한다. 주로 의학 문제 토론, 진로상담, 전공의 시험 대비 정보 공유가 이루어진다.

○ 스카이닥터: 2001년에 설립된 공중보건의·군의관을 위한 대표 커뮤니티로 인턴·전공의·봉직의들도 많이 이용한다. 주로 입대 전후 필수 정보를 얻거나 경험을 나누고, 수련 과정 및 의료 현장 경험 공유가 이루어진다.

○ 페드넷: 소아청소년과 개원의·봉직의를 위한 커뮤니티로, 국내 최대 규모와 활발한 네트워킹을 자랑한다. 주로 개원 정보, 임상 지식, 최신 가이드라인 공유가 이루어지며, 개원 준비부터 실무적인 진료까지 소아청소년과 의사들에게 필요한 정보를 제공한다.

폐쇄형 커뮤니케이션 플랫폼

의료진 간 실시간 정보 공유와 네트워킹이 핵심이며, 실명 인증을 기반으로 폐쇄형 구조를 통해 신뢰도 높은 소통을 강화한다. 의료진 간의 신뢰도를 높이고, 안전한 정보 공유 환경을 제공하는 것이 특징이다.

의사는 이렇게도 일한다

○ 메디스태프: 2016년에 대한전공의협의회장과 대한공보의협의회장을 역임한 기동훈 선생님이 설립한 의사를 위한 커뮤니케이션 플랫폼이다. 2024년 3월 기준으로 회원 수 4만 명 이상이며, 주로 20~40대 젊은 의사들이 활발하게 이용하고 있다. 신뢰도 높은 의료 정보 공유, 실명 인증 기반의 커뮤니티 운영, 의료진 간 네트워킹, 병원 평가 등이 이루어진다.

○ 엠디구루: 2016년에 설립된 봉직의·개원의 중심의 온라인 커뮤니티다. 2024년 말 기준으로 회원 수 11,000명 이상이고, '의사들만의 이야기 놀이터'를 표방하며 자유로운 소통과 경험 공유를 지원한다. 주로 병원 운영 및 임상과 관련된 정보 공유, 의료 현장에서 발생하는 다양한 주제에 대한 토론 등이 이루어진다.

의학 교육 플랫폼

의학 교육 및 학술 정보를 제공하는 전문 포털로, 비대면 학습과 학술 정보 공유가 핵심이다. 이들은 의학 교육과 학술 정보를 공유하는 기능을 강화하며, 디지털 마케팅 및 의료 데이터 분석까지 확장하는 방향으로 발전하고 있다.

○ 인터엠디: 2016년에 설립된 의료인 간 지식 공유 플랫폼이다. 네이버 지식인과 유사한 구조로 의료 지식에 특화된 '의료인 간 전문 Q&A'를 통해 실질적인 임상 경험과 정보를 교류할 수 있는 공간을 제공한다. 의사, 치과의사, 한의사 등 다양한 의료 전문가들이 참여하고 있다.

○ 키메디: 2017년에 설립된 의사 전문 교육 포털이며, 2022년 8월 기

준으로 의사 회원 수 4만 명이다. 주요 서비스로는 실시간·VOD 웨비나, 학술 세미나, 의료진 대상의 디지털 마케팅 및 영상 콘텐츠 제작을 지원한다.

○ 디보: 2018년에 정형외과 유준일 선생님이 설립한 의료 데이터 분석 전문 기업이다. 주요 서비스인 '닥터로그'는 의료 현장에서 발생하는 다양한 미디어 데이터를 실시간으로 수집하고 공유할 수 있는 SNS 기반 플랫폼이다.

기타 특화된 서비스

그 외에도 의사들을 대상으로 하는 다양한 서비스가 개발되고 있다. 의사 전문 헤드헌팅, 코칭, 컨설팅, 교육, 재무관리, 법률 지원 등의 다양한 서비스가 개발되고 있다. 〈민트MD〉는 2023년에 내과 송재훈 선생님이 설립한 바이오헬스케어 인재 관리 플랫폼 기업이다. 주요 서비스인 'Dr. Wiz'는 의료 전문가 자문 및 컨설팅을 제공하고, 'Dr. Match'는 의사 영입 및 채용을 지원하고 있다.

의사 커뮤니티와 플랫폼은 광고 수익, 유료 서비스 판매, 수수료를 기반으로 운영된다. 주요 수익원은 구인·구직 광고, 개원·세무·법률 상담, 온라인 의학 세미나, 제약·의료기기 광고 등으로 구성된다. 경쟁이 심화됨에 따라, 의료 정보·학술·경영지원을 통합한 올인원 서비스나 특정 진료과·직업군 맞춤형 플랫폼이 주목받고 있다. 또한 인공지능과 빅데이터를 활용한 맞춤형 서비스가 확대되면서, 의사들이 효율적으로 정보를 찾고 네트워크를 형성할 수 있는 환경이 조성될 것으로 예상된다.

이와 함께 이러한 플랫폼의 발전은 의사들에게 창업, 컨설팅, 교육 등 새로운 기회를 제공한다. 전문성을 바탕으로 다양한 사업을 운영하며, 의료 서비스의 질을 높이고 환자의 건강 증진에도 기여할 수 있다. 동시에, 이는 자기계발의 기회가 될 뿐만 아니라, 안정적인 수익 창출의 발판이 된다. 차별화된 서비스와 혁신적인 아이디어를 통해 의사들에게 실질적인 가치를 제공하는 플랫폼이 더욱 주목받을 것이다.

의사 출신 사업가의 미래 전망은 어떠한가?

의사들은 이제 병원 진료에만 머물지 않고, 환자들과 소통하며 발견한 '의학적으로 충족되지 않은 수요'를 새로운 사업 기회로 연결하고 있다. 이제 사람들은 단순한 치료를 넘어 자기 주도적인 개인 맞춤형 건강관리를 원하고 있으며, 의사들은 이러한 변화를 누구보다 빠르게 감지할 수 있다.

의사들은 진료 과정에서 환자들의 고민과 필요를 직접 듣고, 이를 바탕으로 실제 시장에서 요구하는 제품과 서비스를 개발할 수 있는 강점을 가지고 있다. 일반 사업가들이 시장 조사를 통해 소비자의 니즈를 분석하는 것과 달리, 의사들은 임상 경험을 통해 실질적인 수요를 직관적으로 파악하고, 즉각적인 피드백을 반영할 수 있다.

또한 의사들은 진료의 효율성과 안전성을 높이는 혁신적인 제품을 개발하는 데 경쟁력을 갖추고 있다. 단순한 아이디어가 아니라 의학적 근거와 실전 경험을 바탕으로 신뢰할 수 있는 기술과 서비스를 구축할 수 있으며, 이는 의료 시장에서 중요한 차별화 요소가 된다. 실제 의료 현장에서 효과가 검증된 제품들은 의료진과 환자 모두에게 실질적인 도움을 주며, 치료 과정에서도 긍정적인 변화를 만들어 낸다.

그뿐만 아니라, 의사들은 강력한 네트워크를 통해 일반 사업가들이 접근하기 어려운 의료 시장에서도 경쟁력을 확보할 수 있다. 의사 출신 사업가들 간에는 신뢰가 형성되기 쉽다. 특히 의학 교육, 의료기기, 디지털 헬스케어와 같은 전문 분야에서는 의사 출신 전문가들이 더욱 높은 신뢰를 얻는다. 같은 길을 걸어온 의료인들 간의 유대감은 새로운 제품과 서비스가 빠르게 자리 잡는 데 중요한 역할을 하며, 인적 네트워크를 활용한 다양한 기회를 창출할 수 있다.

이제 의사들은 기존 시장의 흐름을 따르는 것이 아니라, 새로운 헬스케어 패러다임을 주도하며 건강과 삶의 질을 변화시키는 핵심 역할을 하고 있다. 앞으로 헬스케어와 라이프스타일을 결합한 혁신적인 비즈니스 모델이 지속적으로 등장할 것이며, 의사들은 의료산업을 넘어, 더 넓은 영역에서 사람들의 건강과 웰빙을 향상시키는 혁신가로 자리 잡을 것이다.

해외로 진출하는
의사가 있다

- 새로운 도전을 시도하는 의사가 있다
- 미국 의사가 되려면 어떻게 해야 할까?
- 일본 의사가 되려면 어떻게 해야 할까?
- 한국의 의사면허를 인정하는 나라가 있을까?
- 해외로 진출하는 병원이 있다
- 해외로 파견 나가는 의사가 있다
- 국제보건기구에서 일하는 의사가 있다
- 해외에서 다양한 경험을 쌓으려면 어떻게 해야 할까?
- 해외로 진출하는 의사의 미래 전망은 어떠한가?

CHAPTER 08

새로운 도전을 시도하는
의사가 있다

　오늘날 많은 청년들이 더 넓은 세계에서 새로운 기회를 찾고 싶어 한다. 이는 더 나은 교육과 일자리뿐만 아니라, 새로운 환경과 문화를 경험하며 자신을 성장시키고자 하는 열망에서 비롯된다. 외국은 이제 더 이상 먼 나라가 아니다. 기술의 발전과 글로벌 네트워크의 확산으로 시간과 공간의 제약이 줄어들었고, 언어 장벽이 낮은 젊은 세대는 해외 진출이 한층 더 실현 가능한 목표가 되었다. 외국 생활에 대한 막연한 동경을 넘어, 미래에 대한 진지한 고민과 함께 구체적인 계획을 세우는 의사들이 늘어나고 있다. 한국의 의사들은 기술력과 성실함을 인정받아 다양한 국가에서 활동 기회를 얻고 있다.

　역사를 돌아보면, 도전을 통해 끊임없이 성장을 시도하던 사람들이 있었다. 서재필(1864~1951) 선생님은 1884년에 갑신정변을 주도하였으나 실패한 후, 영어 한마디 못하는 상태에서 미국으로 건너가 한국 최초의 의사가 되었다. 박에스더(1876~1910) 선생님은 한국 최초의 여성 유학자이자 의사였다. 미국 볼티모어 여자의과대학을 졸업한 뒤 1900년에 귀국해서 주로 여성 환자들을 전문적으로 진료하였다. 당시 사회적인 관습으로 인해 여성들은 남자 의사에게 제대로 된 치료를 받기 어려운 상황이었다. 박에스더 선생님은 뛰어난 수술 실력으로 지방 곳곳을 돌아다니며 진료와 선교 활동을 이어갔으나, 안타깝게도 35세의 이른 나이에 폐결핵으로 세상을 떠났다. 서재필 선생님과 박에스더 선생님은 새로운 환경에 대한 두려움을 극복하고 의사의 길을 선택함으로써 한국의 의료 발전을 위해 헌신한 선구자다.

한국 의사들이 해외 진출에 대한 관심이 높아지는 가운데, 이를 체계적으로 지원하는 곳이 있다. 〈케이닥(K-DOC)〉은 2022년에 내과 의사인 조승국 선생님이 창립한 회사로, 해외 진출을 꿈꾸는 의료인들에게 필요한 정보를 제공하며 글로벌 커리어를 쌓을 수 있도록 돕고 있다. 조승국 선생님은 해외 진출에 대한 의사들의 관심이 늘어나는 상황에서 정확한 정보가 부족한 데다 의사를 대상으로 사기성 광고가 늘어나는 것을 보고 회사 창립을 결심했다고 한다. 〈케이닥〉은 미국 의사 혹은 일본 의사 자격에 관심이 있다면 반드시 가입해야 한다는 'usmlekorea.com'과 네이버카페 '일본의사한국의사'의 운영진과도 협력하여 해외 의사면허를 준비하는 이들에게 전문적인 지원을 제공한다. 이 외에도 다양한 진로를 소개하는 심포지엄 개최, 단기연수 프로그램 운영, 해외 연구소나 병원 취업 지원, 의료기관의 컨설팅 서비스 제공 등 다양한 방식을 통해 의료인의 해외 진출을 지원하고 있다.

미국 의사가 되려면
어떻게 해야 할까?

최근 한국의 많은 의사가 미국 의사 자격 취득에 관심을 보인다. 단순히 경제적 보상 때문에 미국 의사의 길을 선택하는 건 아니다. 의사로서 자부심을 갖고 일할 수 있는 환경, 새로운 경험을 통해 성장하고자 하는 욕구, 워라밸이 가능한 삶을 추구하는 젊은 의사들의 가치관 변화에서 비롯된 선택이다.

의사는 이렇게도 일한다

한국에서 의사들은 이미 높은 사회적 지위와 경제적 안정성을 누리고 있다. 그러나 젊은 의사들은 현재의 환경이 자신의 능력을 발휘하기에 부족하다고 느낀다. 한국에서 의사의 진로는 개원의, 봉직의, 대학병원 교수로 제한적인 반면에 해외의 경우, 특히 미국에서는 훨씬 다양한 기회가 있다. 미국에서는 의료 분야가 세분화되어 있고, 다양한 특수 전공이 존재하며, 의사들이 관심 있는 분야에 집중하여 전문성을 키울 수 있다.

예를 들어, 미국의 의대 교수는 대학병원에서 외래 진료와 연구를 하면서 일주일에 하루나 이틀은 개인 클리닉에서 진료할 수 있다. 미국의 개원의(Primary Care Physician)는 상급병원과의 협력을 통해 자신의 전문성을 살릴 수 있다. 개인 클리닉에서 외래 환자를 진료하다가 입원이나 수술이 필요한 경우 연계된 병원에 환자를 입원시키고, 본인이 직접 주치의를 맡거나 해당 병원의 수술팀과 함께 수술을 집도할 수도 있다.

미국 의사에 대한 관심이 높아지는 또 다른 이유는 미국 내 정책 변화와 함께 미국 의사면허를 취득할 수 있는 기회가 늘어나고 있기 때문이다. 2021년 미국의학대학원연합(Association of American Medical College, AAMC)의 보고서에 따르면, 2034년까지 미국은 일차진료 의사와 전문의를 포함하여 최소 37,800명에서 최대 124,000명이 부족할 것으로 예상된다. 미국 정부는 의사 부족에 따른 공백을 해결하기 위해 해외 의사 인력에 대한 규제를 완화하여 적극적으로 활용하는 방안을 추진하고 있다.

예를 들어, 미국 내에서 전공의 수련을 받지 않았더라도 임시 주면허를 발급하는 법안을 시행하였다. 개정 중인 주(State)는 2025년 기준으로 15개로 늘어났다. 테네시, 일리노이의 경우 임시 면허를 받은 뒤 2년간 근무를 마치면 정식 면허를 신청할 수 있으며, 플로리다와 버지니아에서도 유사한 법령이 제정될 예정이다. 또한 앨라배마, 콜로라도, 워싱턴주는 면허 발급 요건을 완화하여 수련 기간을 기존 3년에서 1~2년으로 단축했다. 이 외에도 다양한 규제 완화가 논의되고 있다.

미국은 의사면허를 국가가 아닌 주 단위로 관리한다. 각 주마다 면허 규정이 다르기 때문에, 다른 주에서는 새롭게 의사면허를 받아야 한다. 미국에는 총 70여 곳의 '주 의학위원회(State Medical Board)'가 있으며, 미국 의사라면 최소 한 곳 이상에서 발급한 의사면허를 가지고 있어야 한다.

한국의 의사면허는 미국에서 인정받지 못하기 때문에 미국 내에서 진료를 하기 위해서는 별도의 면허 절차를 거쳐야 한다. 영상의학과, 외과와 같은 일부 전문과목에서는 전공의 과정을 다시 이수하지 않고 전문의 보드인증(Board Certification)을 받을 수 있는 'alternative pathway'가 있다. 해당 학회위원회가 지원자의 자격 및 조건을 심사하고 시험을 통해 최종적으로 인증 여부를 결정하는데, 특별한 경우에만 인정받을 수 있는 까다로운 절차다.

미국에서 의사로 활동하려면 미국 의과대학 졸업생(American Medical Graduate, AMG)과 동일하게 미국 의사면허 시험(United States Medical Licensing Examination, USMLE)을 통과해야 한다. 해외 의과대학 졸업생(International Medical Graduate, IMG)의 경우 외국 의과대학 졸업자 교육위원회(Educational Commission for Foreign Medical Graduates, ECFMG)로부터 인증(Certification)을 받아야 한다. 지원자는 출신 의과대학이 세계의학교

육평가원(World Federation for Medical Education, WFME)의 인증을 받았는지 확인해야 한다. 2024년부터는 해당 인증을 받은 의과대학 졸업생만이 미국 의사면허시험에 응시할 수 있다. 한국의 의과대학 대부분은 인증을 받은 상태로 2026년까지 유효하다.

USMLE는 총 3단계로 구성되어 있다. Step 1은 기초적인 의학 지식을 평가하는 시험으로 해부학, 생화학, 생리학 등 기본 과목의 전반적인 이해를 요구한다. Step 2는 임상의학 지식을 평가하며, 임상 판단과 실제 사례를 다루는 능력을 측정한다. Step 3은 환자 진료를 독립적으로 수행할 수 있는지의 여부를 판단하기 위한 시험이다. 각 단계는 응시 제한이 있어 최대 4회까지만 가능하다.

Step 2까지 통과한 이후에는 'ECFMG Certificate'를 받게 되며, 이후 전공의 프로그램에 지원하여 매칭된 병원에서 수련을 받을 수 있다. 수련 중이나 수련 이후에 Step 3 시험을 통과하면 정식 미국 의사면허를 취득하게 된다. 이후 비자를 갱신하거나 취업 비자를 획득하여 미국 내에서 의사로 근무할 수 있다.

미국의 전공의 트레이닝은 매년 9월부터 시작되는 레지던트 매칭 프로그램(National Resident Matching Program, NRMP)을 통해 진행된다. 이 프로그램은 전공의 지원자와 병원을 연결하는 매칭 시스템으로, 지원자는 여러 병원에 복수로 지원할 수 있으며 가능한 많은 병원과 지원자를 효율적으로 연결하기 위해 운영된다. 미국 전역에는 전공의와 펠로우를 위한 13,000개 이상의 트레이닝 프로그램이 운영되고 있으며, 이는 'AAMC Residency Explorer Tool'과 'FREIDA 온라인(https://freida.ama-assn.org)'에서 확인할 수 있다. 'AAMC Tool'의 장점은 최근 5년간 매칭된 합격자의 점수와 경력 등 평균적인 스펙을 공개하여 지원자가 희망 병원의 수준과 요구 조건을 비교할 수 있도록 도와준다. 'FREIDA 온라인'에서는 대학원 교육 인증위원회(Accreditation Council for Graduate Medical Education, ACGME)에서 인증받은 프로그램에 대한 정보를 제공하고, 지원자가 각 프로그램을 상세히 검토할 수 있도록 돕는다.

전공의 트레이닝 지원 과정은 "지원 – 서류심사 – 인터뷰 – 최종 리스트 NRMP 업로드 – 최종 매칭" 순으로 이루어진다.

먼저 지원자가 자신이 원하는 전공의 트레이닝 프로그램 과정에 지원하고, 서류심사를 합격하면 병원으로부터 인터뷰 초청을 받는다. 일반적으로 인터뷰는 10월부터 다음 해 1월까지이며, 이 기간 동안 지원자는 직접 병원을 방문하여 인터뷰를 진행하게 되는데, 이는 병원과 지원자가 서로의 적합성을 확인하는 중요한 과정이다. 인터뷰가 모두 끝나면 병원과 지원자는 각각 최종적으로 원하는 리스트를 작성하여 NRMP에 업로드하고, NRMP는 특정 알고리즘을 사용하여 병원과 지원자의 리스트를 비교하여 매칭을 완료한다. 최종 매칭 결과는 3월에 발표되는데, 매칭에 실패한 경우 남아 있는 공석에 대한 후기 매칭 프로그램(Supplemental Offer and Acceptance Program, SOAP)을 통해 다시 지원할 수 있다. 보통 6월에 병원별 오리엔테이션이 진행되며, 7월부터 새로운 시즌이 시작된다. 특별한 사유 없이 매칭된 프로그램에 참여하지 않는 경우 패널티가 주어질 수도 있으므로 지원자들을 신중하게 선택해야 한다.

미국의 전공의 매칭은 철저히 관리된 시스템과 다양한 지원을 통해 지원자와 병원의 적합성을 극대화하는 구조로 설계되어 있다. 미국에서 인기 있는 전공의 프로그램, 특히 경쟁이 치열한 의학 전공

의사는 이렇게도 일한다

과목(medical specialty)에 매칭되기 위해서는 철저한 준비가 필수적이다. 이는 단순히 좋은 성적뿐만 아니라 지원자의 전반적인 프로필과 네트워킹 능력까지 포함된다. USMLE 성적은 지원자의 학문적 역량을 측정하는 중요한 기준 중 하나로, 해외 의과대학 졸업자는 이론 과목에서 좋은 시험 성적을 받는 것이 중요하다. 그러나 2022년부터 Step 1이 개별 성적 대신 통과(Pass)/실패(Fail) 형식으로 변경되었다. 이는 USMLE가 단순히 시험 성적만을 평가하던 방식에서 벗어나, 지원자의 전체적인 프로필과 성취를 더욱 중점적으로 검토하는 방식으로 전환하고 있음을 보여준다.

지원자의 프로필에 포함되는 중요한 항목 중 하나는 미국 내 임상 경험(United States Clinical Experience, USCE)이다. USCE는 지원자가 미국의 의료 시스템과 환경에 적응할 수 있는지 평가하는 지표로 사용되며, 크게 의대생 때 경험할 수 있는 '클럭십(Clerkship)'과 의대생이 아니라도 참여할 수 있는 '옵저버십(Observership)'으로 나뉜다.

클럭십은 의대생의 '학생 실습'에 해당되는데, 직접 환자를 진료하고 감독하에 처방 및 처치를 할 수 있다는 점이 특징이다. 클럭십에는 전공의 역할에 준하여 환자 관리나 처방을 할 수 있는 서브인턴(Sub-intern), 외부 학생이 참여할 수 있는 익스턴십(Externship) 등 조금씩 차이가 있다. 의대생이 아니라면 옵저버십만 참여할 수 있다. 이는 환자 진료에 직접 관여하지 않고 관찰 위주로 진행되며, 이를 통해 병원의 운영 방식과 환자 진료과정을 배울 수 있다. 그러나 일부 전공의 프로그램에서는 옵저버십을 USCE로 인정하지 않기도 한다.

추천서(Letter of Recommendation, LOR)는 지원자의 신뢰성과 잠재력을 증명하는 중요한 자료다. 추천서를 받기 위해서는 USCE 프로그램에 적극적으로 참여하여 의대 교수나 병원 담당자에게 좋은 인상을 남기고 인연을 쌓는 것이 중요하다. 특히 클럭십에서 얻는 추천서는 지원자의 실무 능력과 의학적 판단 능력에 대한 평가가 포함되므로 전공의 프로그램 지원 시 합격을 위한 강력한 자료로 활용될 수 있다.

미국에서도 직업으로서 의사에 대한 인기가 높아짐에 따라 경쟁이 더욱 치열해지고 있다. 미국의 의대생들도 자신을 차별화하기 위한 다양한 경력과 경험을 쌓으며 성공적인 매칭을 위해 철저하게 준비하고 있다. 미국의 의과대학은 의학 전문대학원으로 운영되므로 학부를 졸업한 후 의과대학으로 진학하기 위해 다양한 경험을 쌓는 경우가 많다. 실제 의대 지원자들은 1~2년의 갭이어를 가지면서 의료 봉사, 연구, 프로젝트에 참여하여 실질적인 경험을 쌓는다. 그리고 의과대학 재학 중이나 졸업 후에는 리서치이어(Research Year)를 추가하여 학술 활동에 참여하거나 연구 논문을 발표하며 자신의 포트폴리오를 강화한다.

앞서 5장에서도 언급했지만, 미국 의과대학에서는 의사과학자 양성을 위한 다양한 리서치 프로그램을 운영하며 많은 의대생이 여기에 적극적으로 참여한다. 이러한 연구 활동은 전공의 매칭 과정에서 가산점을 받을 수 있다.

2024년 NRMP 매칭 자료에 따르면, 총 41,503명을 선발하는 전공의 프로그램이 열렸으며 42,952명의 미국 및 해외 의대 졸업생이 지원했다. 미국 의대 졸업생의 매칭 성공률은 93.5%였던 반면, 해외 의대 졸업생의 매칭 성공률은 이보다 훨씬 낮은 58.5%로 보고되었다.

일본 의사가 되려면
어떻게 해야 할까?

일본의 의사 제도는 미국이나 한국의 체계와는 여러 차이점이 있다. 일본에서 의사가 되려면 의과대학을 졸업하고 일본 의사면허 시험(Japan Medical Licensing Examination, JMLE)을 통과하여 의사 자격증을 취득해야 한다. 이후 '초기연수의(Initial Clinical Training)' 2년 과정을 이수해야 하는데, 이는 한국의 인턴 과정과 비슷하다고 볼 수 있다. 이 동안 연수의는 주요 진료과를 순환 근무하며 폭넓은 임상 경험을 쌓는다. 일본에서는 초기연수의 과정을 이수하지 않으면 독립적인 임상 진료나 처방을 할 수 없다. 개원 신고 시 필수조건이며, 병원 취업 시에도 초기연수 자격을 요구한다.

'후기연수의(Advanced Clinical Training)' 과정은 한국의 '전공의' 과정과 비슷하며, 분과 코스(Specialty Course)를 선택하여 3~4년간 수련을 받은 이후 '분과 전문의'가 된다. 그러나 일본에서는 후기연수의 기간이 일정하게 정해져 있지 않으며, 전문의 자격증을 취득한 이후에도 7~8년 이상 의국에서 근무하는 경우가 일반적이다. 일본의 대학병원은 주로 연구와 학문적 활동에 집중하며 의학 지식 발전에 중점을 둔다. 시중병원이라고 불리는 2차병원에서 다양한 임상 사례를 접할 수 있으며 수술, 진료, 강의 등 실무 중심의 경험을 쌓을 수 있다.

일본에서 의사면허를 취득하려면 일본 의사면허 시험을 통과해야 한다. JMLE는 한국의 의사국가고시와 몇 가지 차이점이 있다. 우선 시험 문항 중 필수 문제에서 절대평가 점수 80점 이상을 취득해야 한다. 독특한 것은 금기 지문을 3개 이상 선택하는 경우 점수와 상관없이 탈락한다는 점이다. 매년 과목별 출제 비중은 다르지만 내과, 외과, 산부인과, 소아과 등의 메이저 과목 이외에도 기타 임상 과목들의 출제 비중이 높은 편이다. 전체 합격률은 상대평가로 결정되며, 대략 90% 정도의 합격률을 유지하고 있다.

해외 의대 졸업생이 일본에서 JMLE에 응시하기 위해서는 몇 가지 필수조건이 있다. 우선 '일본어능력시험 1급 자격증'과 일본어로 진행되는 '진료능력조사시험'에 합격해야 한다. 진료능력조사시험은 모의 환자와 면담한 후 의료 차트를 작성하고 이를 기반으로 진단과 처방을 내리는 과정을 평가하는 것으로, 이 과정에서 일본어로 진료할 수 있는 능력을 확인받는다. 이 시험에 합격하면 일본의 의과대학 졸업생과 동일한 자격인 '인정의'를 취득하게 되며, 이는 JMLE 응시를 위한 필수조건이다.

다만 2026년부터 일본의 의사시험 제도가 변경될 예정이다. 일본 의과대학 본과 4학년을 대상으로 실습시험을 포함한 '공용시험'이 도입되는데, 이 시험을 통과해야만 JMLE 응시자격이 주어진다. 해외 의대 졸업생의 경우에도 '진료능력조사시험' 대신 일본 의대생과 동일한 '공용시험'에 합격해야 하는 것으로 알려져, 앞으로 일본 의사면허 취득이 좀 더 어려워질 것으로 예상된다.

한국의 의사면허를 인정하는 나라가 있을까?

외국 의료인의 면허 인정 여부는 각 국가의 정책과 기준에 따라 다르다. 대부분의 국가는 외국 의료면허를 담당하는 기관을 두고 엄격하게 관리하지만, 일부 국가에서는 외국 의사에게 조건부로 단기간 임상 진료가 가능한 임시 면허를 발급하기도 한다.

한국은 아직 의사면허를 상호 인정하는 국가가 없다. 이는 한국 내에서 외국인 의사면허를 인정하지 않기 때문이다. 다만 아시아, 중동 등 일부 국가에서는 한국 의사면허를 제한적으로 인정하기도 한다. 우즈베키스탄은 지난 2015년 우리나라와 의료면허 협정을 체결했기 때문에 국내 면허를 보유한 의사와 간호사는 별도의 절차 없이 의료행위가 가능하다.

싱가폴은 조건부 등록(Conditional Registration) 면허가 발부되는데, 이는 정식 등록 의사의 감독하에 의료기관에서 근무할 수 있는 면허다. 싱가폴 의료위원회(Singapore Medical Council, SMC)에서 인정한 의과대학 졸업생만 조건부 등록이 가능하며 한국에서는 서울대학교, 연세대학교, 고려대학교가 포함된다.

중국, 몽골, 카자흐스탄의 경우 정해진 의료기관 내에서만 진료가 가능한 단기 임시 면허가 있다. 베트남은 한국을 포함하여 외국 의사에게 별도의 자격시험 없이 의료인증서를 발급하지만 이는 정식 의사면허가 아니다. 러시아는 일부 의료 특수구역에서 외국 의사의 면허를 인정한다. UAE, 쿠웨이트, 카타르, 사우디아라비아 등 걸프협력회의 국가에서는 한국 의사면허를 가진 경우 서류심사와 간단한 시험 등을 거쳐 비교적 쉽게 면허를 취득할 수 있다.

특히 의료 인력이 부족한 국가일수록 자격 서류심사만으로 의료면허를 인정해 준다. 의료 면허에 대한 규정은 국가별로 다를 뿐만 아니라 수시로 변경되므로 필요시 관련 정보를 확인해야 한다.

한국은 정부가 인정하는 해외 의과대학 졸업생에게만 한국 의사 면허 시험(Korea Medical Licensing Examination, KMLE) 응시자격을 주고 있다. '한국보건의료인국가시험원'에서 해당 의과대학의 리스트를 확인할 수 있다. 국가별로 살펴보면 미국(26개), 필리핀(18개), 독일(15개), 일본(15개), 영국(14개), 러시아(11개), 호주(6개) 등이다. 2014년에 헝가리 의과대학 4개가 포함되면서 헝가리 의과대학을 지원하는 한국 학생들이 증가하기도 했다.

해외 의대 졸업생은 먼저 예비시험으로 1차 필기시험과 2차 실기시험을 통과한 후 국내 의대생과 같이 한국 의사면허 시험을 볼 수 있다. 예비시험 통과율은 약 30%이고, 이 중 의사면허 시험의 합격률은 50~60% 정도로 알려져 있다. 최근에는 예비시험에 대한 정보 공유가 활발해지고 해외 의대 졸업생의 국가고시 준비를 도와주는 학원들이 증가하면서 합격률이 점차 상승하고 있다.

해외로 진출하는 병원이 있다

의료 관광은 이제 단순한 트렌드를 넘어 글로벌 경제의 중요한 축으로 자리 잡고 있다. "Fortune Business Insight 보고서"에 따르면, 세계 의료관광 시장은 2023년에 241억 4천만 달러에서 2024년에는 292억 6천만 달러였으며 2032년에는 1,377억 1천만 달러로 예상된다. 2024년~2032년까지 연평균 성장률은 21.4%를 기록할 것으로 전망된다.

의사는 이렇게도 일한다

의료관광협회(Medical Tourism Association, MTA)에 따르면, 전 세계적으로 매년 약 1400만 명이 의료 서비스를 받기 위해 해외를 방문한다. 과거에는 미국 등 의료 선진국으로 의료관광을 가는 것이 것이 일반적이었으나, 최근에는 이러한 흐름이 역전되어 미국이나 유럽 사람들이 저렴한 비용으로 고품질의 의료 서비스를 받기 위해 여행하는 사례가 늘어나고 있다. 의료관광은 특히 미용 시술에 대한 수요 증가와 맞물려 빠르게 성장하고 있다. 소비자의 선호도가 높아지면서 숙련된 전문가를 찾아가는 의료관광이 자연스러운 선택이 되었다.

동시에 한국 의료의 해외 진출도 활발하게 이루어지고 있다. 이를 시기별로 살펴보면 세 가지 세대로 구분할 수 있다. 1세대로 분류되는 2000년 이전에는, 한국 정부의 공적개발원조(Official Development Assistance, ODA)를 중심으로 한 비영리 의료기관의 진출이 주를 이루었다. 이 시기에는 의료봉사, 자선 활동, 선교 목적의 의료 활동이 주된 형태였으며, 개발도상국의 의료 환경 개선과 공중보건 향상에 기여하였다.

2000년대 초반부터는 2세대에 해당하며, 이때부터 민간 의료기관이 본격적으로 해외에 진출하기 시작했다. 중국, 베트남 등 주로 한국으로 의료관광을 오는 국가에 분점을 설립하는 방식으로 시작하였는데, 이는 현지에서 의료관광객을 적극적으로 유치하고 부작용 등 사후관리를 위한 거점병원이 필요했기 때문이다. 이 시기의 해외 진출은 국내 의료 시장의 심한 경쟁과 정부의 규제를 벗어나 새로운 기회를 모색하려는 의료기관의 요구가 맞물려 활발하게 진행되었다.

3세대는 정부가 본격적으로 민간 의료기관의 해외 진출을 지원하고 관리하는 시기다. 의료 산업이 새로운 국가 성장 동력산업에 포함

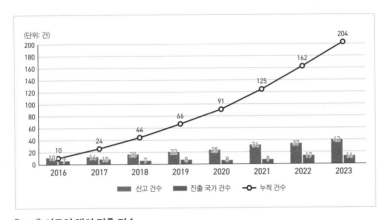

(단위: 건)

[8-1] 의료인 해외 진출 건수
출처: 한국보건산업진흥원, 2023 의료 해외 진출 통계 분석 보고서

되고, 한국 의료진의 기술과 실력이 국제적으로 인정받으면서 관련 산업에 대한 관심이 높아졌다. 2010년 보건복지부는 '해외 환자 유치 활성화 및 병원 플랜트 수출 지원사업'을 7대 중점 과제 중 하나로 선정하였다. 이후 의료 해외 진출에 관련된 다양한 법안과 정책이 만들어졌으며, 한국보건산업진흥원에서 이를 전담하며 한국 의료의 글로벌화를 추진하고 있다.

「의료 해외 진출 및 외국인 환자 유치 지원에 관한 법률」에 따라 2016년 이후 의료 해외 진출 신고제가 운영되고 있으며, 해외로 진출하려는 의료기관은 의무적으로 계약 혹은 설립, 인수한 날로부터 45일 이내에 한국보건산업진흥원에 신고하여야 한다.

"2023 의료 해외 진출 통계분석 보고서"에 따르면 의료기관의 해외 진출 신고제가 시행된 2016년에는 단 10건이었던 사례가 2023년에는 42건으로 늘어, 총 누적 204건으로 보고되었다. 신고된 204건의 진출 국가 수는 총 31개다. 중국이 73건으로 가장 높고, 이어서 베

의사는 이렇게도 일한다

트남 31건, 몽골 12건, 카자흐스탄 11건, 미국 9건, UAE 및 일본이 각각 7건, 카타르 및 우즈베키스탁 각 6건이며, 그 외 기타 16개국이 보고되었다. 진료 과목별로는 피부/성형이 81건으로 가장 많았으며 치과 37건, 종합 15건, 한방과 14건, 정형외과/재활의학과/산부인과 각 7건, 일반외과 6건, 신경외과 및 건강검진 각 5건 순서였다. 한국 보건산업진흥원에서 발간한 "2023 의료 해외 진출 우수사례집"에서 구체적인 사례를 확인할 수 있다.

해외로 파견 나가는 의사가 있다

한국 정부는 1960년대부터 해외 개발도상국을 지원하고 국제사회에서의 역할을 확대하기 위해 의료기관과 의료인을 파견하기 시작했다. 초기에는 인도적 외교 활동에 중점을 두었으나, 1980년대 이후 다양한 정책과 기관을 설립하여 체계적인 의료 파견이 이루어지도록 했다.

한국국제협력단(Korea International Cooperation Agency, KOICA)은 1991년에 설립된 외교부 산하 준정부기관으로 다양한 해외 지원사업을 수행한다. 특히 의료 인프라가 부족한 국가를 대상으로 의료인 파견 사업을 꾸준히 운영하고 있다. 이 사업은 1968년에 '정부파견의사'라는 이름으로 시작되었으며, 이후 '국제협력의사'라는 이름으로 의사, 치과의사, 한의사의 군 복무를 대체하기도 하였으나 2016년에 폐지

되었다. 현재는 '글로벌협력의사'라는 이름으로 다양한 형태의 의료 지원 프로그램을 운영하고 있다.

의료인 파견 국가는 주로 아시아, 아프리카, 중남미 지역 등 의료 인프라가 부족한 국가다. 파견 기간은 기본적으로 2년이며 연장도 가능하다. 주로 내과, 외과 계열, 산부인과, 소아청소년과 의사의 수요가 많으나 해당 국가의 요청에 따라 다양한 분야의 전문의가 파견되기도 한다. 선발된 의사들은 경력에 따라 1~4등급으로 분류되고, 급여와 가족 수당도 제공된다. 초기에는 의료봉사의 성격이 강했다면, 최근에는 현지 의료인을 교육하거나 병원을 신축하고 최신 의료 장비를 세팅하는 등 의료 인프라의 확충을 위한 사업이 늘어나고 있다. 더 자세한 정보나 최신 모집공고는 KOICA 홈페이지에서 확인할 수 있다.

유덕종 선생님은 KOICA 정부파견의사 1기로 우간다에 파견되어 병원을 짓고, 의과대학을 설립하여 의대생을 가르치는 등 헌신적인 활동을 펼쳤다. 우간다에서는 '40대 이하 의사는 모두 유덕종 선생님의 제자'라는 말이 있을 정도다. 2016년《우간다에서 23년》이라는 저서를 출간하여 열악한 환경에서도 의사로서의 사명을 다하는 삶을 우리에게 전했다.

KOICA 파견의사 중에는 한국으로 돌아오는 대신 현지에 정착하여 평생 헌신하는 삶을 이어가는 이들이 있다. KOICA는 2011년에 정부파견의사들의 해외 봉사 경험을 담은《(가난한 지구촌 사람들을 사랑한) 한국의 슈바이처들》을 발간했다. 2021년에는 생명과 사랑을 찾아 전 세계로 떠난 11명의 글로벌협력의사의 이야기를 담은《우리 함께 살아갑니다, 지금 이곳에서》를 통해 현장의 생생한 이야기를 담아 한

의사는 이렇게도 일한다

국 의료진의 헌신을 조명했다. KOICA 파견의사는 단순히 의료 서비스를 제공하는 역할을 넘어, 한국의 국제적 의료 협력의 상징으로 자리 잡고 있다.

한국국제보건의료재단(Korea Foundation for International Healthcare, KOFIH)은 세계보건기구 사무총장을 역임한 고 이종욱 박사의 뜻을 이어받아, 2006년에 설립된 보건복지부 산하 기타 공공기관이다. KOFIH는 국제보건의료 협력을 통해 개발도상국의 보건 시스템 강화를 목표로 하며, 국내에서는 의료 소외계층을 대상으로 하는 지원 사업을 진행하고 있다. KOFIH의 국제 활동은 주로 아시아, 아프리카에서 의료 인프라 강화, 현지 의료 인력 교육, 전염병 예방과 대응 등의 사업을 진행하고 있다. 또한 보건복지부 및 KOICA와 협력하여 다양한 국제보건 프로젝트를 진행한다. 국내에서는 북한 주민의 보건의료 지원을 비롯하여 외국인 근로자, 이주민 등을 위한 사업을 운영한다.

대한민국해외긴급구호대(Korea Disaster Relief Team, KDRT)는 재난이 발생한 국가에 신속하게 파견되어 구호 활동을 수행하는 전문 긴급 구호 조직이다. 2007년에 설립된 KDRT는 외교부를 중심으로 보건복지부, 소방청, 한국국제보건의료재단 등 여러 기관의 협력으로 운영된다. KDRT는 지진, 태풍, 홍수, 전쟁 등 전 세계의 재난 현장에 파견되어 피해 복구, 인명구조 및 의료 지원 등 다양한 구호 활동을 수행해왔다. 이를 위해 KOFIH에서는 의사, 간호사, 약사, 응급구조사, 방사선사 등의 의료진과 운영진으로 구성된 인력풀을 관리하며 운영한다. 또한 2024년 11월에는 국내 합동 모의훈련을 실시하여 실전 상황에 대한 준비를 강화하였다.

극지의사(Polar Physician)는 지구의 끝단인 남극과 북극에서 일하는 특별 의사다. 추위, 빙하지형, 야생동물, 눈 폭풍 등 온갖 위험이 도사리고 있는 극지에서 연구원들의 건강과 안전을 지키기 위해 파견된다. 대한민국은 해양수산부 산하 극지연구소(Korea Polar Research Institute, KOPRI)를 통해 남극세종과학기지, 남극장보고과학기지, 북극다산과학기지와 쇄빙선 아라온호를 운영하고 있다. 극지의사는 해당 기지와 탐사선에서 일하는 연구 인력의 건강관리, 진료, 응급처치, 후송 여부를 판단하는 업무를 담당한다. 응급 상황에 대한 대처가 필요하므로 수술이 가능한 외과 계열이나 응급의학과 의사를 우대한다. 계약 기간은 13개월이며, 근무를 시작하기 전 송도에 있는 극지연구소에서 한 달간 교육을 받은 이후 남극 및 북극기지에 파견되어 1년간 근무하게 되는데, 근무 기간 연장도 가능하다. 예전에는 군 복무 대체로 의사가 파견되었으나, 현재는 길병원과 협력을 맺고 극지의사의 선발과 교육을 진행하고 있다. 극지에서의 의료 업무는 예측할 수 없는 변수에 대비해야 하므로, 별도의 특수 교육이 필요하다. 2014년에는 극지의학의 중요성을 인식한 의사들이 대한극지의학회(The Korean Society of Polar Medicine, KSPM)를 결성하여 극지의학 연구와 교육을 지원하고 있다. 이러한 배경 속에서 극지의사는 대한민국의 극지 연구와 탐사를 지원하는 중요한 역할을 담당하고 있다.

국제보건기구에서 일하는 의사가 있다

글로벌 시대의 의사는 국제보건기구와 비영리단체에서 활동하며 전문성을 전 세계로 확장할 수 있는 특별한 기회를 가질 수 있다. 이들은 자신의 전문지식을 활용하여 개발도상국의 의료 수준 향상에 기여하거나 의료 혜택을 받지 못한 환자들을 직접 치료함으로써 의미 있는 변화를 만들어 낸다. 이러한 활동을 통해 국제적으로 보건의료 환경에 기여한다.

국제보건기구(International Health Organizations)는 전 세계의 건강과 복지를 증진하고 보건 문제를 해결하기 위해 다양한 활동을 수행하는 단체들을 지칭한다. 그중에서 가장 대표적인 기구로 세계보건기구가 있다. WHO는 1948년 설립된 유엔(United Nations, UN)의 전문기구 중의 하나로, 질병 예방, 건강증진, 의료 서비스 개선, 긴급상황 대응 등을 통해 회원국들의 보건 정책을 조정하고 지원한다.

유니세프(United Nations International Children's Emergency Fund, UNICEF) 역시 UN의 공식 기구 중 하나다. 1946년 제2차 세계대전 직후 전쟁 피해 아동을 돕기 위해 설립되었으며, 이후 전 세계 아동의 생존, 보호, 발달을 지원하기 위한 다양한 활동을 수행한다.

팬데믹 전염병의 등장으로 인해 유엔의 주도로 1997년에 설립된 국제백신연구소(International Vaccine Institute, IVI)는 백신 연구 및 개발에서 중요한 역할을 담당한다. 전 세계적인 백신 협력 연구뿐만 아니라 안정적인 백신의 보급과 배포를 담당하며, 특히 개발도상국에 백신을 지원하는 활동을 수행한다. 또한 팬데믹 예방과 함께 백신 접근성이 낮은 지역의 보건 환경 개선에도 중요한 역할을 하고 있다.

그 외에도 의사들이 기여하고 있는 다양한 국제기구와 NGO가 있다. 전쟁으로 인한 난민을 대상으로 의료 지원과 보호를 제공하는 유엔난민기구(UNHCR), 지속 가능한 보건의료 프로젝트를 추진하는 유엔개발계획(UNDP), 인구문제 해결을 통해 발전을 촉진하는 유엔 인구기금(UNFPA) 등 다양한 조직이 있으며, 민간 자본으로 운영되는 국제적십자사(International Committee of the Red Cross, ICRC)와 같은 독립적인 비정부기구도 있다. 대부분의 국제보건기구들은 UN과 협력하며 정책을 조율하거나 공동 프로젝트를 통해 보다 효과적으로 지원 사업을 운영하고 있다.

대표적인 국제보건기구인 WHO에서 근무했던 한국 의사들이 있다. 한상태(1928~2020) 선생님은 의사가 된 이후, 미국 미네소타대학교에서 보건학 석사학위를 취득하고 보건복지부의 전신이었던 보건사회부에서 공무원으로 근무했다. 1967년에 WHO에서 일을 시작했고, 1984년부터 서태평양지역 사무처장으로 근무하며 한센병, 결핵 등 각종 전염병 퇴치사업을 주도하였다. 그의 가장 큰 업적 중 하나는 1997년에 서태평양 지역에서 소아마비를 박멸한 것이다. 이는 지역 보건의료체계를 정비하고 백신 보급을 강화한 결과로, 공중보건의 역사에서 중요한 성과로 평가받는다. 이종욱 선생님의 선배이자 멘토로, WHO에서 15년간 함께 일하며 많은 영향을 준 것으로 알려져 있다.

이종욱(1945~2006) 선생님은 국내에서 한센병 의료봉사에 헌신하였다. 1979년에 미국에서 한센병 전문의 자격증을 취득한 후 WHO의 한센병 자문의로 활동하며 남태평양 구석구석에서 환자들을 치료해 아시아의 슈바이처라고 불렸다. 1994년에 WHO 본부의 예방백신국장으로 취임한 그는 가장 먼저 소아마비 퇴치에 집중하였다. 그 결과, 1996년 전 세계 소아마비 환자 수가 인구 1만 명당 1명 이하로 감소하는 성과를 거두었다. 그는 감염의사 단체와《란셋》등 내과학회지로부터 '백신의 황제' '조용한 뇌성(quiet thunder)'이라는 칭호를 받았다. 2000년에는 개발도상국의 3대 질병인 결핵, 에이즈, 말라리아 퇴치를 목표로 국제의약품 기구를 설립하기 위해 연간 5천만 달러의 기부금을 모금했다. 2003년 제6대 WHO 사무총장으로 선출된 후, 3by5(Treat 3 million by 2005) 캠페인을 추진하여 2005년까지 300만 명의 에이즈 환자에게 치료약을 공급하겠다고 약속했다. 비록 최종 목표 달성에는 이르지 못했으나 이 캠페인은 에이즈 치료제의 접근성을 확대하는 중요한 계기를 마련했다. 이종욱 선생님은 가난한 회원국이 낸 분담금을 낭비할 수 없다는 이유로 일 년의 절반 이상 출장을 다니면서도 이코노미 좌석만을 고집했던 일화로 유명하다. 2004년《타임》지에서 세계에서 가장 영향력 있는 100인에 선정되었고, '행동하는 사람'이라는 찬사를 받았다. 그러나 2006년, 61세의 이른 나이에 뇌출혈로 타계하여 많은 이들에게 안타까움을 남겼다.

스위스 제네바 세계보건기구 본사에서 25년간 근무 중인 김록호 선생님은 2023년 12월에 방송된 〈유 퀴즈 온 더 블럭〉 222회에 출연하여 WHO에서의 업무와 근무 환경 등에 대해 자세하게 이야기했다. 당시 WHO에서 근무 중인 한국인 직원은 약 20명 정도이며, 이 중 절반가량은 보건복지부, 식약청, 질병관리청에서 파견된 공무원이라고 한다. 공채를 통해 WHO에 입사하는 방법을 설명하며 '비흡연자'라는 특별한 채용조건이 있다는 점을 소개하기도 했다. 김록호 선생님은 대한민국의 경제적 지위와 WHO에 대한 기여도를 고려했을 때 한국인 직원 수가 적은 편이며, 대한민국 국적자의 경우 직원 채용 순위가 높다는 점을 강조하면서 국제기구에서 일하고자 하는 청년들에게 충분한 기회가 있다고 조언하였다.

정부와 학계에서는 한국 젊은이들의 WHO 진출을 적극 장려하고 있다. WHO 내에 한국인 전문가, 그중에서도 의사결정권이 있는 고위직 전문가의 수를 늘려 국제기구에서의 한국인의 역할을 확대해야 한다는 주장도 제기되고 있다. 이는 단순히 전 세계 보건의료 발전에 기여하는 것을 넘어, 산업적 측면에서 국익 증대와 연결될 수 있다는 기대를 반영하는 것이다. 보건복지부는 'WHO 진출 지원을 위한 워크숍(GO WHO Workshop)'을 통해 국제기구 진출에 관심이 있는 젊은 인재들에게 WHO를 소개하고 취업 정보 및 네트워킹 기회를 제공하고 있다. 이 워크숍은 2017년, 2019년, 2023년에 개최되었다.

한국국제보건의료재단에서는 2009년부터 '글로벌 영프론티어' 프로그램을 운영하며, "리틀 이종욱 찾기"라는 슬로건 아래 WHO 인턴십 프로그램을 지원하고 있다. 이 외에도 다양한 프로그램을 통해 젊은 인재들이 국제기구 경험을 쌓고 글로벌 보건 리더로 성장할 수 있도록 도와주는 역할을 하고 있다.

코로나 팬데믹은 전 세계적으로 보건 이슈의 중요성을 부각시키는 계기가 되었다. 이제 보건 이슈는 단순히 건강의 문제가 아닌 정치와 경제에 직접적인 영향을 미치는 주요한 아젠다가 된 것이다. 국제보건 이슈는 WHO와 더불어 G20 정상회의에서도 주요 아젠다로 다루어지고 있다. 이러한 변화는 국제보건기구뿐만 아니라, 대부분의 국제기구에서도 보건의료 전문가의 수요를 증가시킬 것이다.

앞으로 국제기구에서 일하는 의사들의 역할과 기여가 늘어날 전망이다.

해외에서 다양한 경험을 쌓으려면 어떻게 해야 할까?

이제는 의대생들도 해외 연수에 대하여 많은 관심을 가지고 있다. 임상 실습을 할 수 있는 '의대생 연수(Clerkship)'는 미국 내 의사면허 취득이나 전공의 매칭 과정에서 중요한 경력이 된다. 그러나 클럭십은 전 세계 의과대학생을 대상으로 진행되기 때문에 경쟁이 치열하다. 비교적 쉬운 방법으로는 현재 재학 중인 의과대학과 자매결연을 맺고 있는 해외 의과대학의 관련 프로그램을 찾는 것이다.

이런 프로그램은 학점을 인정해주거나 경제적인 지원을 해주기도 한다. 미국 의사면허 시험인 USMLE 점수가 있다면 선택의 폭이 넓어진다. 미국 내 프로그램 중에서는 USMLE 점수를 요구하거나 참고하여 지원자를 선발하는 경우도 있으므로, 미리 시험을 준비하고 좋은 점수를 준비한다면 도움이 될 것이다. TOEFL 등의 영어 능력 증명이 필요할 수도 있다.

미국의과대학협회는 미국과 캐나다의 의과대학 및 의료기관을 대표하는 단체다. AAMC의 공식사이트를 방문하면 미국 의과대학 입학시험(Medical College Admission Test, MCAT)에 대한 정보뿐만 아니라, 의과대학 교육과정 및 방문 학생 교육기회(Visiting Student Learning Opportunities, VSLO)를 제공하는 학교에 대한 정보도 확인할 수 있다.

임상 실습뿐만 아니라 연구, 비임상 프로그램 등 원하는 프로그램을 검색해 볼 수 있으며, 온라인으로 직접 지원도 가능하다. 최근에는 해외 의대 졸업생을 대상으로 한 다양한 임상 프로그램을 소개하거나 연계해주는 유료 서비스도 늘어나고 있다.

세계 의대생협회연합(International Federation of Medical Students Associations, IMFSA)은 의대생들의 국제적 교류를 위한 프로그램을 운영하고 있다. 그중 해외 임상 실습 교환 프로그램(Standing Committee on Professional Exchange, SCOPE)과 해외 연구 교환 프로그램(Standing Committee on Research Exchange, SCORE)은 1991년부터 시작되어 현재까지 가장 활발히 운영되는 학생 주도 교환학생 프로그램이다. 현재는 119개국의 의과대학에서 학생을 서로 교환 파견하는 방식으로 이루어지며, 방학이나 선택 실습 기간 중 약 4주 정도 병원에서 임상 실습에 참여하거나 연구 및 의대 수업에도 참여할 수 있다. 교환 실습을 나가는 학교에서는 담당 학생을 배정하여 파견 학생의 일상생활과 문화 체험에까지 도움을 준다. 국내에서는 대부분의 의과대학이 참여하고 있으며 의대생들 사이에서 경쟁이 높은 것으로 알려져 있다.

대한전공의협의회와 〈케이닥〉은 다양한 단체와 함께 인턴/전공의를 위한 단기연수 프로그램(Short-Term Medical Training Certificate, SMTC)을 운영하고 있다. 2022년에는 〈굿네이버스〉와 함께 파라과이, 도미니카공화국, 캄보디아에서 환경 개선 및 보건사업에 참여하는 프로그램을 진행했으며, 한국보건산업진흥원의 지원으로 미국 보스턴 단기연수 프로그램도 운영하였다. 또한 보스턴대학교 및 병원, 연구소, 바이오헬스케어 기업을 방문하고 다양한 전문 분야 네트워킹 행사에 참여할 기회를 제공하는데, 해당 기간에는 활동 확인서 및 인증서를 발급하여 전공의 수련 기간의 일부로 인정받을 수 있다.

의대생만을 대상으로 하진 않지만 국제기구에서 진행하는 다양한 인턴십 프로그램도 있다. 외교부 국제기구인사센터 홈페이지를 확인하면 다양한 국제기구 인턴십 공고를 게시하고 있다. 주거비를 지원하는 유급 인턴십의 경우, 프로젝트에 따라 특정 전공을 선호하며, 의대생이라면 보건, 의료, 환경 관련 기관의 인턴십이 유리할 것으로 보인다. 실제 업무에 참여할 기회를 통해 국제적 보건 시스템과 정책을 이해할 수 있으며, 이력서에 추가할 수 있는 경력이 될 것이다.

앞서 언급했던, 한국국제보건의료재단에서는 매년 '글로벌 영프론티어' 프로그램을 운영하며 6개월의 파견 기간 동안 항공비와 생활비 일부를 지원한다. 이 프로그램은 WHO를 포함하여 여러 국제기구 활동에 참여할 기회를 제공하므로 공중보건과 국제개발협력에 관심 있는 의대생들에게 적합할 것이다.

KOICA는 개발협력국을 대상으로 다양한 지원사업을 전담하고 있으며, UNV(UN Volunteers)와 함께 청년 인재의 국제기구 진출 및 글로벌 경쟁력 강화를 위해 봉사단 프로그램을 운영한다. 2024년 5월에는 'KOICA-UNV 대학생 봉사단' 10기 모집공고가 발표되기도 했다. 이 프로그램은 6개월간 16개국의 11개 UN 기구로 파견하며, 항공료 및 현지 주거생활비 일부를 지원한다. 관심이 있다면 KOICA 홈페이지를 통해 업무 내용과 모집요강을 확인할 수 있다.

대한민국과 교류가 있는 국가에서는 국비장학금을 통해 학생들의 학업과 연구를 지원하는 프로그램을 운영하고 있다. 관심이 있다면 이 외에도 다양한 프로그램을 확인할 수 있다. 과거에는 국제보건을 위해 해외에서 일할 수 있는 진로가 매우 제한적이었다. 또한 의대생들이 해외 연수나 장기 여행을 위해 한 해를 쉬는 것도 매우 드문 일이었다. 그러나 지금 의대생들에게는 국제적 경험을 쌓고 다양한 진로를 모색할 수 있는 기회가 열려 있다. 따라서 이러한 기회를 더욱 적극적으로 누리기를 바란다.

해외로 진출하는 의사의 미래 전망은 어떠한가?

오늘날 의사들은 더 넓은 세상에서 활동할 기회를 누리고 있다. 의료는 더 이상 한 국가 안에서만 이루어지는 것이 아니라 국제적인 협력을 통해 발전하고 있으며, 이러한 환경은 의사들에게 새로운 도전과 기회를 제공한다. 코로나 팬데믹 이후 보건의료의 중요성이 강조되면서 WHO뿐만 아니라 다양한 국제보건기구, 한국의 의료기술을 배우고 싶어 하는 국가, 미국과 같은 의료 선진국에서도 의료 전문가에 대한 수요가 증가하고 있다.

보건의료의 수요가 증가함에 따라 한국 의사들의 해외 진출 기회도 늘어나면서 미래 전망은 매우 긍정적이다. 한국 의사들은 우수한 임상 기술과 체계적인 의학 교육 시스템을 바탕으로 국제적인 경쟁력을 갖추고 있다. KOICA와 KOFIH 같은 정부 기관들도 한국 의사들의 국제 진출을 지원하며, 이를 통해 의사들이 단순히 의료 제공자에 그치지 않고 글로벌 헬스케어 리더로 성장할 수 있도록 돕고 있다.

다만 국가별 의료면허 요건, 문화적 차이, 경쟁의 심화는 여전히

의사는 이렇게도 일한다

도전 과제로 남아 있다. 이를 위해서는 언어 능력의 강화, 현지 의료 시스템에 대한 이해, 국제적 경험, 기술 활용 능력이 중요할 것이다. 한국 의사들은 글로벌 의료 분야에서 중요한 역할을 할 잠재력을 지녔다. 따라서 의사들은 앞으로 세계보건의 중심에서 의료 발전에 기여하며 중요한 역할을 담당할 것이라 단언한다.

더 나은 세상을 위해
노력하는
의사가 있다

- 독립운동에 헌신한 의사가 있다
- 진료실 밖으로 의료의 경계를 넓힌 의사가 있다
- 슈바이처의 후예, 의료봉사에 헌신한 의사가 있다
- 의료봉사를 하고 있는 의사는 얼마나 될까?
- 의료봉사에 참여하려면 어떻게 해야 할까?
- 단기 해외 의료봉사의 미래 전망은 어떠한가?

독립운동에 헌신한
의사가 있다

　의사에게 주어진 역할만을 하기보다 자신의 재능과 열정, 시대적 사명감을 가지고 새로운 역사를 만든 사람들이 있다. 진료를 통해 어려운 이들의 삶을 가까이서 보았던 의사 중 일부는 개인의 삶뿐만 아니라 사회와 제도를 개혁하며 근본적인 변화를 꿈꾸었다. 그들은 정치가, 혁명가, 사회개혁자, 독립운동가로서 활동하면서 더 나은 세상을 만들고자 했다.

　쿠바 혁명의 중심인물인 체 게바라, 중국 혁명의 아버지라고 불리며 중화민국을 수립하는 데 기여한 쑨원, 제1차 세계 대전 당시 프랑스의 총리였던 조르주 클레망소, 칠레 최초의 사회주의 대통령이었던 살바도르 아옌데, 알제리 출신 정신과 의사로 탈식민주의 사상가이자 혁명가였던 프란츠 파농과 같은 의사들이 해외에 있었다면, 한국에는 조국의 근대화와 독립운동을 위해 헌신했던 의사들이 있었다. 일제강점기의 지식인들은 민주주의와 민족자결주의 사상의 영향을 받았으며, 자신의 능력을 사회와 조국에 환원해야 한다는 책임감을 가졌다. 당시 의사들은 근대교육을 받은 지식인으로서 많은 의사들이 독립운동에 헌신하였다.

　세브란스의학교에서 한국 최초로 의사면허를 발급받은 7인 중 한 명인 김필순(1876~1919) 선생님은 도산 안창호와 의형제를 맺고, 신민회 회원으로 활동하면서 독립선언서를 작성하여 배포하는 등 독립운동에 앞장섰다. 이후 중국으로 망명하여 독립운동 기지를 개척하였고, 옥중에서 순국하였다.

이태준(1883~1921) 선생님은 독립운동에 헌신하다 망명한 후 중국과 몽골에서 의사로 활동하였고, 몽골 내에서 신의로 불리며 존경을 받았다. 독립운동 자금과 거처를 지원하는 등 헌신하다가 38세의 나이로 피살되었다.

박서양(1898~1934) 선생님은 백정의 아들이라는 신분적 한계를 극복하고 세브란스의학교에 입학해 의사가 되었으며, 중국에 구세병원을 설립하는 등 독립운동에 헌신하였다. 우리나라 최초의 서양의학 의료기관이자 세브란스 병원의 기원인 '제중원'을 배경으로 백정 출신의 주인공이 이곳에서 진정한 의사로 거듭나는 이야기를 그린 드라마 〈제중원〉의 실제 모델이기도 하다.

서울대학교 의과대학의 전신인 경성의학 전문학교 학생들은 3.1운동의 조직과 준비과정에서 핵심적인 역할을 맡아 시위를 주도하였고, 이로 인해 1919년 말 조선인 재학생 141명 중 79명이 퇴학을 당했다. 서울대학교 의과대학은 총 29명의 경성의학 전문학교 출신 애국지사를 기념하고 있으며, 2019년에는 독립운동에 헌신하여 학업을 마치지 못한 5명의 애국지사에게 명예 졸업장을 수여하기도 했다.

2007년에 대한의사협회는 150여 명의 의사 출신 독립운동가들의 자료를 모으고, 이를 바탕으로 국내는 물론 중국과 몽고 등 해외에서 독립운동을 전개한 의사들의 활동을 담은 다큐멘터리 〈광야의 의사들〉을 방영했다. 2017년에 '한국의사 100년 기념 재단'에서는 《열사가 된 의사들》이라는 책을 통해 의사 독립운동가 10인의 이야기를 전했다. 이 책은 안정된 삶과 의사라는 직업을 포기하면서 조국을 되찾기 위해 헌신했던 이야기들을 기록하고 있다.

의사는 이렇게도 일한다

진료실 밖으로
의료의 경계를 넓힌 의사가 있다

공병우(1906~1995) 선생님은 안과 의사로 한글의 발전에 지대한 공헌을 한 인물이다. 최초로 한글 시력검사표를 제작했으며, 1949년 세벌식 한글타자기와 자판을 발명하여 한글의 기계화에 기여하였다. 세벌식 한글타자기는 기존의 두벌식과 달리 자음과 모음을 분리 배치하여 타자 속도와 정확도를 높이는 혁신적인 방식으로, 현재까지도 사용되고 있다. 공병우 선생님은 한글문화원을 설립하여 한글의 국제화와 과학화를 위해 노력하였다. 이후 시각장애인을 위한 학교를 세우고, 점자타자기와 한 손으로 사용할 수 있는 워드프로세스를 개발하여 장애인을 지원하였다. 공병우 선생님은 단순히 안과 의사의 역할을 넘어 한글과 장애인 복지 발전에 중요한 이정표를 세웠다.

소아과 의사였던 정재원(1917~2017) 선생님은 병원에서 소화불량, 복부팽만, 영양실조 등으로 설사 증세를 앓다 숨진 아이들을 보며 그 원인을 찾기 위해 다소 늦은 나이인 44세에 영국과 미국으로 유학을 떠난다. 그러다 아이들의 사망 원인이 모유나 우유에 함유된 유당 성분을 정상적으로 소화시키지 못하는 '유당불내증'이었음을 알게 된다. 정재원 선생님은 한국의 전통식품 '콩국'에서 아이디어를 얻어, 우유처럼 영양소는 풍부하지만 유당이 없는 '콩'을 개량하여 두유를 만들었다. 이것이 바로 오늘날의 '베지밀(vegemil)'이다. 베지밀은 '식물(vegetable)'과 '우유(milk)'의 합성어로 식물성 우유를 의미한다. 초기에는 병원에서 직접 두유를 만들었으나 전국에서 환자가 모여들자 대량생산을 위해 1973년에 정식품을 창업하였고, 1991년에는 국내 최초로 환자의 질환 및 용도에 맞춘 특수영양식 제품을 개발하여 출시했다. 정재원 선생님의 업적은 소아영양학의 발전뿐만 아니라 대체식품 산업에도 지대한 영향을 미쳤다. 그의 노력은 환자들의 삶의 질을 근본적으로 개선하려는 따뜻한 실천이었다.

대한민국의 의료 발전을 이야기할 때 이국종 선생님을 빼놓을 수 없을 것이다. 그는 중증외상 분야 및 간담췌외과 전문의로, 외상 및 총상 치료 부문에서 국내 최고 권위자로 꼽힌다. 그는 미국과 영국의 외상센터에서 근무하며 접한 선진화된 중증외상 치료 시스템을 국내에 도입하기 위해 헌신하였다. 외상 환자의 대부분은 열악한 근로 조건 속에서 발생하며, 중증외상 관리 시스템은 사회적 안전망의 중요한 축이다. 그러나 한국 의료 현실에서 외상 환자는 낮은 보험수가로 인해 병원에 적자를 안기는 구조적인 문제가 있다. 이에 이국종 선생님은 응급의료 시스템의 현실을 알리기 위해 집필, 인터뷰, 방송 출연, 다큐멘터리와 드라마 제작 협조, 국회 증인 출석까지 마다하지 않았다. 이러한 노력 덕분에 일반 국민들도 응급의료 시스템의 문제를 인식하게 되었고, 2012년 응급의료에 관한 법률 개정안, 이른바 '이국종법'이 통과되었다. 이를 근거로 2017년까지 전국에 16개의 중증외상센터가 설립되었으며, 정부가 이를 행정적 및 재정적으로 지원하게 되었다. 하지만 여전히 만성적인 응급실 인력 부족, 재정 지원의 한계, 지역 간 의료서비스의 불균형 등 응급의료 시스템에는 해결해야 할 과제가 많다. '이국종법'은 이러한 문제를 개선하는 첫걸음이었으며, 이국종 선생님의 헌신은 중증외상 환자의 생존율을 높이고 응급의료 시스템 개선의 초석이 되었다. 이국종 선생님은 2019년에 국민추천제에 따른 국민훈장 1등급 무궁화장을 수훈하였는데,

2011년 제도 도입 이후 이태석 신부님에 이어 두 번째 수상자였다. 이국종 선생님은 2023년부터 현재까지 국군대전병원의 병원장으로 근무하고 있다.

정혜신 선생님은 정신과 의사이자 심리치유 활동가로, 진료실을 넘어 사회적 트라우마 현장에서 직접 활동하신 분이다. 2008년에는 고문 피해자들을 돕기 위해 집단상담을 진행하였고, 2011년에는 쌍용차 해고 노동자와 가족들을 위한 심리치유센터를 설립하였으며, 2014년 세월호 참사 이후에는 안산에 거주하면서 치유 공간을 만들어 유가족과 함께하였다. 특히 공감의 중요성을 강조하면서, 저서 《당신이 옳다》를 통해 일상에서 실천할 수 있는 심리적 응급처치법을 자세히 소개하기도 했다. 정혜신 선생님의 활동은 사회적 약자와 트라우마 피해자들의 치유를 돕는 데 기여했으며, 공감의 중요성을 일반인들에게 널리 알리는 데 중요한 역할을 했다.

최근 방송에서 가장 주목받고 있는 의사는 소아정신과 오은영 선생님일 것이다. 오은영 선생님은 정신의학의 영역을 대중적으로 확장하며 국민적인 사랑을 받고 있다. 육아 조언을 해주는 프로그램 〈우리 아이가 달라졌어요〉, 〈요즘 육아 금쪽같은 내 새끼〉를 통해 전 국민의 육아 멘토로 자리매김한 오은영 선생님은 30년 이상 경력을 가진 소아정신과 전문의이자 2006년부터 다양한 프로그램을 진행해온 베테랑 방송인이다. 특유의 밝은 에너지와 따뜻한 시선, 명쾌한 화법으로 문제의 원인을 찾고 위로가 되는 해결책을 제시하여 많은 육아맘들의 사랑을 받고 있다. 〈요즘 육아 금쪽같은 내 새끼〉의 시청자 통계를 보면, 초기에는 실제 육아를 담당하는 30대와 60대 여성이 주요 시청자였지만 이후 전 연령대, 특히 20대 남성까지 시청자층

이 확장되면서 영향력을 확장하였다. 이와 함께, 심리상담이나 정신과 방문에 대한 거부감이 줄어들면서 방송을 보고 내원하는 환자 수가 늘어나기도 했다.

물론 오은영 콘텐츠에 대한 비판과 우려의 목소리도 존재한다. 특히, 육아 문제를 간단한 솔루션으로 해결할 수 있다는 오해를 불러일으킨다는 점이 지적된다. 드라마틱한 변화를 보여주기 위한 자극적인 상황을 연출하는 프로그램에 대한 비판도 있다. 일부에서는 아이들을 대하는 교육관이 교권 추락을 초래했다는 비난과 함께, 온라인 게시판에서 오은영 퇴출 운동이 일어나기도 했다. 그럼에도 불구하고, 오은영 선생님을 지지하는 목소리가 더 높은 것이 사실이다. 오은영 선생님의 진정성과 열정은 여전히 많은 이들이 공감을 얻고 있으며, 정신건강 문제를 대중화하여 정신과 치료에 대한 인식을 높이고, 보다 많은 사람들이 전문적 도움을 받을 수 있도록 긍정적인 영향력을 준 것으로 평가받고 있다.

슈바이처의 후예,
의료봉사에 헌신한 의사가 있다

오랫동안 많은 의사들은 자신이 가장 잘할 수 있는 방법, 즉 환자 진료를 통해 세상에 기여하고 헌신해왔다.

'한국의 슈바이처' '작은 예수'라고 불리는 장기려(1911~1995) 선생님은 경성의학 전문학교를 졸업한 뒤 평양의학대학 교수로 재직 중, 1950년에 한국전쟁이 일어나자 가족들을 북에 남겨두고 둘째 아들만 데리고 월남했다. 이후 평생 가족을 그리워하며, 자신이 누군가를 돕는다면 누군가가 자신의 가족들을 도와줄 것이라는 믿음으로 의료 봉사에 헌신하였다. 1959년에는 한국 최초로 원발성간암에 대한 간 우엽절제수술(간 대량 절제수술)에 성공하며, 최고의 실력을 갖춘 외과 의사로 이름을 알렸다. 1951년에 고신대학교 복음병원의 전신인 복음진료소 개설을 시작으로 청십자사회복지회, 장애자재활협회 등 각종 복지단체를 세우고 1976년에는 청십자병원을 설립하여 소외계층과 지역사회의 복지증진에 힘썼다. 장기려 선생님은 평생 청빈한 삶과 무소유를 실천하며 병원 옥상 사택에서 생활하였다고 한다. 그의 뜻은 현재도 이어지고 있으며, 성산장기려기념사업회 블루크로스의료봉사단이 활동을 이어가고 있다. 또한 '청소년들의 올바른 인성이 미래의 건강한 사회를 만든다'라는 취지로 개최된 장기려봉사상을 통해 매년 지역사회에서 미래 인재로 성장하고 있는 청소년들을 발굴하고 격려하며 그의 헌신적인 삶을 기리고 있다.

선우경식(1945~2008) 선생님은 의과대학을 졸업한 후 뉴욕에서 내과 전문의 자격을 취득하고 미국에서 의사 생활을 하였다. 이후 귀국하여 신림동 철거민촌 의료봉사를 계기로, 뜻이 맞는 사람들과 함께 1987년에 요셉의원을 설립하였다. 요셉의원은 가난하고 병들어 사회에서 소외된 노숙인, 쪽방주민, 외국인 노동자들을 자선 진료해주는 의료기관이라고 소개하고 있다. 그는 20년 이상 무료 진료에 헌신하며 쪽방촌의 성자라고 불렸다. 선우경식 선생님은 결혼도 하지 않고 좋은 직장과 안락한 생활을 포기하며, 평생을 노숙자와 극빈층을 위한 의료봉사에 매진했다. 현재 요셉의원은 30여 명의 직원과 120명의 자원봉사 의사, 수백 명의 일반 자원봉사자, 후원자들의 도움으로 의료 사각지대에 있는 환자들을 위해 무료 진료를 제공하며 그의 뜻을 이어가고 있다.

다큐멘터리 영화 〈울지마 톤즈〉로 잘 알려진 이태석(1962~2010) 신부님은 의사이자 카톨릭 사제다. 군의관으로 전역한 뒤 신학대학에 진학하여 2001년에 카톨릭 신부로 사제서품을 받고, 바로 아프리카 수단 남쪽의 작은 마을인 톤즈에서 의료 활동을 시작하였다. 톤즈는 20년간의 내전으로 인해 황폐화된 지역으로, 이태석 신부님은 이곳에 병원을 지어 한센병 환자와 결핵 환자를 치료했다. 학교와 기숙사를 지어 아이들에게 수학과 음악을 가르쳤으며, 종교를 초월하여 모든 환자를 돌보았다. 이로 인해 현지 주민들은 병원 근처에서는 전투를 멈추거나, 병원에 올 때는 무기를 두고 오는 등의 규칙을 스스로 만들어 지켰다고 한다.

2008년 11월, 한국에 휴가차 입국했다가 대장암 4기 판정을 받게 된다. 주위의 반대로 톤즈로 돌아가지 못했지만 투병 중에도 자선공연과 봉사 지원을 호소하며 2010년에 선종하기 전까지도 톤즈를 위해 헌신하였다. 현재 이태석재단이 설립되어 그의 뜻을 이어가고 있다. 헌신적인 봉사 활동을 하다 선종한 이태석 신부님을 기억하고 숭고한 정신을 이어가자는 취지로 2011년에 제정된 '이태석봉사상'을 통해 의료봉사를 위해 헌신한 의사들을 격려하고 있다. 이태석 신부님의 제자였던 남수단의 학생 두 명은 인제대학교 백병원의 지원으로 한국에 와서 의학을 공부하였으며, 2024년 2월에 각각 내과와 외과 전문의 자격시험에 통과하였다. 이후 그들은 수단으로 돌아가 의료 활동을 이어갈 계획이라고 전했다.

아프리카 대륙의 동쪽 인도양에 있는 섬나라 마다가스카르에서

'정글 닥터'로 불리는 이재훈 선생님은 제1회 이태석봉사상의 수상자이기도 하다. 외과 전문의가 된 후 봉사에 대한 오랜 꿈을 실현하기 위해 2002년에 '아프리카 오지(奧地) 선교단'(대한예수교장로회)에 가입한 그는 2년간 영국에서 선교사 교육을 받은 뒤, 20년 이상 마다가스카르에서 부인과 함께 의료 선교사로 헌신하고 있다. 마다가스카르 내에서도 가장 깊은 곳에 이동진료소를 차리고 진료한다고 하여 '길 위의 닥터'라고도 불린다. 그가 이동진료를 하는 이유는 마다가스카르 인구의 70%가 오지에 살며 인구 10만 명당 의사 수가 18명에 불과하여 평생 의사를 본 적이 없는 국민이 대다수이고 아프면 무당을 찾아가는 현실 때문이다. 수백 킬로미터를 가야 의사를 만날 수 있고, 더욱이 수술이 가능한 외과 의사를 만나기는 더욱 어려워 현지인들은 이재훈 선생님을 외국에서 온 무당으로 생각한다고 한다. 최근에는 KOICA의 지원을 받아 현지 대학병원과 협력하여 현지인 의료 인력을 양성하는 프로젝트를 진행하고 있다.

사실 한 명 한 명의 이름을 다 언급할 수 없을 만큼 많은 의사들이 지금 이 순간에도 의료봉사에 헌신하며 세계 곳곳에 선한 영향력을 전하고 있다. 이 책을 쓰기 위해 인터뷰 기사나 관련 서적 등 공개되어 있는 정보에서 자료 조사를 했지만, 실제 숨어 있는 사례가 훨씬 더 많을 것이다. 더 많은 이들의 이야기를 알고 싶다면 다양한 의료봉사상 수상자들을 찾아보는 것도 좋을 것 같다.

의료 분야에는 '이태석봉사상' 외에도 다양한 상들이 있다. '보령의료봉사상'은 보령제약과 대한의사협회가 국내외에서 의료봉사에 헌신하는 의료인과 의료 단체를 발굴하고 기리기 위해 제정한 상으로 40년간 183명의 수상자를 배출하였다. 이 외에도 '한미참의료인

상' '호암상 사회봉사상' '김우중 의료인상'과 다양한 봉사부문 시상
이 있다. 각박한 세상 속에서 참다운 인술을 펼치며, 소외된 이웃의
아픔을 보살피는 아름답고 의로운 선생님들에게 존경과 감사를 전
한다.

의료봉사를 하고 있는 의사는
얼마나 될까?

한국 의사 중 의료봉사에 참여하는 비율에 대한 최근 자료는 없지
만 2008년 대한의사협회에서 창립 100주년을 기념하여 실시한 설문
조사 결과가 있다. 이 조사는 전국 의사 회원을 대상으로 전자우편을
발송하여 선착순 1,000명의 답변을 분석한 것이다. 응답자 분포는 개
원의 33.3%, 봉직의 17.8%, 전공의 15.3%, 의대 교수 12.8%, 공중보
건의 9.6%, 군의관 3.7%, 기타 7.5% 순서였다. 전문과목별로는 기초
의학부터 일반 과목에 이르기까지 26개 과가 모두 참여했다.

의료봉사 참여율은 35%로, 전체 1,000명 중 "의료봉사나 자원봉
사 활동에 매번/자주/가끔씩 참여한다"라고 응답한 사람이 350명이
었다. 설문지 문항 및 결과를 직접 확인할 수 없어 '지난 1년 동안 봉
사활동에 참여한 경험이 있는지'에 대한 응답률은 확인되지 않았다.
20대 의사, 30대 의사 및 전공의의 경우 '현재 봉사 활동에 참여하지
않는 비율'은 각각 28%, 30.2%, 34.6%이지만 "기회가 있다면 봉사
활동에 참여하겠다"라는 답변은 46%로, 36.9%, 38.6%로 높게 나타
났다. 이는 젊은 의사들, 즉 전공의의 경우 시간적 여유 및 높은 근무

(단위: 명, %)

	2019	2020	2021	2022	2023	2024
총 성인 인구수	42,723,937	43,065,617	43,169,143	43,203,200	43,340,977	43,457,838
자원봉사 참여 성인 인구수	2,124,110	1,383,916	1,294,068	1,457,575	1,685,636	1,790,037
참여율	5.0	3.2	3.0	3.4	3.9	4.1
참여 증가율	-5.7	-34.8	-6.5	12.6	15.6	5.9

[9-1] **자원봉사 참여 현황**(성인, 20세 이상)
출처: 행정안전부(1365자원봉사포털 통계)

강도로 인해 봉사에 참여할 기회를 얻지 못하고 있으나 의료봉사에 대한 마음과 관심은 높다는 사실을 보여주고 있는 것으로 분석된다.

2008년 당시 의사들의 봉사 활동 참여도는 일반 국민보다 월등히 높은 것으로 보고되었다. 이후 코로나19 팬데믹을 겪으면서, 이 격차는 더욱 커졌을 것으로 보인다. 대한민국 통계청이 정기적으로 실시하는 '전국민 대상 자원봉사 참여율 조사'는 지난 1년 동안 자원봉사 활동에 참여한 사람들의 비율을 확인하는 것이다. 대한민국의 20세 이상 총 성인 인구수 대비 1회 이상 봉사 활동에 참여한 성인 자원봉사자의 비율을 확인해 보면 2008년에는 2.7%이며, 이는 2017년에 6.8%까지 증가하였으나 코로나 이후 감소하여 2023년에는 3.9%, 2024년에는 4.1%로 보고되었다.

의료봉사에 참여하려면 어떻게 해야 할까?

코로나19 시기에 중지되었던 국내외 의료봉사 활동은 2023년부터 다시 활발하게 재개되고 있다. 국가 차원에서 이루어지는 해외 봉사 활동은 KOICA에서 주로 담당하고 있으며, 의료인을 포함하여 다양한 분야의 자원봉사자를 모집하고 있다. KOICA의 일반인 지원 프로그램은 이력서 작성 및 인터뷰 방법 등 합격 노하우가 공유될 정도로 높은 인기를 얻고 있다.

국내 의료봉사를 주관하고 있는 대부분의 단체는 비정부기구(non-governmental organization, NGO)다. NGO란 특정 국가에 속하지 않고 국제적 문제를 다루는 민간단체를 의미하지만, 최근에는 자국 내 이슈를 전담하는 NGO도 많다. 이들은 정부가 관리하지 못하는 소외된 영역의 문제들을 다루며 인권, 사회, 정치, 환경, 경제, 보건의료 등 다양한 분야에서 활동하고 있다. 현재 한국의 NGO 수를 정확히 파악하는 것은 어려운 상황이다. 등록된 단체는 수십만 개 이상으로 알려져 있으며, 최근에는 종교 단체나 동호회가 NGO로 등록 가능하기 때문에 실제 활동 여부를 확인하기 어렵다. 보건의료 및 봉사활동을 운영하는 대표적인 단체 외에도 대한의사협회와 지역의사회 등 의사 단체, 병원, 대학, 종교 단체 및 건강보험공단, 각종 의료 관련 연합회 및 보건의료 관련 학과의 대학 동아리, 또는 다양한 단체에서 봉사 활동을 운영하고 있다.

그중에서 대표적인 의료봉사 활동 단체를 몇 개 소개하면 다음과 같다.

의사는 이렇게도 일한다

○ 글로벌케어: 1997년에 설립된 국내 최초 국제보건의료 NGO로서 13명의 한국 의료진이 뜻을 모아 만들었으며, 현재 전 세계 15개 국가에서 보건의료사업을 진행하고 있다. 글로벌케어는 국내외에서 다양한 보건의료 및 인도적 지원 활동을 펼치고 있다. 대표적인 사업으로는 성형외과 의사 모임 '인지클럽'과 함께 하는 인도차이나 지역의 선천성 안면기형 아동을 위한 무료 수술이다. 보건의료 외에도 인도적 지원, 식수 위생, 아동 양육 등의 다양한 활동을 지원하며 KOICA와 함께 진행하는 프로그램이 다수다.

○ 열린의사회: 의료 취약 지역 및 소외계층에 대한 의료 지원을 통해 건강한 사회를 만드는 것을 목표로 1997년에 설립되었다. 열린의사회는 특정 종교나 정치적 성향, 사회적 위치와 관계없이 활동하는 '열린' 단체를 지향하며, 따뜻한 마음만 있다면 누구나 참여할 수 있다. 국내에서는 매월 정기적인 의료봉사 활동을 진행하고 있으며, 재난대응 긴급구호 활동, 학교 폭력 피해 청소년 및 학교 밖 청소년의 심리상담 등 다양한 지원사업을 운영하고 있다. 해외에서도 의료봉사 활동을 활발히 운영하며, 다양한 봉사활동을 통해 전 세계적으로 도움을 전하고 있다. 열린의사회 홈페이지에서 모집공고를 통해 국내 및 해외 의료봉사 일정을 확인하고 자원할 수 있다.

○ 비전케어: '피할 수 있는 실명(失明)'을 줄인다는 목적 아래, 2001년 김동해 선생님을 중심으로 안과 의사들이 결성한 단체다. 전 세계 실명 원인 중 50%가 백내장으로 보고되고 있으며, 비전케어는 수술 시기를 놓쳐 실명으로 이어지는 안타까운 상황을 막기 위해 '비전아이캠프'를 운영하고 있다. 비전아이캠프에서는 시력검사와 안검진, 개안수술을 실시하며 안경 나눔, 현지 의료인 교육, 안보건 환

CHAPTER 09

경 개선사업 등을 진행하고 있다. WHO 산하 국제실명예방위원회에 등록된 안과 전문 국제개발 NGO로서 국제적인 네트워크를 통해 구호 활동도 펼치고 있다.

○ 국제개발협력민간협의회(Korea NGO Council for Overseas Development Cooperation, KCOC): 1999년에 설립된 한국 NGO의 연합체로, 현재 사단법인으로 운영되고 있다. KCOC는 국제무대에서 구호개발과 인도적 지원 활동을 하는 140여개 한국 NGO의 협력을 강화하고, 활동 조정 및 연대와 네트워킹을 지원한다. 또한 국제기구 및 시민사회와 협력을 통해 글로벌 차원의 연대를 이어가기 위한 활동을 펼치고 있다. 특히 NGO의 책무성과 투명성을 담보하기 위한 자체적인 노력을 강조하며, 회원 단체들의 신뢰성과 효과성을 높이는 데 주력하고 있다. KCOC의 홈페이지에서 회원 단체 명단을 확인할 수 있으며, 각 단체에서 주관하는 해외 봉사 프로그램 일정도 조회할 수 있다.

의료봉사에 참여하는 방법은 다양하다. 본인이 속한 병원, 학교, 지역의사회에서 운영하는 봉사 활동에 참여할 수 있으며, 종교 단체에서도 정기적인 봉사 활동을 운영한다. 또한 일반 회사에서도 특정 병원이나 의료 단체와 협력하여 봉사 활동을 진행하기도 한다. 국내 봉사 활동은 주로 국민건강보험제도의 사각지대에 있는 외국인 근로자나 노숙자를 대상으로 하는 무료 진료 활동이나, 지방의 의료 취약 지역을 찾아가는 이동진료소의 형태로 운영되고 있다.

해외 의료봉사에 개인적으로 참여하고자 한다면 검색을 통해 다양한 프로그램을 찾아볼 수 있다. 대부분의 경우 왕복 항공비와 숙박

의사는 이렇게도 일한다

비는 개인 부담이며, 일정 중 하루이틀 정도 현지 문화체험의 일정이 포함되기도 한다. 일부 프로그램에서는 미성년 자녀의 동반 참여도 가능하다.

의료봉사 참여가 항상 순수한 선행의 의미만으로 이뤄지는 것은 아니다. 봉사 활동 기사를 통해 회사를 홍보하거나, 정치적 목적을 위해 회원들의 참여를 강요하는 사례도 있다. 학생들은 봉사 점수를 위해 취업 스펙으로 활용하기 위한 봉사 경력을 쌓기 위해 참여하기도 한다. 심지어 '여름휴가 대신 아름다운 나라에 의료봉사 캠프를 다녀오자'라고 광고하기도 한다. 그럼에도 불구하고, 경험자들은 어떤 이유든 봉사 활동을 시작해 보는 것이 중요하다고 말한다. 봉사 활동은 기본적으로 선의의 행동이며, 누군가에게는 이를 통해 깨달음을 얻거나 인생을 바꾸는 계기가 될 수도 있다. 봉사 활동 이후 참여자의 자긍심과 공감력이 높아진다는 연구 결과도 있다. 기회가 된다면 봉사 활동에 참여해 보는 것을 추천한다. 특히 의사라면 의료인의 소명을 다시 한번 새길 수 있다는 점에서 그 의미가 더욱 깊을 것이다.

단기 해외 의료봉사의 미래 전망은 어떠한가?

단기 해외 의료봉사가 급속하게 늘어나고 있는 것은 한국뿐만 아니라 전 세계적인 현상이다. '봉사'라는 단어 자체에 대해 거부감을 느끼거나 종교적인 목적을 가진 의료선교에 대해 비판하는 시각도 있다. 그럼에도 의료봉사는 전 세계적인 건강 불평등을 해결하기 위한 방법 중 하나이며, 본질적으로 선의를 바탕으로 하는 긍정적인 행동이라는 점은 분명하다.

'의료봉사'를 표현할 때 'medical service' 'medical mission' 'volunteering' 등 다양한 용어가 사용되지만, 최근 문헌에서는 '단기 의료봉사(Short Term Medical Missions, STMMs)'라는 용어가 널리 사용되고 있다. 2012년에 마르티니우크는 관련 논문에서 STMM에 대해, '고소득 국가의 의료 종사자가 저소득 및 중간소득 국가에서 1일에서 2년 사이의 기간 동안 직접적인 의료 서비스를 제공하는 것'이라고 설명했다. 'Mission'이라는 단어 자체에 선교 등의 종교적 임무라는 의미가 포함되어 있으나 STMM은 종교적인 목적과 별개로 의료 활동 그 자체만을 의미한다. 다른 연구에 따르면, 미국에서 2004년부터 2012년까지 매년 80만 명에서 110만 명이 STMM을 포함하여 국제적 자원봉사에 참여한 것으로 보고되고 있다.

단기 해외 의료봉사가 증가함에 따라 여러 문제점도 제기된다. 가장 큰 문제점은 의료 서비스의 지속 가능성과 효율성에 대한 이슈다. 대부분의 의료봉사는 일회성 활동으로 끝나는 경우가 많아 지속적인 의료 서비스를 제공하기 어렵다. 봉사자마다 경험과 기술 수준이 달라 치료의 일관성이 부족하다는 점도 문제로 지적된다. 또한 단기 의료봉사는 봉사자들이 활동에 익숙해지기도 전에 종료되기 때문에 비효율적이라는 비판을 받는다. 같은 비용이면 장기적인 프로젝트를 운영하거나 현지 의료인을 양성하는 것이 더 효율적일 수 있다.

안전성에 대한 문제도 지적된다. 의사소통이 부족하여 환자들에게 치료에 대해 충분한 정보를 제공하지 못하거나, 환자의 동의를 구하지 않고 치료를 시행할 위험이 있다. 의료봉사단이 시행하는 치료

의사는 이렇게도 일한다

에 대한 명확한 가이드라인이 없는 경우가 많아 치료의 안전성이 보장되지 않을 수 있다. 예를 들어, 현지의 주요 감염균의 종류와 내성 현황을 제대로 알지 못한 채 부적절하게 항생제를 사용하는 것은 항생제 내성균을 발현시키는 재앙으로 이어질 수 있다.

또 다른 문제점은 현지 의료 시스템과의 갈등이다. 단기 의료봉사는 현지 의료의 자립을 방해할 수 있고, 반대로 과부하를 초래할 수도 있다. 특히, 무료로 의료 서비스를 제공하기 때문에 현지 의료 시장을 왜곡하여 지역 의료 생태계에 부정적인 영향을 끼칠 가능성이 있다.

마지막으로 윤리적인 문제가 발생할 수 있다. 문화적 이해 부족으로 인한 갈등이 발생하기도 한다. 실제 민감한 문제 중에 하나가 현지인의 얼굴이 담긴 사진을 촬영하고 그 사진을 사용하는 경우다. 이 같은 문제로 이미 많은 단체에서는 개인 SNS에 사진 공유를 금지하며, 공식적인 사용을 위해서는 별도의 동의를 받도록 하고 있다.

이러한 문제점에 대한 인식이 확산되면서, 해외 봉사활동에 대한 국제적 가이드라인이 개발되고 있다. 우선 호스트 국가의 보건당국이 요구하는 법적 절차와 현지 의료면허 관련 조건을 반드시 따라야 한다. 대부분의 국가에서는 의료봉사 활동을 위해 자국의 의료면허 발급을 받도록 요구하고 있다. 일부 국가에서는 단기 의료 활동에 대한 별도의 허가, 의약품 및 장비 사용에 대한 추가적인 승인이 요구되기도 한다. 필리핀의 경우, 의료봉사와 기부에 대한 공식적인 지침을 마련해 운영 중이다. 해외 봉사 활동을 계획할 때, 활동 국가의 법적 요구사항과 현지 의료 시스템에 대한 충분한 이해가 필요하다.

우리나라에서도 해외 단기 의료봉사의 형식이 달라져야 한다는 의견이 있다. 무엇보다 중요한 건 호스트 국가가 필요로 하는 것을 제공해야 한다는 것이다. 이제는 의사 한 명이 진료 활동을 통해 기여할 수 있는 것이 그리 많지 않다. 효과적인 의료봉사를 위해서는 진료 자체가 팀 단위로 이뤄져야 하며, 의료 인력뿐만 아니라 적절한 의료장비와 기구, 의약품을 갖추어야 한다.

일차진료의 경우, 현지 의료 시스템에서 관리할 수 있을 정도로 발전한 지역도 많아졌다. 이러한 상황에서 단순히 일차진료 서비스를 제공하는 의료봉사는 도움이 되기보다는 현지 의료 시스템에 혼란을 초래할 가능성이 크다.

최근 봉사 활동은 국가 주도의 조직적인 형태로 변화하고 있다. 단순히 진료를 제공하는 방식에서 벗어나, 현지 의료 시스템을 구축하거나 현지 의료인을 양성하는 방향으로 발전하고 있는 것이다. 이는 단기적인 지원이 아닌 지속 가능한 의료 지원을 목표로 하며, 현지 보건의료체계의 자립을 돕는 데 중점을 두고 있다.

의사 개인은 다양한 형태로 국제보건의료에 기여할 수 있다. 의료 선교나 봉사 활동처럼 단기로 진행되는 일차진료의 형태도 있는가 하면, 규모가 큰 NGO나 정부 프로젝트에 참여하여 현지 의료진을 교육하거나 새로운 의료시설의 세팅을 지원할 수도 있다. 과거에는 수술이나 급성질환 치료를 담당할 수 있는 외과 의사에 대한 수요가 많았다면, 최근에는 암이나 만성질환 전문가에 대한 수요가 늘어나고 있다.

단기 봉사보다 장기 봉사에 참여하는 경우에는 의사 개인의 경력 관리도 중요하다. 선의를 가진 의사들이 열정을 잃지 않고 지속적인 활동을 이어갈 수 있도록 국가적 차원의 체계적인 지원도 늘어나기를 기대해 본다. 이제는 개별 의료봉사 활동만으로는 한계가 있으며,

보다 체계적인 접근을 통한 전방위적 지원이 필요한 시대가 되었다. 한 명의 슈바이처처럼 헌신하는 개인이 아닌, 국제보건 전문가로서 로비스트나 관리자의 역량이 더 중요할 수도 있다. 의료인은 단순히 진료를 제공하는 역할을 넘어, 국제보건의 구조와 정책을 형성하고 이끄는 위치에서도 그 역할을 발휘해야 한다.

다재다능한
의사가 있다

- 가운을 벗은 의사는 누구일까?
- 의학을 넘어선 융합형 전문가 의사가 있다
- 의학과 예술은 어떤 관계가 있을까?
- 미술과 의학의 교차점에 의사가 있다
- 음악을 사랑하는 의사가 있다
- 의사가 쓰는 치유의 기록, 글이 되다
- 의사의 이야기, 만화로 전해지다
- 가운을 벗은 의사들, 세상을 넓히다

가운을 벗은 의사는
누구일까?

역사상 수많은 의사가 있었지만 모두 의사로서만 살았던 것은 아니다. 의사이지만 동시에 미술가, 음악가, 작가, 교육자, 과학자, 혁명가로 살면서 그 분야에서 독보적인 업적을 남기기도 했다. 그들은 의사라는 정체성에 머무르지 않고 자신의 재능과 열정, 시대적 사명감을 가지고 일했다. 또한 의학적 지식을 기반으로 남다른 관점을 제시하고 융합을 통해 새로운 가치를 창조한 다재다능한 사람들이기도 하다. 이런 의사들을 가리켜 '가운을 벗은 의사' '진료실을 나선 의사' '청진기를 내려놓은 의사' 혹은 '딴짓하는 의사'라고도 한다. 이들은 의사로서의 틀에 얽매이지 않고 자신만의 길을 개척하여 독창적인 업적을 남긴 의사들이다.

정신과 의사인 박종호 선생님은 자신의 저서인 《가운을 벗은 의사들》에서 다채로운 삶을 살았던 18명의 의사를 소개한다. 책의 서문은 "우리가 모르는 곳까지 날아갔던 새들이 있었다"라고 시작하는데, 이들의 도전적이고 창의적인 삶을 상징적으로 의미하는 표현이다. 저자는 이 책을 통해 젊은 의사들에게 자신만의 새로운 길을 개척하라는 메시지와 응원을 전한다.

내과 의사 임재준 선생님은 자신의 저서인 《가운을 벗자》에서 '흰 가운'이라는 의사의 상징, 형식적인 틀, 고정관념에서 넘어선 시선으로 세상을 바라보며 다양한 주제를 이야기한다.

'가운을 벗었다'라는 표현이 최근에는 '의사 파업'을 표현하는 부정적인 맥락으로 사용되고 있지만, 본래의 의미는 다르다. 이제 그

다른 의미들에 대해 이야기해 보자.

의학을 넘어선
융합형 전문가 의사가 있다

새로운 영역에서 전문가로 일하는 의사들이 있다. 이들은 의료 분야의 깊은 이해를 바탕으로, 새로운 전문 분야의 지식과 융합하고 확장하기도 한다. 또한 의료 영역뿐만 아니라 사회 전반의 문제를 이해하고 해결책을 찾는 데 독특한 시각을 제공하기도 한다.

안철수 선생님은 국내 1세대 의사-벤처사업가로 의학과 기술, 정치까지 다양한 경력을 가진 인물이다. 서울대학교에서 박사과정을 밟던 중 당시 유행하던 브레인 바이러스를 퇴치할 컴퓨터 백신을 만들기 시작하여 1991년 한국 최초의 컴퓨터 백신 프로그램 V1을 개발하였다. 이후 낮에는 의사, 밤에는 프로그램을 개발하다가 1995년 〈안철수연구소〉를 설립하여 본격적으로 정보보안 산업에 뛰어들었는데, 당시 〈맥피아〉로부터 천만 달러에 인수 제안을 받았으나 이를 거절하여 화제를 모았다. 2005년 회사의 대표이사직을 사임한 이후 가족과 함께 미국으로 건너가 펜실베니아대학교 와튼스쿨에서 MBA 학위를 받았다. 귀국 후에는 KAIST 경영학과 교수 및 서울대학교 융합과학기술대학원 대학원장을 역임하였고, 현재는 정치인으로 활동하고 있다.

외과 의사인 박경철 선생님은 1990년대에 '시골의사'라는 필명으로 주식 사이트에 글을 올리면서 유명해졌다. 정보와 지식이 부족한 채로 투자가 이루어지던, 주식의 불모지였던 시절에 경제 서적과 금융자료를 찾아 독학하고, 이를 공유함으로써 올바른 투자 지식과 철학을 전파하였다. 증권 투자에 대한 올바른 인식과 새로운 방향을 제시했다는 공로를 인정받아 외부 인사로는 처음으로 2006년에 '올해의 증권인상'을 수상하기도 했다. 이후 박경철 선생님은 라디오 방송, 칼럼, 강연 등의 활발한 활동을 통해 지식과 통찰을 전달했으며, 《시골의사 박경철의 아름다운 동행》이란 저서를 통해 삶과 사람에 대한 이야기를 나누기도 하였다.

정지훈 선생님은 의사이지만, IT 전문가이자 미래학자로 더욱 유명하다. 한양대학교 의과대학을 졸업하고 서울대학교에서 보건정책관리학 석사학위를 받은 뒤 미국 서던캘리포니아대학교에서 의공학 박사학위를 취득하였다. 귀국한 이후에는 여러 의료기관의 연구소장 및 경희사이버대학교 교수 등을 역임하였고, 현재는 〈K2G테크펀드〉의 파트너로 일하면서 국내와 해외의 딥테크 관련 스타트업을 발굴하고 투자하는 데 집중하고 있다. 지상파 방송, 주요 일간지, 유튜브 채널을 통해 최신 트렌드와 미래 전망을 대중에게 알리는 활동을 하고 있다. 딥테크 분야의 전문가이자 미래학자로서 독보적인 포지셔닝을 가지고 있는 정지훈 선생님은 AI를 비롯하여 AR/VR, 블록체인, 로봇 기술과 같은 딥테크 기술이 헬스케어 영역뿐만 아니라 사회 전반을 어떻게 변화시키는지에 대해 큰 관심을 보인다. 그의 저서로는 《거의 모든 IT의 역사》, 《미래자동차 모빌리티 혁명》, 《내 아이가 만날 미래》 등이 있으며, 최근에는 새로운 형태의 SF소설 《응급실 로봇닥터》를 공동집필하였다.

김치원 선생님은 디지털 헬스케어와 의료 산업의 미래를 탐구하며 의료와 비즈니스를 연결하는 전문가로 활동하고 있다. 서울대학교 의과대학을 졸업하고 내과 전공의 과정을 마쳤으며, 연세대학교 보건대학원에서 보건정책관리 전공으로 보건학 석사학위를 받았다. 김치원 선생님은 글로벌 컨설팅 기업인 〈맥킨지〉의 서울사무소에서 경영 컨설턴트로 일했으며, 이후 직접 요양병원을 경영하면서 헬스케어 전문가로 활동했다. 현재는 〈카카오벤처스〉에서 디지털 헬스케어 분야, 특히 초기 기업을 개발하고 투자하는 일을 담당하고 있다. 디지털 헬스케어의 비즈니스적인 측면에 대한 깊은 통찰을 담아 여러 권의 저서를 출간했으며, 주요 저서로는 《의료, 미래를 만나다》, 《의료, 4차 산업혁명을 만나다》, 《디지털 헬스케어는 어떻게 비즈니스가 되는가》 등이 있다.

의학 전문지 〈청년의사〉의 편집주간 박재영 선생님은 의사 출신 저널리스트로 의료와 언론 분야에서 독보적인 길을 걸어왔다. 그는 연세대학교 의과대학을 졸업하고 동 대학원에서 의료법윤리학 전공으로 박사학위를 받았다. 한국 최초의 메디컬 드라마 〈종합병원〉의 원작소설 《종합병원2.0》의 저자이며, 한국 의료의 과거와 현재와 미래를 조망하는 책 《개념의료》를 비롯하여 평론집 《한국의료, 모든 변화는 진보다》 등 다수의 저서를 펴냈고, 다양한 의료 분야 전문서적들을 번역했다. 현재 박재영 선생님은 한국 의료 현안, 헬스케어의 미래, 병원 경영, 의료 인문학 등의 주제로 다수의 강연을 하며 각종 의료 현안에 있어 주요한 결정과 의견을 제시하는 의료 전문가로 자리매김하고 있다.

치과의사인 이승건 선생님은 한국 핀테크 산업의 선구자이자 〈토스(Toss)〉의 창업자다. 2015년 간편 송금 서비스로 시작한 〈토스〉는 사용자 친화적인 접근으로 금융시장의 불편함을 해결하면서 큰 성공을 거두었다. 이후 보험, 투자, 대출 중개 등 종합 금융 플랫폼으로 성장하며 한국 핀테크 시장의 대표적인 기업이 되었다. 이승건 선생님은 한 인터뷰에서 '빠르게 실험해서 실패하고, 또 실패한 끝에 성공을 만들어 내는 것이 토스팀의 성공 방정식'이라고 소개한 바 있다. 치과의사에서 핀테크 혁신가로의 변신에 성공한 이승건 선생님은 도전과 혁신의 롤 모델이 되었다.

박한선 선생님은 정신과 의사이자 신경인류학자로서 의학과 인류학의 경계를 넘나들며 인간 마음의 진화를 탐구하는 데 주력하고 있다. 경희대학교 의과대학을 졸업하고 정신과 전공의 및 석사과정을 마쳤으며, 이후 호주국립대학교 인문사회대에서 석사를 마치고 서울대학교 신경인류학 전공으로 박사과정을 수료했다. 서울대학교병원 신경정신과 강사, 서울대학교 의생명연구원에서 근무했으며, 현재는 서울대학교 인류학과 강사 및 비교문화연구소의 연구원으로 일하고 있다. 박한선 선생님은 정신과 의사로서의 임상 경험을 바탕으로 인류학적 연구를 융합하는 전문가로 진화과정에서 인간의 마음, 특히 아픈 마음이 어떻게 표현되고 작용하는지에 대한 관심이 많다. 인간의 정신적 고통을 진화론적 맥락으로 설명하며 현재 정신건강 문제에 대한 새로운 해답을 제시하려고 노력 중이다. 그의 저서로는《진화인류학 강의》,《인간의 자리》,《토닥토닥 정신과 사용설명서》등이 있고, 옮긴 책으로는《여성의 진화》,《진화와 인간 행동》등이 있다.

김현철 선생님은 의사이자 경제학자로서, 의학과 경제학의 융합을 통해 건강 불평등 공공 정책 문제 해결에 관심을 가진 학자다. 연세대학교 의과대학을 졸업한 후 의사로 일하던 중 사회적 약자들이 더 자주 아프고 더 많이 죽어가는 현실을 보고 의료와 경제학에 관심을 갖게 되었다. 이를 계기로 연세대학교 경제학부 및 서울대학교 보건대학원에서 석사학위를 받았으며, 이후 컬럼비아대학교에서 경제학 전공으로 박사학위를 받고 코넬대학교 정책학과 교수로 재직하였다. 현재는 홍콩과학기술대학교 경제학과 및 정책학과 교수로 일하고 있다. 그는 의료와 경제적 요인 간의 상호작용, 특히 건강 불평등 문제를 연구하여 의료 자원의 분배와 공공 정책 설계를 제안한다. 김현철 선생님은《경제학이 필요한 순간》이란 저서를 통해 '경제학은 어떻게 사람을 살리는가'라는 질문에 대한 답을 제시하고 있다.

　의사가 다른 분야에서 전문성을 갖추는 일은 쉽지 않다. 의학이라는 분야에서 전문가가 되기 위해서도 많은 시간과 노력, 에너지를 요구하기 때문이다. 하지만 의학뿐만 아니라 다른 분야의 전문가가 됨으로써 가질 수 있는 경쟁력은 강력하다. 의학과 다른 분야를 융합하는 과정은 새로운 경력 기회를 열어준다. 이는 개인의 전문성을 확장할 뿐만 아니라 미래산업에서 더 넓은 시야와 혁신적인 아이디어를 제공하며, 독특한 경력을 넘어서는 시너지 효과를 만들어 낸다. 또한 단순한 자기계발을 넘어서서 의료와 사회 전반에 긍정적인 가능성을 부여한다.

　　　　　　　　　　　　　　　　　　　　　　의사는 이렇게도 일한다

의학과 예술은
어떤 관계가 있을까?

의학과 예술은 전혀 다른 영역처럼 보이지만 공통점과 상호작용이 있다. 의사 중에는 유독 예술적 감각이 뛰어난 이들이 많은데, 이는 의학적 기술과 예술적 감각이 공통적으로 요구하는 관찰력과 섬세함 때문일 것이다. 외과 의사와 예술가의 공통점은 정교한 손길을 위해 부단한 연습과 노력이 필요하다는 것이다. 성형외과 의사는 뛰어난 관찰력과 미적 감각이 요구된다. 정신과 의사는 사람에 대한 깊은 이해와 공감 능력이 중요한데, 이는 모두 문학이나 예술에서 인간의 정서를 다루는 활동과 일맥상통한다.

한편으로 의사는 업무상 긴장도가 높고 스트레스가 많아, 이를 해소하고 균형 감각을 유지하기 위해 예술적인 활동에 몰입하기도 한다. 예술적 감각에 대한 훈련은 의사의 관찰력, 공감 능력, 창의성을 강화하는 도구로 사용되기도 한다.

컬럼비아대학교 의대에서 운영하는 '서사의학(Narrative Medicine)' 프로그램은 의사들이 문학과 예술을 통해 환자의 경험과 감정을 더 깊이 이해하고 공감할 수 있도록 한다. 예일대학교 의대에는 미술관에서 시간을 보내는 수업이 있는데, 시각적 관찰 기술을 향상시키는 긍정적인 결과가 보고되었다. 국내 의과대학에서도 문학 작품, 영화, 소설 속 의사들의 이야기를 접하는 수업이 운영되고 있는데, 의대생들에게 큰 인기를 얻고 있다. 이러한 과목이 궁금하다면 실제 수업 내용을 정리하여 책으로 엮은 《의과대학 인문학 수업》을 읽어보는 것을 추천한다.

최근에는 의학 및 예술 분야의 통합과 상호작용에 주목하고 있다. 예술의 치유적 효과는 다양한 연구와 임상을 통해 이미 잘 알려져 있다. 음악, 미술, 연극, 무용, 문학 등을 접목한 예술 치료법이 임상에서 널리 사용되고 있으며, 특히 언어적 표현이 어려운 환자군에게 사용된다. 어린이나, 자폐 환자, 치매 환자, 마음을 열지 않는 환자들의 경우 이러한 예술 활동을 통해 자신의 감정을 알아보고 적절하게 표현함으로써 세상과 소통하는 방법을 배울 수 있다. 예술 치료 역시 계속 발전하고 있는 분야 중 하나다.

미술과 의학의 교차점에 의사가 있다

미술은 인류의 역사와 함께 시작되었다. 가장 오래된 형태의 예술적 표현 방식이며, 지식을 기록하고 전달하는 수단이기도 하다. 특히 의학 분야에서 미술은 중요한 위치를 차지한다. 레오나르도 다빈치의 〈인체 해부도〉는 과학적 지식과 예술적 재능이 결합된 탁월한 작품으로 평가받는다. 다빈치는 시신 해부에 직접 참여하여 정밀한 드로잉으로 인체의 장기를 생생하게 표현했으며 근육과 뼈의 움직임, 심장과 혈관의 작용을 분석하고 묘사하였다.

해부학의 아버지로 불리는 베살리우스의 해부도감《인체 구조에 대하여》는 당대 최고의 화가들이 그린 정밀한 해부도다. 이 시대의 해부학의 발전은 르네상스 미술과 밀접한 관계에 있었다. 당시 미술가들은 정확한 인체 표현을 위해 해부학을 연구했고, 의사들은 해부학적 지식을 효과적으로 전달하기 위해 미술을 활용했다. 예술과 해부학을 통합하여 두 분야가 상호보완적으로 발전하였으며, 이러한 접근 방식은 실제 의학 교육에 사용된다. 해부학 수업에서 스케치나 조각의 방법을 동원하여 학생들의 이해와 기억을 돕는 교육 방법은 오래전부터 시행되어 왔으며, 점차 새로운 과학 기술을 이용하여 의학 교육에 예술을 접목시키는 다양한 아이디어로 발전하고 있다.

진료를 보면서 틈틈이 그림을 그리는 의사들도 있다. 이들은 본업 이외에 창작 활동을 통해 자신만의 작품 활동을 하고, 전문적으로 미술 공부를 하거나 갤러리를 운영하며 교육과정을 개설하는 등 활발한 활동을 이어 나간다. 대한의사협회는 종합학술대회에 맞춰 3년마다 '의인미술전람회'를 개최하여 의사 출신 예술가의 다양한 작품을 전시해왔는데, 최근에는 중단된 것으로 보인다. 그림을 좋아하는 의사들이 모인 '한국의사미술회'는 대표적인 의사 화가들의 모임으로, 현재까지 꾸준한 활동을 이어가고 있으며 정기적으로 전시회를 개최하고 있다.

직접 그림을 그리지는 않지만 미술에 대한 깊은 조예로 명성이 높은 분도 있다. '그림 보는 의사'로 알려진 내과 의사 박광혁 선생님은 《미술관에 간 의학자》, 《히포크라테스 미술관》, 《60일간의 교양 미술》등의 저서와 여러 강의를 통해 그림 속에서 만나는 의학과 역사, 신화, 종교 등의 다양한 인문학적 지식을 대중에게 소개한다.

정신과 의사이자 미술평론가로 활동 중인 김동화 선생님은 《줄탁啐啄》, 《화골畵骨》과 같은 미술 관련 저서를 냈으며 최근에는 《그림, 그 사람》이란 책을 통해 근현대 화가 8명의 심리와 생애를 분석하였다.

서울대학교 생리학교실 전주홍 선생님은 《의미, 의학과 미술 사

CHAPTER 10

CHAPTER 10 다재다능한 의사가 있다　353

이》란 저서를 통해 의학과 미술이 함께 다뤄지는 작품을 분석하여 역사, 사회, 문화적 배경을 살펴보며 예술가가 바라보는 의사의 모습을 그렸다.

미술은 단순한 창작 활동을 넘어 의학의 발전, 교육 그리고 치유에까지 기여하고 있다. 의사들은 예술적 활동을 통해 개인의 내면을 풍요롭게 하고 환자들과의 소통과 공감 능력을 키우며 대중에게 새로운 시각을 제공한다. 의학과 미술의 융합은 다양한 방식으로 인간의 삶과 문화를 풍요롭게 만드는 데 기여할 것이다.

음악을 사랑하는 의사가 있다

의사들 중에는 뛰어난 음악적 재능을 가진 이들이 많다. 이들은 가수, 연주자, 작곡가, 지휘자 및 음악평론가로 활동하면서 음악 분야에서 두각을 나타내고 있다.

알베르트 슈바이처(1875~1965)는 오르간 연주자이자 음악평론가로, 서른 살 때 바흐 음악에 대한 연구와 해석을 담은 1300페이지짜리 책을 출간하였다. 그는 아프리카에서 봉사 활동을 하는 중에도 낡은 피아노 앞에서 바흐의 곡을 연주하곤 했다.

벨기에 출신 지휘자이자 음악평론가인 필립 헤레베헤는 정신과 의사다. 지휘자에게는 분석적인 사고력과 인간 본성에 대한 이해가 필요한데, 자신이 정신의학을 공부한 것이 도움이 되었다고 말한 바 있다.

의사는 이렇게도 일한다

이인선(1906~1960) 선생님은 세브란스의전 출신 의사다. 음악에 대한 꿈을 이루기 위해 1934년에 한국의 성악가로서는 최초로 밀라노로 유학을 떠났다. 경제적인 어려움이 있었지만 성악을 배우는 중에도 밀라노 왕립의학원에서 의학 공부도 함께 했다고 한다. 1937년에 귀국한 이후 병원을 개업하여 낮에는 의사로 환자들을 진료하였고, 밤에는 성악가로 활동하였다. 이인선 선생님은 이후 조선오페라협회를 조직하고 현재 한국성악회 전신인 벨칸토회를 창립하는 등 한국에서 본격적인 오페라 시대를 개척하였다. 국내에서 최초로 공연된 오페라인 '춘희(라트라비아타)'의 작품 번역과 제작, 남자주인공 역을 맡았다.

정진우 선생님(1928~2025)은 경성의학전문학교 의대생 시절, 음악가들과 적극적으로 교류하면서 피아니스트로 활동하였다. 이후 오스트리아 빈으로 유학을 가서 한스 베버를 사사하고, 1959년에 귀국하여 1993년에 정년퇴직할 때까지 서울대 음대에서 수많은 제자를 가르쳤다. 또한 '서울트리오'를 만들어 실내악 연주를 했다. 음악계에 기여하기 위하여 음악 전문잡지인 《피아노음악》, 현악전문잡지 《스트링 앤 보우》를 펴냈다.

한국 음악계의 거장 길옥윤(1927~1995) 선생님은 치과의사이자 작사가, 작곡가, 편곡가, 색소폰 연주자였으며, 음반 프로듀서이자 영화음악감독이기도 했다. 패티김의 〈이별〉, 〈그대 없이는 못살아〉, 혜은이의 〈당신은 모르실거야〉, 〈감수광〉 등 수많은 불후의 명곡을 작곡하였다.

1990년대 대표적인 의사 출신 뮤지션으로는 정신과 의사 김창기 선생님이 있다. 대학교 1학년 때 친구들과 아마추어 밴드 활동을 하던 중 김창완과 김광석을 만났고, 이후 포크 밴드 '동물원'의 맴버로 활동하면서 많은 히트곡을 작곡하였다.

'닥터조(Dr.JO)'라는 이름으로 활동 중인 조민형 선생님은 음악에 대한 꿈을 잃지 않고, 의과대학에 진학한 이후에도 낮에는 학교 공부를 하고 밤에는 작곡을 계속했다고 한다. 졸업하기 전에 이미 방시혁 프로듀서를 통해 작곡가로 데뷔했으며 아이유의 〈라일락〉부터 트와이스, 엑믹스 등 유명 아티스트의 노래를 작곡하였다. 현재도 작곡 및 프로듀서로 활발히 활동하고 있다.

이 외에도 의사의 길을 포기하고 음대에 진학하여 가야금 연주자이자 국악학자로서 큰 업적을 남긴 이성천(1936~2006) 선생님, 성악자이자 국회의원으로 활동한 박성태 선생님, 피아니스트 겸 작곡가인 양방언 선생님, 70대에 가수로 데뷔하여 활발히 활동 중인 주혜란 선생님 등 많은 의사가 음악에 헌신하고 있다.

음악에 대한 조예와 이론적 탁월함을 발휘하여 음악평론가 혹은 음악교육자로 활동하는 의사들도 있다. 클래식 중에서도, 특히 오페라 분야에 의사 출신 전문가들이 많다.

정신과 의사 박종호 선생님은 클래식 전문 레코드 음반점인 〈풍월당〉 대표로서 20년 전부터 음악과 관련된 활동을 시작하여 현재는 풍월당 아카데미를 운영하고 있다. 박종호 선생님은 오페라에 대한 지식과 열정을 바탕으로 클래식과 문학을 소재로 한 소규모 강의를 진행하는데, 인기가 매우 높다. 또한 《불멸의 오페라》, 《박종호에게 오페라를 묻다》 등 다양한 오페라 관련 저서를 출판하였다.

흉부외과 의사 유정우 선생님은 클래식음악 칼럼니스트이자 오페라 평론가로 활동하고 있으며, 내과 의사 홍관수 선생님은 성악가이자 오페라 평론가로 활동하고 있다. 내과 의사 김현철 선생님도《내가 사랑한 몬테베르디》란 저서를 통해 '오페라의 아버지'라 불리는 몬테베르디와 오페라를 소개하였다.

의사가 쓰는 치유의 기록, 글이 되다

문학 속에서 '의학'은 매우 흥미로운 주제다. 문학과 의학이 만나면 어떠한 상호작용이 일어날까? 문학과 의학은 인간에 대한 이해를 바탕으로 교차하며 독특한 시너지를 만든다. '병원'은 누군가 아프거나 다치거나 죽음을 맞이하는 공간으로, 인간은 이곳에서 가장 취약해지고 감정과 본성이 적나라하게 드러난다. 그리고 '의사'는 항상 환자를 세밀하게 관찰하는데, 환자의 증상뿐만 아니라 행동, 감정 그리고 각자의 사연을 들여다본다. 이처럼 인간의 본질이 드러나는 공간에서, 환자와 공감하는 의사의 시선이 얽히면서 한 명 한 명의 인물을 스토리로 엮어내는 것이다.

병원에서 일어나는 일들은 모두 작품의 소재가 될 수 있으며, 이는 일반인들의 이해와 공감을 끌어낼 수 있는 주제다. 환자의 고통과 가족의 사랑은 인간 본질을 담아내는 이야기의 재료가 된다. 문학은 환자의 아픔을 공유하고 공감과 치유를 돕는 역할을 한다.

《아내를 모자로 착각한 남자》의 저자인 신경과 의사 올리버 색스(1933~2015)는 책에서 다양한 환자의 사례를 소개하며 신경질환에 대한 편견을 깨는 데 기여했다. 그는 전 세계의 환자들로부터 자신의 뇌신경질환에 대해 이야기하는 편지를 받았다고 한다. 환자를 단순히 아픈 사람이 아닌 특별한 재능을 가진 존재로 여기고 따뜻한 시선으로 바라보았던 그의 저서들은 훌륭한 임상 사례 모음집이자, 문학적으로도 높은 평가를 받는 작품이다.

응급의학과 의사인 남궁인 선생님은 진료 현장과 환자들에 대한 이야기를 SNS에 공유하며 큰 반향을 일으켰다. 개인적으로는 '의사들만 모인 훈련소에서 벌어진 일'이라는 에피소드를 재미있게 읽었는데, 이 글은 다양한 게시판에서 반복 공유되면서 큰 인기를 끌었다. 응급실에서 만난 환자들의 이야기를 모은 책 《만약은 없다》, 《지독한 하루》에서는 죽음과 긴박하게 마주하고 있는 의사의 고뇌와 환자의 사연을 생생하고 예리하게 묘사하고 있어 글을 읽는 동안 마음이 아릿해지곤 했다. 최근에 출간된 《제법 안온한 날들》에서는 평범한 사람들의 특별한 사랑에 대한 이야기를 풀어놓으며 따스한 감동을 전한다. 남궁인 선생님의 글쓰기는 의사의 시각에서 인간의 삶과 죽음을 깊이 있게 조명하여 독자들에게 큰 울림을 준다. 또한 문학에 대한 깊은 애정으로 다양한 작품 활동을 이어가며 의사이자 작가로서의 독특한 위치를 확립하고 있다.

정신과 의사들은 상대적으로 책을 많이 쓰는 것 같다. 직업적 특성상 다양한 환자의 삶과 이야기를 접하게 되고, 이를 분석하여 설명하는 데 익숙하므로 정신과 의사로서의 경험과 통찰이 자연스럽게 글쓰기로 이어지기 때문일 것이다.

김철권 선생님은 《한 정신과 의사의 37년간의 기록》을 집필하였는데, 총 4권에 진료실에서 환자들과 나누었던 이야기를 담았다. 한 권당 약 80편 정도, 총 300편 이상의 이야기가 수록된 이 책은 중요한 임상 기록이기도 하다. 마지막 4권에서는 정신과 의사로서 직면할 수밖에 없는 의료 현장의 고충과 후배들에게 전하는 메시지를 담고 있다.

김혜남 선생님은 정신분석가로서의 경험과 환자에 대한 애정을 바탕으로 다수의 저서를 출판하였다. 그중《서른 살이 심리학에게 묻다》는 80만 부 이상이 판매된 베스트셀러다. 개인적으로는 30대 초반에《나는 정말 너를 사랑하는 걸까》를 읽고, 나도 이런 책을 쓸 수 있는 정신분석가가 되고 싶었던 시절이 있었다.

하지현 선생님은 대표적인 의사 출신 작가로, 정신건강에 대한 대중의 이해를 높이기 위한 다양한 저술 활동을 이어가고 있다.《어른을 키우는 어른을 위한 심리학》으로 성인의 심리적 성장과 성숙에 대해 다뤘으며,《꾸준히, 오래, 지치지 않고》에서는 스스로를 지키면서 일하는 마음과 태도에 대해 이야기했다. 이 외에도 많은 정신과 의사가 다양한 주제의 책을 저술하며 독자들에게 깊은 통찰과 공감을 전하고 있다.

글을 쓰는 의사들이 늘어나면서 의사 작가로 등단할 수 있는 다양한 의사문학상이 만들어졌다. 주로 진료와 환자에 대한 이야기를 담은 수필을 대상으로 한다.

의사들의 신춘문예로 알려진 '한미수필문학상'은《청년의사》신문이 주최하고 〈한미약품〉이 후원하는 수필공모전으로, 2001년에 시작되어 2024년에 24회째를 맞았다. '한미수필문학상'은 의사가 자신이 진료했던 환자를 소재로 쓴 수필을 대상으로 하며, 환자와 의사 사이의 이해관계를 돕고 올바른 환자-의사 관계 재정립에 기여하고 있다고 알려져 있다.

'보령의사수필문학상'은 의사들이 직접 쓴 수필을 통해 생명과 사랑의 의미를 널리 고취하고자 〈보령〉이 제정한 상으로 2024년에 20회째를 맞았다. '한국수필문학진흥회'의 엄격한 심사를 거쳐 수상자를 선정하고, 대상 수상자는 정식 작가로 등단할 수 있는 기회를 제공하고 있다.

대한의사협회가 주최하고 한국 의사수필가협회가 주관하는 '한국의학도 수필공모전'이 있다. 의료계의 미래를 이끌어갈 예비 의사인 의학도들의 인성과 인문학적 소양을 기르고, 수필을 통해 치유와 소통을 이끌어내자는 취지에서 시작된 공모전은 2024년에 14회째를 맞았다.

그 밖에도 한국여자의사회에서는 2022년부터 '청의예찬'을 제정하여 39세 이하 여의사 및 예비 여의사들의 글을 공모하고 있다. 그런가 하면 시인이자 수필가인 유형준 선생님이 쓰신 칼럼 '의사문인 열전'을 통해 많은 의사 작가에 대해 알아볼 수 있다.

의사 작가들은 의학적 지식과 경험을 활용하여 독창적인 소설을 창작하며, 특히 추리소설과 미스터리 소설에서 두각을 나타내기도 한다. 미스터리 장르의 소설에서는 살인이 중요한 장치로 설정되고, 주인공의 추리나 사건의 진행을 설명하기 위해 법의학적 지식을 가진 의사가 주요 인물로 자주 등장한다. 《셜록 홈즈》 시리즈의 작가 코난 도일(1859~1930)은 의사로 잘 알려져 있으며, 런던에서 안과병원을 개업했으나 환자가 없어서 소설을 쓰기 시작했다고 한다.

1970년대 후반부터 메디컬 스릴러가 유행하면서 해외에서는 많은 의사 출신 작가들이 세계적인 베스트셀러 작가로 자리를 잡았

의사는 이렇게도 일한다

다. 로빈 쿡은 메디컬 스릴러의 창시자로 불리는데, 의학 전문대학원을 졸업한 후 하버드대학교에서 대학원 과정을 마친 인재다. 《코마》, 《브레인》, 《죽음의 신》, 《돌연변이》, 《바이탈사인》, 《아웃브레이크》 등을 통해 탄탄한 구성과 의학 스릴러로 미스테리 분야에 새로운 장을 열었다는 평을 받는다.

20세기 과학 스릴러의 거장으로 불리는 마이클 크라이튼(1942~2008)은 영화 〈쥬라기 공원〉의 원작자로 더 잘 알려져 있다. 그는 하버드대학교에서 의학 박사학위를 받았으며, 소설뿐만 아니라 영화감독으로서도 왕성한 활동을 한 다재다능한 문화 엔터테이너였다. 작고하기 전까지 그가 쓴 소설들이 전 세계적으로 2억 부 이상 팔렸다고 한다.

미국을 대표하는 의학 스릴러 작가 중 한 명인 테스 게리첸은 캘리포니아대학교 의대 박사학위를 수료하고 하와이로 건너가 내과의로 근무하였다. 이후 의사 시절 출산 휴가를 보내는 동안 로맨스 소설을 쓰다가 어느 날 그의 동료 로빈 쿡, 마이클 크라이튼처럼 의학 스릴러 작가가 되기로 결심한다. 그렇게 쓴 그의 작품들은 《외과 의사》, 《바디더블》, 《소멸》 등으로 《뉴욕 타임스》의 베스트셀러에 오르기도 하였다.

국내에서는 외과 의사이자 〈맥킨지〉 컨설턴트로 활동 중인 김민영 선생님의 《팔란티어: 옥스타칼니스의 아이들》이란 작품이 있다. 이 소설은 가상현실에 대한 인간 정신의 부적응을 소재로 하여 총 6편으로 구성되어 있다. 저자는 치밀한 구성과 완성도, 재미를 겸비한 이 작품 하나로 한국 판타지 문학의 정점을 찍었다는 찬사를 받는다. 나 역시 최근에서야 이 소설을 접했는데, 1999년에 발표된 글이라고는 믿기지 않을 만큼 세련된 작품이었다.

성형외과 의사인 김유명 선생님은 본격 메디컬 스릴러 장르를 개척하고 있다. 첫 번째 소설《마취》에서는 프로포폴 중독과 인간의 욕심이 불러온 재난에 대하여, 두 번째 소설《얼굴》에서는 현대사회에서의 익명성에 대해 다루고 있다.

장르는 전혀 다르지만 한백림 님은《한백무림서》시리즈를 집필한 의사 출신 무협소설 작가로, 마취통증의학과 임대환 선생님의 필명이다. 임대환 선생님은 의대생이던 2003년에 무협소설가로 데뷔했으며《화산질풍검》,《무당마검》과 같은 정통 무협소설을 집필하면서 20년 넘게 작가로서 활동 중이다. 그의 소설은 깊이 있는 캐릭터와 촘촘한 설정, 방대한 세계관으로 오랫동안 독자들의 사랑을 받아왔다.

최근에는 웹소설, 웹툰을 다루는 플랫폼을 통해 데뷔하는 의사 작가들도 늘어나고 있다. 대표적인 웹소설 작가로는 '한산이가'라는 필명으로 활동 중인 이비인후과 의사 이낙준 선생님일 것이다. 그의 다섯 번째 웹소설인《중증외상센터: 골든아워》는 네이버시리즈에서 2019~2022년까지 총 1120화에 걸쳐 연재되었고, 누적 다운로드 수가 4400만 회를 넘어섰다. 이 소설은 이국종 선생님을 모델로 쓴 의학 소설로, 외상외과를 둘러싼 현실적 문제를 다루고 있으며 현재 웹툰과 넷플릭스 드라마로도 제작되었다. 이 외에도 현재 네이버시리즈에《검은 머리 영국 의사》,《A.I. 닥터》를 동시에 연재하며 왕성한 작품 활동을 이어가고 있으며, 그의 다른 작품들도 수천 만회 다운로드 수를 기록하며 많은 독자에게 사랑을 받고 있다. 한산이가 님은 본인이 운영하는 유튜브 채널을 통해 만화 작가의 수익이 의사의 수

의사는 이렇게도 일한다

익을 넘어섰다고 밝히며 화제를 모은 바 있다. 참고로 네이버시리즈 웹소설의 한 편당 가격은 100원이고 다운로드 숫자는 그만큼 독자들이 해당 글을 구매해서 읽었다는 뜻이다.

의사 출신 작가가 쓴 메디컬 소설은 특별한 매력이 있다. 삶과 죽음을 다루는 것 자체로 긴박함과 갈등이 있으며, 현실성 있는 의학적 설정과 생생한 묘사를 통해 소설의 긴장감과 몰입감을 한층 높이기 때문이다. 또한 전개 과정에서는 의학적 지식을 바탕으로 개연성을 높이며 의사만이 경험할 수 있는 독특한 소재를 발굴하여 신선함을 더한다. 독자들은 소설을 통해 새로운 의학 지식을 얻는 쏠쏠한 즐거움을 느낄 수 있을 것이다. 메디컬 소설은 단순한 이야기를 넘어 삶과 죽음 그리고 그 사이에 놓인 인간의 복잡한 내면을 탐구하는 독보적인 장르다. 한국에서의 메디컬 소설의 발전을 기대해 본다.

이처럼 글쓰기 활동은 단순히 개인의 성취에 그치지 않고 의사들이 인간적인 면모를 드러내고 의학과 예술의 경계를 넓히는 역할을 하고 있다. 앞으로도 의사문학의 영역은 계속 확대될 것으로 기대된다.

의사의 이야기, 만화로 전해지다

만화적 재능을 바탕으로 메디컬 만화 장르를 개척하는 의사들이 있다. 의사 출신 만화 작가들은 필명을 주로 사용하며 본명을 공개하지 않는 경우가 많다. 드라마로 제작되어 더욱 인기를 끌었던 네이버

웹툰《내과 박원장》의 작가 장봉수(필명) 님은 20년 차 의사라는 것 외에 개인정보가 공개되어 있지 않다. 한 인터뷰에 따르면, 어릴 적 꿈이었던 만화가에 대한 열정을 간직하다가 '네이버 도전 만화'를 통해 데뷔하였다고 한다. 대부분의 에피소드는 본인이나 동료 의사들의 경험을 바탕으로 하고 있는데, 짠내나고 적나라한 현실 의사의 모습을 그려내 독자들로부터 큰 호응을 얻었다. 현재는 의학이 아닌 새로운 소재로 작품을 준비 중인 것으로 알려졌다.

메디컬 브로맨스라는 독특한 장르 만화인《길티 이노센스》의 작가 윤한 님 역시 의사라는 정보 외에는 알려진 바가 없다. 철저한 의학적 고증과 예쁜 그림체로 호평받고 있으며, 첫 화에 현실적인 신발 그림으로 독자들이 작가의 직업을 바로 알아챘고, 당시 현직 의사 겸 만화가라는 공존할 수 없는 투잡으로 관심을 끌었다.

《알고 싶니 마음, 심리툰》의 저자 팔호광장 님은 정신과 의사로, 에피소드마다 주옥같은 문장으로 독자들에게 위로와 통찰을 선사한다. 특히 세 번째 에피소드 '네 잘못이 아니야' 편에서는 어린 시절 부모님에게 상처받은 독자들이 서로를 응원하는 댓글 릴레이를 이어가며 뜨거운 공감을 불러일으켰다.

'의생명과학만화연구회'는 일명 만화를 그리는 의사들의 모임이다. 원래는 정민석, 박성진, 정희두 선생님이 주축으로 하여 만들어진 '의학만화연구회'에서 과학 만화를 그리는 신인철 교수 등의 회원이 가입하면서 이름을 변경했다. 아주대학교 해부학 교수 정민석 선생님은《해랑선생의 일기》를 통해 '해부학'이라는 전문 영역을 쉽고 친근하게 소개하며 이름을 알렸다.《단터단감》의 유진수 선생님은 유익하고 알기 쉬운 의학 정보를 전달하기 위해 친근한 캐릭터로 '단감'을 선택하여 독자들의 사랑을 받고 있다. 만화동아리 동기였던 박성진, 박영수 선생님은 '초음파'를 주제로 하는《초음파의 신》을 그렸으며, 현재 병원을 공동 운영하고 있다. 정신과 배재호 선생님은 '의료 제도'를 설명하는《만보의》부터 '다이어트'를 주제로 하는《다이어툰》까지 4컷 만화에 뜻깊은 메시지를 담아내며 독자들과 소통하고 있다. 그는 평상시 뉴스를 통해 소재를 얻고 가능한 재미있게 표현하기 위해 노력한다고 한다. 〈동아일보〉의 '만화 그리는 의사들' 코너에서 의사 만화가들의 다양한 작품을 확인할 수 있다.

가운을 벗은 의사들, 세상을 넓히다

의학이란 전문 분야는 인간의 생명과 직결된 만큼 높은 전문성을 요구한다. 하지만 의학이라는 틀에서 벗어나 가운을 내려놓고 새로운 세상으로 나아간 이들이 있다. 이들은 의학이라는 기반 위에서 자신의 열정을 따라 새로운 영역을 개척하였다.

이들의 도전은 한계를 넘어 가능성을 찾는 용감한 여정이었다. 이들은 예술과 문화, 음악의 길로 나아가기도 하고 과학, 인문학, 경영 등 다양한 분야에서 융합과 혁신을 통해 세상을 변화시키기도 했다. 이러한 흐름은 의학이 단지 생명을 돌보는 학문에 그치는 것이 아니라 세상을 향해 열려 있는 '창'임을 보여준다.

이들의 길이 순탄하지만은 않았을 것이다. 익숙하고 안정된 의사의 길을 벗어나는 것은 큰 용기를 요구하는 일이었을 것이다. 남들과 다른 길을 선택하며 외로움과 의심에 시달리거나, 경제적인 어려움과 가장으로서의 책임감에서 오는 고뇌도 있지 않았을까. 그럼에도 이들은 신념에 따라 끊임없이 앞으로 나아갔다. 이들의 용기와 결단은 단순히 개인의 성공에 머물지 않는다. 이들은 지금도 의학이라는 전문성을 바탕으로 경계를 넘나들며 새로운 세상을 열어가고 있다. 그래서 인간의 삶과 문화를 풍요롭게 만들고, 세상을 더 넓고 깊게 바라보게 한다.

앞으로 더 많은 의사가 의학을 넘어 다양한 영역에서 활약하기를 기대한다. 자신의 열정과 재능을 통해 의학과 인간을 연결할 수 있기를, 또 의학과 세상을 연결할 수 있기를 바란다. 한국에서도 새로운 도전을 이어가며 다양한 영역에서 활약하는 의사들이 더 많아지기를 희망한다.

무한경쟁의 시대,
의사도 브랜딩이
필요하다

- 한국 의사의 현황은 어떠할까?
- 의사의 업무 강도는 어느 정도일까?
- 의사의 수입은 얼마나 될까?
- 의료수가란 무엇일까?
- 의사도 본격적인 경쟁의 시대에 놓여 있다
- 의료 마케팅은 의료법을 준수해야 한다
- 병원이나 의원이 부대사업을 운영할 수 있을까?
- 병원이 전문화되고 있다
- 의사도 브랜딩이 필요하다
- 나만의 브랜딩은 어떻게 만들 것인가?

CHAPTER 11

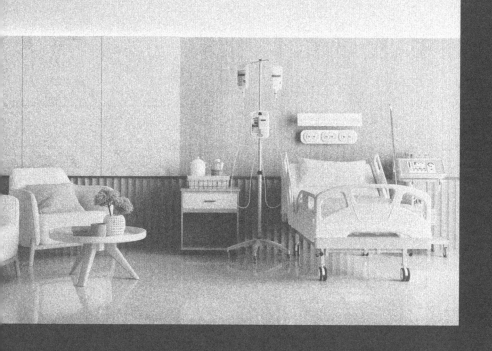

한국 의사의
현황은 어떠할까?

한국의 의료 수준은 전 세계적으로 높은 평가를 받는다. OECD 보건통계에 따르면 한국은 기대수명, 회피가능 사망률, 건강-보건 의료 이용, 의료장비 보유 수준 등 여러 측면에서 OECD 평균을 상회하고 있다. 블룸버그 건강효율성지수(Bloomberg Health-Care Efficiency Index)는 각국의 의료 시스템 효율성을 평가하는 지표로, 한국은 2020년 조사에서 4위를 기록하며 상위권을 유지하였다.

그러나 한국보건산업진흥원의 '2022년 보건의료·산업기술 수준 평가'에 따르면, 세계 최고의 기술 보유국인 미국과 비교했을 때 한국의 의료기술 수준은 79.4%로 기술 격차가 2.5년으로 나타났다. 이는 유럽과 일본보다 낮고, 중국보다는 높은 수치다. 그럼에도 한국 의사는 진료나 수술 실력에서 높은 평가를 받기 때문에 한국을 찾아 치료를 받으러 오는 의료관광객이 증가하고 있으며, 해외 병원들은 한국 의사를 채용하기 위해 국내에서 채용 공고를 내거나 설명회를 개최하기도 한다.

그렇다면 의사에 대한 국민의 인식은 어떠할까? 최근 의사들이 많은 비난을 받고 있지만, 그동안 의사에 대한 신뢰도는 높은 수준을 유지하고 있었다. 2016년에 인하대학교 연구팀이 수행한 '한국인의 직업관'에 대한 조사에서 사회적 공헌도 및 청렴도, 존경도, 준법성, 신뢰성 등 5개 부문의 항목별 점수 결과 '소방관' '환경미화원'에 이어 '의사'가 3위를 기록하기도 했다. 또한 '2024 초·중등 진로교육 현황조사' 결과에 따르면, 초등학생이 희망하는 직업 2위, 중학생이 희망하는 직업 3위가 '의사'인 것으로 나타났다.

한국 의사의 활동 현황은 어떠할까? 보건복지부는 3년마다 보건 의료 인력 실태조사를 시행하는데, 이 조사는 보건복지부, 건강보험 심사평가원, 국민건강보험공단에서 제공하는 행정자료를 기반으로 보건의료 인력의 활동 현황 및 임금, 고용 형태 등의 지표를 산출한 다. '2020년 보건의료인력 실태조사' 보고서에 따르면, 2020년 기준 면허 의사 수는 총 115,185명으로 2010년 85,140명보다 약 35.3% 증 가하였다. 이 중 99,492명(86.4%)이 요양기관(병원이나 의원)에서 근무 하고, 6,712명(5.8%)이 비요양기관에서 근무하며, 8,981명(7.8%)은 활 동하지 않는 것으로 보고되었다.

현재 대한민국의 의사 수 적정성 논란은 2024년의 주요 이슈 중 하나였다. 의사 수 부족의 근거로 가장 많이 인용되는 것이 OECD 자료인데, "2021 OECD 보고서(Health at a Glance 2021)"에 따르면, 인 구 천 명당 의사 수는 OECD 평균 3.7명, 미국 2.7명, 일본 2.6명, 한 국 2.5명으로 보고되었다. 그러나 전문가들은 한 가지 수치만으로 한 국의 의사 수가 부족하다고 단정 짓기는 어렵다고 지적하며, 다른 OECD 데이터를 함께 고려해야 한다고 말한다.

예를 들어, 일본과 한국의 의사 수는 비슷하지만 일본은 응급진료 나 필수의료 분야에서 한국과 같은 문제가 발생하지 않는다. 현재 일 본에서 가장 인기 있는 전공과목은 내과다. 한국에서 폐과 위기에 몰 린 흉부외과는 미국에서는 가장 인기 있는 전공과목 중 하나다. 2023 년 기준으로 흉부외과는 미국 내 평균 연봉 순위에서 신경외과에 이 어 2위에 해당한다.

동일한 OECD 자료에서 도시와 농촌 지역의 의사 밀도 차이도 확

의사는 이렇게도 일한다

인할 수 있다. 한국은 도시 인구 천 명당 2.6명, 지방 2.1명으로 도시 대비 시골 지역 의사 밀도가 80.7%이다. 이는 OECD 평균 61.8%보다 훨씬 높은 수치이며, 국토 면적 대비 의사 수를 비교한 자료에 따르면, 한국은 세 번째로 높은 것으로 나타났다. 이는 의료기관에 대한 공간적인 접근성, 즉 의료기관까지의 이동 거리와 시간을 확인할 수 있는 지표다.

보건복지부 산하 한국보건사회연구원의 "2021년 전문과목별 의사 인력수급 추계보고서"에 따르면 2035년에 의사 수가 약 2만 7천 명 부족할 것이라는 전망이 제시되었고, 이 결과는 여러 언론을 통해 기사화되며 큰 주목을 받았다. 2024년 2월 1일에 보건복지부는 한국보건사회연구원, 한국개발연구원, 서울대학교에서 실시한 의사 인력 추계연구 결과를 인용하여, 2035년에는 의사 수가 약 1만 5천 명 정도 부족할 것이라고 발표하면서 한국 의료 시스템의 문제 중 상당수가 의사 수 부족 때문이라고 주장하였다.

이와 동시에 교육부는 2025년부터 의대 정원을 2000명 증원하겠다고 결정했으나 해당 보고서와 근거자료에 대한 논란은 지속되고 있다. 2030 의사와 의대생으로 구성된 '공정한 사회를 바라는 의사들의 모임(공의모)'에서 해당 보고서를 재검토한 결과, 업무량과 근무 일수를 축소하고 전공의 인력을 의도적으로 누락시키는 등 심각한 오류가 있었음을 지적하였다. 이에 한국보건사회연구원에서는 통계 오류를 인정하고 사과했다. 수정된 자료를 기준으로 다시 계산한 결과, 2035년 국내 의사는 약 34,000명 과잉공급 상태가 될 것이라는 분석이 제기되었다. 현재 공의모는 한국보건사회연구원을 상대로 민사소송을 제기한 상태다.

의사의 업무 강도는
어느 정도일까?

대한의사협회 산하 의료정책연구소는 의사의 교육, 진료, 근무 환경 등에서 발생하고 있는 다양한 문제점과 실태를 주기적 조사하고 있다. 2020 전국의사조사(Korean Physician Survey)는 온라인 설문에 최종 응답한 6,507명의 답변을 분석한 결과를 담고 있다. 응답자의 구성은 봉직의 34.9%, 개원의 21.0%, 교수 14.0%, 인턴 및 전공의 12.6%, 공보의 5.8% 순이었다. 이 중 89.7%가 현재 환자를 직접 진료하고 있으며, 인턴과 전공의를 제외한 응답자 중 87.6%가 전문의 자격을 보유하였고, 12.4%가 일반의였다. 근무 형태는 의원 30.8%, 상급종합병원 21.9%, 종합병원 19.6% 순이었다. 근무 현황 조사 결과, 전체 응답자 중 61.3%가 주 6일 이상 근무하고 있었고, 주 7일 근무하는 경우도 14.4%에 달했다. 의사들의 평균 월 근무 일수는 24.0일, 통상 주당 근무시간은 평균 48.1시간이었으며, 하루 평균 환자 수는 외래 34.2명, 수술 3.6명이었다. 환자 한 명당 소요되는 평균 진찰 시간은 초진 환자는 11.8분, 재진 환자는 6.5분으로 조사되었다.

2021년 OECD 데이터에 따르면 국민 1인당 연간 의사 진료 건수는 평균 5.9건인데 반해 한국은 15.7건으로, 한국은 OECD 34개 가입국 중 의료 이용이 가장 많은 국가다. 인구 천 명당 병상 수도 12.8병상으로 OECD 평균인 4.3병상보다 훨씬 많아 1위를 기록했다. 그 결과, 2021 OECD 데이터상 의사 1인당 연간 진찰 건수는 한국이 6,113건으로 가장 많았고, 이는 2위인 일본 4,288건보다 훨씬 높고 OECD 평균인 1,788건의 약 3.4배에 달하는 수치다.

의사의 수입은
얼마나 될까?

2020년 '보건의료인력 실태조사'에 따르면, 요양기관에서 근무하는 의사의 연평균 임금은 꾸준히 증가하는 추세로 2010년 평균 138,384,497원에서 2020년 평균 230,699,494원으로 보고되었다. 직급별 연평균 임금을 살펴보면 전문의 236,898,890원, 일반의 142,309,587원, 전공의 72,900,689원, 인턴 68,824,585원인 것으로 나타났다. 이를 보면 전공의 임금은 전문의의 30.8%에 해당한다. 의원을 직접 운영하는 개원의는 월급을 받는 의사인 봉직의보다 수입이 높았다. 2020년 기준으로 개원의 연평균 임금은 294,282,306원, 봉직의 임금은 185,390,558원으로 보고되었다. 해당 보고서에 따르면 2015년까지 전문의 봉직의가 일반의 개원의보다 임금이 높았지만, 2015년 이후 일반의 개원의 임금이 전문의 봉직의 임금을 넘어섰다.

2023년에 한국 의사의 수입이 OECD 회원국 중 가장 높다는 보도가 나와 화제가 되었다. 정부가 발표한 'OECD 보건통계 2023'에 따르면, 2020년 기준 국내 의료기관에 고용된 봉직의의 연평균 임금 소득을 구매력평가지수(Purchasing Power Parity, PPP) 환율 기준으로 환산한 결과, 19만 2749달러(한화 2억4583만 원)이며 관련 자료를 제출한 OECD 28개국 중 가장 높은 것으로 나타났다. 2020년 기준 개원의의 연평균 소득은 한국이 29만 8800달러(한화 3억 8126만 원)로 관련 자료를 제출한 7개 국가 중 벨기에 다음으로 높았다. 그러나 미국, 일본 등 의사의 소득이 높은 주요 국가들은 관련 자료를 제출하지 않아 해당 통계에서 제외되었다.

정부의 발표 결과에 대한 논란도 이어졌다. 일반적으로 사용하는 기준인 GDP가 아닌 PPP 기준으로 환산했으며, 2020년 환율 대신 2023년의 낮은 환율을 적용하여 고의로 의사의 연봉 수치를 높였다는 주장이다. 대한의사협회 KMA 폴리시는 동일한 자료를 이용하여 재분석한 결과를 발표하였다. 재조사 결과, 개원의의 연평균 소득은 2억 449만 원, 봉직의 1억 3897만 원으로 나타났으며, 정부 발표와 달리 OECD 국가 중 임금 순위는 전문의 개원의 2위, 일반의 개원의 9위, 일반의 봉직의 6위에 해당한다고 발표하였다.

한편, 국세청에서 보고한 2021년 전문직 업종 중 의료종사자 사업소득 자료에 따르면 의사, 한의사, 치과의사가 포함된 의료종사자 76,673명의 1인당 평균 사업소득은 2억 6,900만 원으로 나타났다. 국세청 설명에 따르면, 사업소득이란 고용 관계 없이 독립된 자격으로 계속적으로 용역을 제공하고 지급받는 대가를 의미한다. 따라서 이는 봉직의가 아닌 개원의의 평균 소득으로 해석할 수 있으며, 개원의 외에도 독립적인 사업을 운영하는 의사의 사업소득도 일부 포함될 수 있다. 의료종사자의 상위 1% 소득자 766명의 평균 소득은 25억 9600만 원으로, 이는 평균 사업소득의 약 9.6배에 해당한다. 이러한 결과는 의료인 사이의 소득 격차가 점점 커지고 있으며, 병·의원의 양극화 현상이 심화되고 있음을 보여준다.

2024년 4월, 정부는 2022년 기준 병·의원에서 근무 중인 의사 인력 9만 2570명의 평균 연봉이 3억 100만 원이라는 내용이 담긴 '의사 인력 임금 추이' 자료를 서울고등법원에 제출하였다. 이 자료에 따르면 임금 상승 폭은 의원급 의료기관에서 특히 크게 나타났다. 의원급 의료기관인 개원의의 연봉은 2억 1400만 원(2016년)에서 3억

의사는 이렇게도 일한다

4500만 원(2022년)으로 연평균 8.3%가 올랐다. 반면 중증 환자나 응급의료를 담당하는 상급종합병원 의사의 연봉은 1억 5800만 원(2016년)에서 2억 100만 원(2022년)으로 연평균 4.1%가 올랐다.

해당 자료는 복지부가 제출한 의대정원 증원 자료의 일부이며, 의사 부족으로 인해 의사들의 임금이 증가하고 있다는 정부의 입장을 대변하는 자료다. 이 자료는 건강보험공단이 2022년까지의 보험료 산정을 위한 금액을 기준으로 산출한 의사의 연평균 임금을 근거로 작성되었다. 이는 "2020년 보건의료인력 실태조사"에서 발표한 의사의 연평균 임금 2억 3069만 원과 비교했을 때 크게 상승한 액수다. 그 이유는 조사 대상에서 인턴과 전공의를 제외했기 때문이다.

의료수가란 무엇일까?

정부는 의사 수가 부족하여 의사의 임금이 지나치게 높아지고 있다고 주장한다. 개원가의 높은 임금 때문에 종합병원 의사들이 개원가로 몰리는 '개원가 러쉬' 현상이 발생하고, 이로 인해 필수의료를 담당할 인력이 부족해진다는 것이다. 그러나 실제 개원가에서는 경영난을 호소하는 목소리가 크다. 실제로 폐업하는 병·의원도 늘어나고 경영난에 몰린 일부 의사가 극단적인 선택을 하는 경우도 있다. 왜 이러한 상황이 벌어지는 걸까?

여러 가지 이유가 있겠지만, 많은 전문가가 의료수가 문제를 우선적으로 지적한다. 의료수가는 대한민국의 건강보험제도와 밀접한 연관이 있다. 한국의 국민건강보험은 전 세계적으로 주목받으며, 이는 모든 국민을 대상으로 하는 성공적인 사회보장제도로 평가받는다. 개인의 의사와 상관없이 대한민국 국민이라면 건강보험 가입은 법적 의무다. 정부는 국민 소득에서 일정 비율의 건강보험료를 세금과 함께 징수하고, 건강보험공단에서 이를 관리한다.

동시에 한국은 요양기관 당연지정제를 시행하는 국가다. 이는 한국의 모든 병원과 의원이 요양기관으로 강제적으로 지정되어 국가의 관리 하에 운영된다는 뜻이다. 이로 인해 환자는 전국의 어느 병원에서나 동일한 국민건강보험제도의 혜택을 받을 수 있다. 환자는 치료비 중 5~30%만 부담하고, 나머지 비용은 국가가 건강보험료로 지원한다. 이 지원금은 건강보험공단에서 요양기관으로 직접 지급하며, 이를 '요양급여비'라고 한다. 하지만 모든 치료가 지원되는 것은 아니다. 건강보험에서 지원하는 치료는 대부분 필수적인 의료 서비스로 한정되며, 건강보험공단은 이를 '요양급여 항목'으로 지정하여 관리한다.

바로 이 '요양급여 항목'에 포함된 치료비의 가격을 '의료수가'라고 한다. 의료수가는 의료시설의 차이나 지역과 무관하게 동일한 반면, 가격이 비싸 국가에서 지원하기 어려운 항암제나 새로운 치료법 혹은 미용이나 성형시술 등의 필수적이지 않은 치료는 '비급여 항목'으로 분류된다. 비급여 항목은 의료수가가 적용되지 않아서 환자가 100% 비용을 부담해야 하는데, 이 비용은 시장경제원리에 따라 책정되며 의료기관마다 가격이 달라질 수 있다. 이러한 본인부담금을 보상하기 위해 등장한 보험 상품이 실손보험 혹은 실비보험 상품이다. 이는 환자가 낸 치료비 중 본인부담금이나 비급여 항목에 해당하는 금액을 보상받을 수 있도록 설계된 민간 보험 상품이다. 최근 실손보험 개정으로 인해 비급여 항목 보장은 점차 축소되고 있다.

문제는 급여 항목에 대한 의료수가의 적정성이다. 정부는 국민건강보험료에서 지급하는 비용인 의료수가를 의도적으로 낮게 유지해 왔다. 1977년 건강보험제도가 도입될 당시에 정부는 재원 부족 문제 등을 이유로 당시의 평균 치료비인 관행 수가의 55% 수준으로 의료수가를 책정하였고, 이후 단계적으로 의료수가를 인상하겠다고 약속했다. 그러나 2025년 현재까지 진료비 원가에도 미치지 못하고 있다. 의료수가는 매년 관련 단체와 협의를 거쳐 결정되며, 최종적으로 심평원에서 확정한다. 의료수가 인상률은 물가 상승률과 최저 임금 상승률에 크게 못 미치는 수준이다. 물가 상승률은 2002년 5.1%, 2003년 3.6%, 2004년 2.3%를 기록했으며 같은 기간 최저 임금 상승률은 5.1%, 5.0%, 2.5%이다. 반면, 의료수가 인상률은 2022년에 2.09%, 2023년과 2024년에 1.98%로 정체되었고, 2025년에는 1.96%로 더 낮게 책정되었다.

그 결과 한국은 전 세계적으로 낮은 의료비의 가격 경쟁력을 자랑하는 국가가 되었다. 2017년 OECD 자료 'Hospital Price Levels'에 따르면, OECD 평균을 100으로 했을 때 한국은 66으로 보고되었다. 이는 한국의 병원비가 OECD 평균의 66% 수준이라는 뜻이다. 또한 의료비가 가장 높은 미국을 100으로 보았을 때 한국의 의료수가는 48로 보고되었다. 이는 OECD 평균인 72보다 훨씬 낮은 수치다.

의료수가의 적정성에 대한 논란은 오랫동안 지속되어 온 문제다. 공공기관에서 수행한 대부분의 연구 자료에 따르면, 의료수가의 원가보전율은 80% 전후로 보고된다. 이는 급여 항목 치료에서 약 20%

정도의 손해가 발생한다는 의미다. 일부에서는 원가보전율에 대한 정의가 잘못되어 있으며, 현재의 의료수가가 낮지 않다는 주장도 제기하지만, 대체로 필수치료 항목의 의료수가가 낮다는 점에 대해서는 동의한다. 즉, 의료수가는 모든 분야에서 낮은 것이 아니라 특정 분야에서 불균형적으로 낮다. 특히 수술이나 위험성이 높은 의료행위의 경우 적절한 보상을 받기 어려운 구조다.

또한 현행 건강보험은 90% 이상이 '행위별 수가제'로 구성되어 있어, 한국에서는 의사들이 행위량을 늘릴수록 더 높은 소득을 얻는 구조가 형성되었다. 의료행위의 숙련도나 위험도를 객관적으로 반영하기 어려운 구조로 인해, 질적 개선보다는 양적 증가가 우선시되어 온 것이다. 2021년 OECD 회원국들을 대상으로 한 '국가별 의료 서비스의 운영 효율성과 품질 효율성을 비교한 연구'에 따르면, 한국은 개별 치료비는 낮지만 전체적인 의료비 지출은 낮지 않다는 지적이 있다. 이는 의료비가 비효율적으로 사용되고 있다는 점을 시사한다.

정부의 가격 통제가 이루어지고 있는 급여 항목은 대부분 필수진료과의 치료에 해당한다. 필수진료과의 경우 대부분의 치료가 급여 항목에 포함되므로, 중증 환자를 많이 볼수록 병원이 적자가 커지는 구조다. 예를 들어, 응급실이나 중환자실에서는 환자 한 명을 치료할 때마다 적자가 발생한다. 병원 경영자는 법적으로 필요한 최소한의 중환자실과 응급실 병상 수만 유지한다. 또한 적자가 발생하는 진료 과목일수록 의료진의 인력도 최소한으로 유지한다. 대형병원에 근무하는 외과 의사들 대부분이 과다한 업무에 시달리는 이유도 여기에 있다.

대표적인 예가 바로 흉부외과다. 흉부외과는 심장과 폐를 다루는 필수의료 분야의 핵심 진료과목으로, 응급수술이나 대수술이 많아 전문 의료진이 함께 움직여야 한다. 그러나 상급의료기관조차 흉부외과 의사를 충분히 고용하지 않는다. 이에 따라 흉부외과 의사는 전공을 살려 취업하기도 어렵고, 흉부외과 수술을 하고 있는 병원은 업무 강도가 높다. 실제로, 흉부외과 전문의 317명 중 304명이 개원가에서 흉부외과 과목이 아닌 다른 진료를 하는 것으로 보고되었다. 외과 의사 역시 2,632명 중 절반이 넘는 1,370명이 개원가에서 외과가 아닌 다른 진료를 한다. 이러한 상황은 한국의 의사가 부족한 것이 아니라, 필수의료를 수행할 의사가 부족하다는 주장의 근거가 된다.

2023년 3월 29일, 대한소아청소년의사회에서 '폐과'를 선언하는 기자회견을 열었다. 소아청소년과는 진료 특성상 보호자의 민원과 법적 소송이 많고, 비급여 항목이 거의 없다. 그러나 저출산으로 인해 소아 환자 수가 꾸준히 감소했음에도 정부는 별다른 대책을 마련하지 않은 채 시간만 흘렀다. 이후 코로나19 시기에 소아청소년과는 직격탄을 맞았다. 여기에 이대목동병원 사건으로 인한 소아과 전공의 기피 현상으로 인해 진료 시스템이 붕괴되면서, 중증 소아 환자를 의뢰할 상급의료기관이 부족한 현실이 또 다른 어려움으로 작용하고 있다. 지난 5년간 폐업한 소아청소년과 의원이 662곳에 달한다. 결국, 소아청소년과를 떠난 전문의들은 만성질환 진료를 보거나 피부 미용 시술을 배우고 있다. 한국에서 소아과 오픈런의 이유는 소아과 의사가 없기 때문이 아니라, 소아 진료만으로는 의원 경영이 불가능한 구조 때문이다.

그렇다면 의료기관은 어떻게 수익을 맞추는 것일까? 대부분의 병·의원은 의사 한 명이 많은 환자를 진료하는 방식, 즉 진료행위의 양을 늘려 낮은 의료수가를 보완하는 박리다매형 시스템이다. 실제로 한국은 의사 1인당 진료 건수가 OECD 평균 3.4배에 달한다. 또 다른 방법은 비급여진료 항목이나 부대사업을 통해 수익을 보존하는 것이다. 병원은 장례식장이나 검진센터를 통해 수익을 유지한다. 병원 로비의 프랜차이즈 카페에서 발생하는 수익이 일반 진료와 수익의 몇 배 이상이라는 것은 공공연한 비밀이기도 하다.

전 국민에 대한 치료 보장성 강화 정책으로 인해, 비급여 항목 중 하나이던 상급종합병원에서의 선택진료비, 일명 '특진비'가 2018년 3월 이후 완전히 폐지되었다. 특진비 폐지 이후 대형병원의 수익은 오히려 증가했다. 서울의 주요 상급종합병원 5곳의 요양 청구금액은 매년 꾸준히 증가하고 있는 것으로 보고되었다. 이는 상급의료기관으로 환자 쏠림이 심화될 것이라는 우려가 현실화된 사례다. 대형병원들은 최근까지도 확장 위주의 경영을 지속하며 수도권에 분원을 연이어 개원하고 있다. 대학병원이 중증 환자의 치료보다 경증 환자 진료에 집중하며, 동네 의원과 경쟁을 한다는 비판이 커지고 있다.

대학병원 교수는 하루에 수십 명에서 백 명 이상의 외래 환자를 진료하기도 한다. 이는 전공의를 이용한 진료보조 시스템 덕분에 가능했다. 전공의는 환자 초진, 처방 입력, 외과적 처치 보조, 설명 의무 대행 등 다양한 역할을 한다. 입원 환자의 경우에도 전공의는 주치의 역할을 하며 동시에 수술 준비와 보조, 수술 후 관리를 수행하며 주당 100시간 이상의 업무량을 감당해왔다. 전공의의 임금은 전문의의 30% 수준이며, 전공의 한 명의 업무량을 담당하기 위해서는 대체 인력 4명이 필요하다고 한다. 2024년, 대한민국 의료계는 전공의

의사는 이렇게도 일한다

의 값싼 노동력에 의하여 상급의료기관이 유지되었다는 사실이 명백히 드러났다. 상급병원 의사 인력의 40%를 차지하고 있던 전공의 중 92.3%가 자발적으로 수련을 포기했으며, 전공의가 없는 병원에서는 진료량이 평소의 50% 이하로 감소했다. 이로 인해 남아 있는 교수들은 과로에 시달리고 있고, 하루 수십억 원의 적자가 발생하고 있다.

2024년 한국 의료계는 준비되지 않은 상태에서 심각한 위기를 맞이했다. 전문의 중심 병원과 필수의료 분야의 수가 대폭 인상이라는 방향은 옳지만, 핵심은 결국 경제적 문제다. 의료 시스템의 정상화를 위해 필요한 막대한 재원을 어떻게 마련할 것인지가 관건인 것이다. 국민들이 건강보험료 인상에 동의할지, 아니면 국가 재정으로 이를 지원할지에 대한 국민적인 합의가 필요하다. 상급의료기관의 경영 지원을 위해 국가가 쓰고 있는 조 단위의 재원이 너무도 아깝기만 하다.

의사도 본격적인 경쟁의 시대에 놓여 있다

그렇다면 비급여 진료를 주로 하는 개원가는 어떤 상황에 놓여 있을까? 비급여 항목의 대표적인 분야는 미용, 성형, 피부, 비만이다. 1990년대까지의 미용성형은 일부 연예인을 중심으로 비밀리에 유행되다가, 2000년대 이후 본격적으로 대중화되었다. 보톡스, 필러, 실리프팅 등과 같은 쁘띠성형의 유행과 함께 피부과, 성형외과와 같은 전문의부터 일반의, 가정의학과, 전문과목 진료에 한계를 느낀 다양

CHAPTER 11

한 전문의까지 미용성형 시장에 대거 참여하게 되었다.

비급여 항목은 미용, 성형, 피부, 비만에서 수액, 영양주사, 관절주사, 도수치료, 통증관리 등 각 전문과목별로 다양하게 확대되고 있다. 이는 좀 더 높은 수준의 의료 서비스를 원하는 고객의 수요와 맞물려, 비급여 의료 시장이 폭발적으로 성장하는 계기가 되었다. 비급여 의료 시장의 확장은 K-뷰티와 K-의료를 선도하는 중요한 의료 산업의 분야로 자리 잡았다.

그러나 일반의와 전문의들 사이에 진료 영역을 다양화하고 비급여 항목을 늘리면서 경쟁은 더욱 심화되고 있다. 이 경쟁 시스템에 진입하지 못한 1인 의원의 경영난은 날로 커지고 있다. 현재 급여 시장이 정부의 가격 통제로 인해 위축되고 있다면, 비급여 시장은 무한 경쟁 속의 양극화, 빈익빈 부익부 현상으로 치닫고 있다. 이러한 경향은 몇 가지 방향성으로 나타난다.

첫 번째는 네트워킹을 통한 지점의 확대 및 브랜딩 병원을 통한 대형화다. 병원 하나에 수십 명의 의사가 근무하며 수백 명의 환자를 동시에 진료할 수 있는 설비를 갖추고 있다. 각 전문 영역을 세분화하여 운영하고, 여러 명의 의료진이 협업하여 시술을 진행한다. 원스톱 서비스로 한 곳의 병원에서 종합적인 시술을 받을 수 있다. 전국적인 네트워킹을 통해 대규모 마케팅과 해외 환자를 유치하는 등 적극적인 확장을 이어가는 대형화 전략이다.

두 번째는 소수 환자에게 최고 수준의 의료 서비스를 제공하는 고급화 병원이다. 피부, 미용뿐만 아니라 비만, 만성질환, 스트레스 등 전반적인 건강관리를 담당하며 유전자검사, 줄기세포 치료, 첨단기기를 이용한 고가의 의료 서비스를 제공한다. 이러한 병원들은 통합

의사는 이렇게도 일한다

적이며 맞춤형 의료를 지향하고 프리미엄 시장을 타겟으로 한다.

세 번째는 박리다매 시스템을 통해 수요가 많은 시술을 합리적 가격으로 제공하는 시스템이다. 이는 공장식 수술, 덤핑 진료라는 비판을 받기도 하지만, 가격 대비 효율성을 높여 젊은 층을 대상으로 공격적인 마케팅을 벌인다.

네 번째는 특정 분야에 진료에 집중하는 전략이다. 예를 들어 부작용 사례만을 전문적으로 관리하거나, 남성 환자를 대상으로 한 미용 및 성형, 특정 질환만 집중적으로 치료하는 등 차별화된 수요에 초점을 맞추는 것이다.

정치권에서는 필수의료체계를 붕괴시키는 주범으로 비급여 진료와 이를 보상하는 실손보험을 지목한다. 이 때문에 필수과목 전문의보다 비급여 진료를 하는 일반의의 월급이 훨씬 높아지며, 응급 환자나 중증 환자를 진료해야 하는 필수과목 전문의나 대학병원 교수들이 개원가로 옮겨간다는 것이다. 이 때문에 응급실 뺑뺑이, 소아과 오픈런, 산부인과 분만 난민 등의 현상이 나타나고 있는 것으로 본다. 이를 해결하기 위해 의료개혁특별위원회는 비급여 진료와 실손보험에 대해 강력한 규제를 예고하였다.

또한 보건복지부는 2024년 2월 4일에 '제2차 국민건강보험 종합계획'에서 여러 가지 중장기 의료계획을 설명했는데, 여기에는 '혼합진료 금지 정책'이 포함되어 있다. 혼합진료 금지는 비급여와 급여 진료를 동시에 받는 것을 제한하는 정책이다. 예를 들어 발목을 다친 환자가 병원에 와서 급여 항목인 물리치료를 받는 경우, 비급여 항목인 도수치료는 함께 받을 수 없다. 현재까지 세부 운용 기준이 발표되지 않았으나 정책의 목적은 의사들의 비급여 진료 확대를 막겠다는 것이며, 이는 향후 개원가에 큰 영향을 줄 것으로 생각된다.

그렇다면 비급여 진료는 비윤리적인 것일까? 이에 대한 법적 해석을 확인해 볼 수 있다. 국내의 요양기관 당연지정제가 의사의 직업수행의 자유와 평등권을 침해한다는 헌법소원이 수차례 제기되었다. 그러나 헌법재판소는 이를 기각하면서, 비급여 진료를 통해 의사들이 어느 정도 자율성을 가진다는 점을 주요 근거로 들었다. 2002년 헌법재판소의 결정문은 "의료행위를 비급여 대상으로 제공할 수 있는 가능성을 인정하고 있는 바, 현재의 의료보험 수가제도에 미흡한 점이 있더라도, 요양기관 강제지정제도하에서도 의료인의 의료행위를 통하여 개인의 직업관을 실현하고 인격을 발현할 수 있는 여지를 어느 정도 가지고 있다고 할 것이다"라고 하였다.

이는 의사들이 비급여 진료를 통해 어느 정도 자율성을 가지므로, 당연지정제를 통한 수가의 통제가 정당하다는 판단이다.

2012년에도 헌법재판소는 "요양기관 강제지정제 아래에서도 요양급여비용 산정과 비급여 의료행위의 가능성을 통해 의료기관 사이의 실질적인 차이가 반영된다"라며 요양기관 당연지정제에 대하여 합헌 결정을 내렸다. 현재 의료 제도에서 요양기관 당연지정제가 합헌이 되는 주요한 근거는 '비급여 진료를 통한 자율성'이라고 본 것이다.

개인 의원을 운영하는 의사는 단순한 의료인이 아니라 자영업자다. 이는 진료뿐만 아니라 경영까지 책임져야 하며, 의료기관의 특수성으로 인한 행정 및 법적인 부담도 떠안고 있다는 뜻이다. 과거에는 의사가 별다른 노력 없이도 고수익이 보장되는 직업으로 여겨졌다. 이는 인테리어, 의료장비, 개원비용 등 초기 고정비용이 들어가는 대

의사는 이렇게도 일한다

신, 손익분기점을 넘기면 최소한의 진료의 수준과 서비스만 유지해도 안정적인 수익이 가능했기 때문이다. 그러나 의사들이 느끼는 현실은 과거와 다르다. 급여 진료 시장에서는 예전 수준의 수익을 유지하기 위해 더 많은 환자를 진료해야 하지만, 실제로는 환자 수가 줄어들고 있다. 같은 건물에 같은 과목의 의원이 여러 개 들어서는 경우도 드물지 않다. 비급여 진료 시장에서는 대형화, 고급화, 특수화 혹은 박리다매식 병원과 무한경쟁에 직면하고 있다. 이러한 시장에서 병·의원들은 생존을 위해 각자의 방법으로 최선을 다하고 있다. 환자의 편의를 고려하고 다양한 서비스를 제공하는 등 긍정적인 변화도 나타나지만, 많은 의사들이 전문과목에 대한 최신 의학적 지식을 업데이트하기보다 비급여 시술을 배우기 위하여 미용학회를 참석하거나 마케팅을 위해 블로그와 유튜브를 공부하는 것이 지금의 현실이다.

의료 마케팅은
의료법을 준수해야 한다

검색창에 병·의원 마케팅이라고 써보면 유료 광고가 화면을 가득 채운다. 이는 병·의원 간의 경쟁이 그만큼 치열해졌음을 보여준다. 병·의원 개원이나 경영을 지원하는 컨설팅 업체도 점차 늘어나고 있다. 과거에는 비급여 진료에 국한되었던 의료 마케팅이 이제는 급여 진료의 영역까지 확장되었다. 일반적인 의료 광고를 넘어 블로그, 페이스북, 인스타그램 등 SNS를 활용한 마케팅까지 공격적으로 증가하고 있다.

온·오프라인에서 광고가 넘쳐나고 있는 상황에서도 꼭 기억해야할 사실이 있다. 의료 광고는 의료법의 테두리 안에서 이루어져야 한다는 것이다. 과거의 병·의원 광고는 「의료법 제46조」에 따라 일부 제한된 문구만 허용하는 포지티브 규제 방식을 적용했다. 즉 과거에는 의료기관의 명칭, 진료과목, 전화번호 정도의 기본적인 정보 제공만 가능했다. 그러나 인터넷 환경의 변화와 함께 환자의 정보 요구가 늘어나면서 이러한 방식의 규제가 불가능해졌다. 2018년 9월부터 대한의사협회 의료광고심의위원회에서 병·의원 광고에 대한 자율심의가 시작되었다. 의료 광고의 핵심은 사실이나 과학적으로 입증 가능한 내용만 광고가 가능하다는 점이다. 근거가 없거나 과장된 내용, 경쟁자를 비방하거나 비교하는 내용은 허용되지 않는다. 그 외에도 의료 마케팅에서 고려할 사항에는 '환자의 유인·알선 행위에 해당하는지' '치료 전후의 사진 사용이나 치료 후기에 대한 규정을 준수하는지' '개인정보 보호법을 준수하는지' 등이 있다.

특히 SNS를 이용한 마케팅은 더욱 각별한 주의가 필요하다. 보건복지부의 입장은 SNS 광고 역시 사전심의 대상에 포함된다는 것이었으나, 현실적으로 수많은 의료기관의 계정을 일일이 단속하는 것이 불가능했다. 그러나 최근 의료 광고에 대한 규제가 강화되면서, 특히 SNS 홍보물에 대한 단속과 경쟁자에 의한 고발 사례도 늘어나고 있다. 이에 따라 2023년 12월에는 온라인 매체를 중심으로 '자발적인 후기를 가장한 광고' '비급여 진료비용을 할인하거나 면제하는 내용의 광고' 등을 집중 단속하겠다는 계획을 발표한 바 있다.

주의해야 할 점은 사전심의에 통과한 의료 광고라 하더라도 법적 책임에서 면제되지 않는다는 것이다. 보건복지부의 판단이나 가이드

의사는 이렇게도 일한다

라인은 중요하지만, 이는 하나의 의견에 불과하다. 행정처분 등 의료법의 적용 여부는 최종적으로 법원의 판단에 따르게 되며, 이 과정에서 사전심의 여부와 가이드라인 준수 여부는 참고자료로 사용된다. 특히 법적 해석이 모호한 경우에는 위반으로 판단되는 경향이 있다. 따라서 의료 마케팅을 진행할 때는 가능한 보수적인 결정을 내리는 것이 바람직하다.

병원이나 의원이 부대사업을 운영할 수 있을까?

의료기관들이 선택하는 생존전략 중 하나는 '부대사업 운영'이다. 병·의원 내에서 화장품이나 건강기능식품을 판매하거나, 별도의 센터를 운영하기도 한다. 피부과의 피부관리센터, 정신과의 발달센터나 심리상담센터, 재활의학과나 정형외과의 도수치료센터가 대표적이며, 검진센터나 특수치료센터 등이 있다.

그렇다면 이런 부대사업은 어떻게 운영될까? 기본적으로 진료를 하는 의사에게 의료기관 외의 활동에 대한 법적 제한은 없다. 또한 의료기관에서 제공하는 비의료 서비스에 대한 별도의 규정도 없다. 다만 보건복지부는 「의료법 제32조1항」에 따라 의료기관을 의료업을 하는 곳으로 규정하면서 "의료기관에서 의료업 외의 타 업종을 운영하는 것은 부적절하나, 별도의 독립된 서비스 공간에서는 관련법에서 정하는 바에 따라 제한적으로 의료업 외의 타 업종을 운영하는 것이 가능할 것"이라는 의견을 밝힌 바 있다.

이를 해석해 보면, 위생상 문제가 없는 경우 병원 내 독립된 공간이 아니더라도 화장품이나 건강기능식품의 판매는 가능할 것으로 보인다. 다만, 병원의 일부를 별도의 서비스 공간을 지정하여 의료기관에서 분리했다면 그 공간에서는 의료행위가 금지된다. 의료인이 의료기관이 아닌 곳에서 의료행위를 할 경우, 자격 정지 3개월의 행정처분을 받을 수 있다.

또 다른 문제는 센터의 운영 방식이다. 의사가 직접 센터를 운영하면서 센터 직원에게 급여나 인센티브를 지급하는 것은 가능하다. 그러나 센터 운영을 전적으로 센터장에게 맡기고, 수익을 공유하는 경우에는 문제가 될 수 있다. 이는 비의료인과의 동업에 해당할 수 있으며, 일종의 사무장 병원으로 간주되어 「의료법 제33조」 위반으로 판단될 가능성이 있다. 더욱이 국민건강보험공단에 대한 사기죄까지 추가될 수 있으므로 주의해야 한다. 또한 의료인, 간호조무사, 의료기사는 '파견근로자 보호 등에 관한 법률 시행령 제2조'에서 파견이 명확히 금지된 직종으로, 이에 대해서도 주의가 요구된다.

병원이
전문화되고 있다

병원의 또 다른 생존전략은 전문화 및 특화, 세분화다. 1990년대 후반부터 환자들의 대형병원과 수도권 쏠림 현상이 심화되면서, 지방 중소병원의 경영 악화가 가속되었다. 이를 극복하기 위한 많은 연구가 진행되었는데, 그중 하나가 전문화 병원이다.

전문화 병원은 특정 질환만 다루거나 특정 환자를 대상으로 하는 병원을 말한다. 진료 영역별 전문화 병원은 암, 심장질환, 뇌혈관질환, 대장항문 전문병원이나 어깨나 손 수술, 디스크 등과 같이 특정 질환만을 전문적으로 치료하는 병원이 해당된다. 이러한 병원은 특정 질환을 치료할 때 필요한 전문 인력과 최신 의료기기를 집중적으로 활용하여 효율성을 높인다.

진료과목별 전문화에 성공한 병원 중에서는 높은 인지도를 가진 병원도 있다. '김안과' 같은 안과 전문병원부터 '우리들병원'과 같은 척추질환 전문병원 등이 이에 해당된다.

특정 환자군을 대상으로 하는 전문화 병원은 여성전문병원, 노인 전문병원, 아동병원 등이 있다. 이들은 특정 환자군의 필요에 맞춘 치료 공간과 서비스를 제공한다. '넥슨어린이재활병원'과 같은 경우 장애 어린이들에게 전문적인 재활치료를 제공하는 동시에 보호자를 위한 프로그램을 함께 운영하기도 한다.

진료 방법을 전문화하는 병원에서는 유전자검사를 바탕으로 하는 개인화된 치료, 재활 특화 서비스, 가정간호 등으로 세분화된 서비스를 제공한다. 이 외에도 병원의 특성을 강화한 다양한 형태의 전문화가 있다. 예를 들어 친절한 병원, 기다리지 않는 병원, 직접 찾아가는 병원이나 환자의 참여를 유도하는 병원도 있다. 소수의 환자에게 고급화된 서비스를 제공하는 것도 전문화 전략의 일환이다.

보건복지부에서는 2011년부터 전문병원 지정제도를 운영하고 있다. 전문성과 역량을 갖춘 중소병원을 육성한다는 목적으로 정부가 지원하는 제도다. 전문병원 지정은 환자 구성 비율, 진료량, 필수진료과목, 의료 인력, 병상수, 의료 질, 의료 서비스 수준 등 7개 항목을 심사하여 이루어진다. 초기에는 3년에 한 번 지정했으나, 2021년부터는 매년 지정하는 방식으로 변경되었다. 전문병원 지정 분야는 질환별로 관절, 뇌혈관, 대장항문, 수지접합, 심장, 알코올, 유방, 척추, 화상, 주산기, 한방중풍, 한방척추 12개이고, 진료과목별로는 산부인과, 소아청소년과, 신경과, 안과, 외과, 이비인후과, 한방부인과의 7개 분야가 있다.

2025년 기준으로 전문병원은 병원 98개소, 한방병원 11개소로 총 109개소가 지정 및 운영되고 있다. 전문병원의 지정 방식 및 기준에 대해서는 보건복지부 홈페이지에서 추가적인 자료를 확인할 수 있다. 전문병원은 '보건복지부 지정 전문병원'이라는 명칭으로 광고할 수 있으며, 전문병원 기준에 따라 높은 건강보험 수가를 지원한다. 병원 입장에서는 하루당 진료 수익이 늘어나지만, 국가적으로는 환자의 입원 일수를 줄이고 총 진료비를 감소시키는 등 긍정적인 효과를 거두고 있다. 또한 전문병원의 경우 상급진료기관에 비해 진료비가 낮으면서도 의료의 질은 높다는 평가를 받기 때문에 의료의 효율성을 높이는 데 기여하고 있다. 이에 따라 향후 정부의 지원이 확대될 것으로 예상된다.

'스마트병원'에 대한 움직임도 있다. 환자가 병원을 들어오는 순간부터 접수, 검사, 외래 진료에 이어 입원 및 퇴원, 전원까지 연결되는 통합 프로세스가 구현되는 것이다. 이는 의료진의 단순 반복 업무를 줄이고 환자의 편의성을 높이는 것을 목적으로 한다.

예를 들어, 환자가 병원의 현관 출입구에서 바코드를 찍거나 등록한 차량이 병원 주차장에 들어서는 순간 외래 접수가 자동으로 이루어진다. 이후 진료 전에 필요한 검사, 혈압 측정, 설문지 작성 등을 완

　　　　　　　　　　　　　　　　의사는 이렇게도 일한다

료할 수 있도록 지원한다. 환자가 붐비는 시간에는 환자의 동선 및 진료 시간을 고려하여 채혈실이나 검사실의 순번이 자동으로 부여된다. 입원 환자의 경우, 진단에 따른 환자의 입원 일수를 고려하여 퇴원 일정을 계산하고 병상수를 조절할 수 있다. 입원 기간에는 실시간으로 환자를 모니터링하며, 낙상이나 욕창 등 이상 징후를 탐지해 이를 의료진에게 알리는 시스템이 작동한다. 응급실에서는 사물인터넷 기술을 활용해 환자를 모니터링하고, 인공지능을 통해 환자의 중등도를 평가하며 필요한 처치를 예측한다. 또한 지능형 물류관리 시스템과 스마트 카트장을 이용해 각 병동에 필요한 물품을 효율적으로 전달한다.

이러한 스마트병원 시스템은 의료 자원의 효율성을 높이고 운영 효율성을 극대화하는 데 목적이 있다. 보건복지부는 스마트 의료 인프라 구축을 위해 2022년과 2023년 '스마트병원 선도 모델 개발 지원사업'을 진행하였으나 2024년에 사업을 중단했다. 이후, 사업 방식을 다양화하여 재추진할 예정이라고 밝혔다.

또 다른 전략은 '고급화'다. 이는 의료 서비스를 차별화하고 치료에 대한 환자의 경험을 바꾸는 전략이다. 최고 수준의 의료진과 최신 의료시설을 기반으로 최상의 진료를 제공하며, 여기에 부가적인 프리미엄 서비스를 제공하는 것이다. 국내에서는 이미 VIP 전용 병동, 전담 의료진, 외국인 환자를 위한 통역 서비스 등이 있다. 실제 프리미엄 건강검진센터를 운영하는 〈차움〉의 경우 유전자검사 및 미용 서비스를 함께 제공하기도 한다.

반면, 한국의 비영리 병원과 달리 해외의 영리 병원은 한 단계 더 나아간다. 단순히 스위트룸 같은 호텔식 병실을 넘어 디올, 펜디, 베르사체 같은 명품 브랜드 병실을 운영한다. 이러한 병실은 가구와 소품까지 해당 브랜드 제품으로 꾸며져 있으며, 본사에서 주기적으로 관리한다고 한다. 이와 같은 의료기관의 고급화 전략은 병원 브랜드 사업과 프리미엄 마케팅으로 이어지고 있다.

'전 국민 의료보험'과 '의료기관 당연지정제'가 유지되고 있는 한국에서는 의료기관의 영리사업이 제한되어 있다. 이에 따라, 의료기관은 비용 대비 효율성을 높이는 방식으로 생존전략을 모색할 수밖에 없는 상황이다. 현재 대부분의 병원이 경영상의 어려움을 겪고 있으며, 앞으로의 발전 방향에 대해 고민이 더욱 깊어질 것으로 보인다. 의료 민영화에 대한 우려의 목소리도 높은 반면, 민영화가 이루어진다면 의료기술의 발전과 서비스의 혁신이 가능할 것이라는 기대감을 이야기하기도 한다. 현 시점에서 대한민국의 의료 시스템은 대변화의 갈림길에 서 있는 것이 분명하다.

의사도
브랜딩이 필요하다

이러한 변화의 시대에 브랜딩을 통해 자신을 차별화하려는 사람들이 늘어나고 있다. 개인 브랜딩(Personal Branding)이란 자신의 이미지나 인지도를 하나의 브랜드로 만들어, 가치를 명확하고 일관되게 전달하는 과정을 말한다. 이는 연예인이나 정치인에 국한되지 않고, 이제는 학생이나 직장인도 자신만의 브랜딩에 대해 고민하는 시대가되었다. 강력한 개인 브랜딩은 자신의 전문성과 경쟁력을 높일 뿐만 아니라 강연, 집필, 미디어 출연, 컨설팅 기회 등 다양한 부가가치를 창출하는 데 중요한 원동력이 된다.

의사들도 예외는 아니다. 자신의 이름을 알리고 차별화하기 위해 개인 브랜딩에 적극 나서는 이들이 늘어나고 있다. 특히, 이들은 디지털 플랫폼과 커뮤니케이션 기술을 활용하여 대중과 소통하고 의료의 전문성을 대중화하는 데 초점을 맞춘다. 최근에는 전문가로서의 실력과 함께 인간적인 면모를 보여주는 것이 성공적인 브랜딩의 핵심요소로 인식되고 있다. 블로그나 페이스북 등 개인 SNS에 글을 쓰고, 이를 통해 인지도를 쌓은 후 칼럼 집필이나 책 출판으로 활동을 확장하는 방식이다.

처음부터 유튜브 채널을 운영하는 경우도 있다. 의료 영역을 넘어 미술, 음악, 문화, 운동, 음식이나 여행 등 다양한 분야에서 활동하기도 한다. '얼짱' 혹은 '몸짱'으로 유명한 의사 인플루언서들도 등장하며, 이들의 개인적 인지도는 병·의원의 매출로 직결되기도 한다. 이는 개인 브랜딩이 단순한 자기 홍보를 넘어 직업적 성과와 연결될 수 있음을 보여준다.

의사들의 TV 출연 및 방송 출연도 늘어나고 있다. 이러한 방송 출연은 일반인들이 평소 궁금해하는 의학 정보를 알기 쉽게 전달하고, 환자들이 조기에 병원을 찾도록 유도하는 등 긍정적인 효과가 있다. 특히 공중파 방송, 그중에서도 예능 프로그램에 출연하면 단기간에 지명도가 올라가는 경우가 많다. 일부 의사들은 체계적인 홍보 전략을 통해 전문적인 이미지를 만들기도 한다. 그러나 홍보 대행사가 신문기사, 인터뷰, 방송 출연을 권유하고 비용을 요구하거나 지나친 홍보에 집중하며 논란을 일으키기도 한다.

과거에는 환자 치료로 명성을 쌓은 명의가 방송에 출연해서 이름을 알렸지만, 최근에는 방송 출연 자체가 '명의'라는 이미지를 만드는 수단이 되고 있다. 이는 의학 정보를 대중화한다는 본래의 취지에서 벗어나 과학적 근거가 부족한 개인적 의견을 마치 전문지식처럼 전달하거나, 상업적 홍보로 이어지는 부작용을 초래할 위험이 있다. 이뿐만 아니라 한두 번 출연했던 방송이 몇 년 후에 재편성되어 홈쇼핑과 연계된 재방송으로 활용되는 경우도 있다. 이 과정에서 본인의 의도와는 달리 방송이 상업적으로 악용되는 사례도 발생하며, 이는 의사의 전문성과 신뢰를 훼손할 수 있다.

2015년에 대한의사협회는 방송에 출연하여 허위, 과장, 상업적인 발언을 하는 의사를 '쇼닥터'라고 지칭하면서 '의사의 방송 출연에 관한 가이드라인'을 제정했다. 이 가이드라인은 같은 해 세계의사회에서 바로 채택하면서 국제적으로 주목을 받기도 하였다. 가이드라인 내용 중에는 '방송에 출연하는 의사는 의학적으로 입증되지 않거나 정당화되지 않은 의료행위나 상품을 권장하여서는 안 된다' 및 '출연료를 지급하고 방송에 출연하지 않는다'라고 명시하고 있다. 다만, 이러한 가이드라인은 구속력이 없다.

최근 가장 보편적이고 효과적인 개인 브랜딩 방법은 유튜브 채널 운영으로 보인다. 많은 의사 유튜버가 의학 정보를 제공하는 채널을 운영하며 대중과 소통하고 있다. 대표적인 채널로는 〈의학채널 비온뒤〉다. 의학 전문기자 출신인 홍혜걸 선생님이 운영하며 각 분야별 의사를 초청하여 인터뷰 형식으로 진행하는 이 채널은 구독자 수 188만 명을 보유하고 있다. 구독자 146만 명의 〈정선근 TV〉는 서울대학교 재활의학과 교수인 정선근 선생님이 직접 질병교육 및 운동

의사는 이렇게도 일한다

방법에 대해 알려주는 채널이다. 웹소설 작가인 '한산이가' 이낙준 선생님을 포함한 3명의 의사가 운영하는 〈닥터프렌즈〉는 주로 의학 정보를 전달하지만, 사회적 이슈나 의학 드라마나 게임 리뷰 등 다양한 콘텐츠를 선보인다. 〈교육하는 의사! 이동환TV〉는 다양한 건강 상식 관련 영상을 올리는데, 특히 스트레스와 수면에 관한 내용을 중요하게 다룬다.

이 외에도 정신과 의사인 양재진, 양재웅 형제가 함께 구독자의 사연을 상담해주는 〈양브로의 정신세계〉, 고혈압 및 당뇨 등 주요 질환에 대해 알려주는 내과 의사 〈닥터딩요〉, 국내외 한인 교포들의 건강 증진과 올바른 의학 지식의 전파를 위해 미국 내과 전문의이면서 화학 박사인 장항준 박사가 논문을 기반으로 전문적인 의학적 이슈를 설명해주는 〈장항준 내과TV〉 등이 있다. 또한 피부과, 산부인과, 재활의학과, 치과 등 전문적인 내용에 대해 상담이나 궁금증을 해결해주는 영상을 올리는 의사 유튜버들도 있으며, 지금도 매일매일 새로운 의사 유튜버가 탄생한다.

유튜브의 의료 영상은 일 년에 30억 회 이상의 조회수를 기록할 만큼 대중의 높은 관심을 받고 있다. 의학 정보를 전달하는 특성상 정확성이 매우 중요하지만, 현실적으로는 전문가의 딱딱한 내용보다는 일반인이 흥미 위주로 만든 영상이 더 큰 인기를 끈다. 이로 인해 비전문가에 의한 잘못된 의학 정보가 확산되고 있다는 문제가 꾸준히 제기되었다.

2021년에 한양대학교 의과대학 연구진이 통풍 관련 유튜브 영상 140개를 분석한 결과, 이 중 20% 정도가 잘못된 정보를 포함하고 있는 것으로 나타났다. 또한 의학 전문가의 영상은 대부분 환자 교육에 집중하고 있는 반면, 일반인이 제작한 영상의 약 75%가 제품 광고나 홍보로 이어진다는 보고도 있다.

이러한 문제를 해결하기 위해, 유튜브는 2022년부터 병원이나 정부기관에 제작한 보건·건강 관련 영상 콘텐츠에 출처를 표기하고, 검색 시 우선 노출되는 알고리즘을 도입했다. 이어 2024년부터는 '유튜브 헬스 인증라벨' 시스템을 적용하기 시작했다. 의료 전문가가 자신의 면허를 증명하면 해당 유튜브 채널과 영상에 인증라벨이 표시되며, 건강 관련 주제 검색 시 우선적으로 추천되는 보건 콘텐츠 섹션에 포함된다. 이러한 정책으로 인하여 의사들의 유튜브 활동이 더욱 활발해질 것으로 예상되며, 실제로 메디컬 콘텐츠를 전문적으로 제작하는 의사들도 늘어나고 있다.

나만의 브랜딩은 어떻게 만들 것인가?

그동안 의사들은 개인 브랜딩에 대해 그다지 관심을 가지지 않았다. 아직까지 SNS 계정이 없거나 카카오톡 프로필에 사진 한 장 올리지 않는 의사들도 많다. 정신분석가의 경우에는 치료를 위해 치료자의 개인정보를 의도적으로 제한하기도 한다. 의사들에게 있어 '브랜딩'이란 단어는 여전히 낯설고, 때로는 부정적인 인식을 동반한다. 브랜딩을 자기 과시 혹은 상업적 행위라고 여길 수도 있고, 의사 브랜딩의 필요성에 대해 여전히 동의하지 않을 수도 있다.

과거 의사들의 브랜딩이란 학문적 성취와 임상 실력이 전부였다.

유명 학술지에 논문을 발표하고, 동료들로부터 인정받는 것이 전문가로서의 정체성을 구축하는 핵심이었다. 진료와 연구로 바쁜 일상 속에서 다른 일은 고려할 여유조차 없었다. 능력 있는 의사라면 저절로 '명의'라는 브랜딩이 따라올 것이라고 여겼다. 더구나 의사는 가족보다 동료와 더 많은 시간을 보낸다. 의대 시절부터 전공의, 전문의 이후까지 의사들은 긴밀한 네트워크 속에서 서로의 실력과 성취를 속속들이 알게 된다. 그렇기 때문에 오랜 시간에 걸쳐 동료들의 인식 속에 쌓아온 '나'에 대한 평가가 곧 개인 브랜딩이었다. 브랜딩을 따로 만들어야 한다는 생각을 하기 어려웠다.

의사들이 브랜딩을 꺼리는 요인 중 하나는 환자와의 경계 설정의 어려움 때문이다. 환자들은 의사와 더 긴밀하게 연결되기를 원하지만, 이는 의사들에게 부담감으로 작용할 수 있다. 특히 SNS에 서툰 의사들에게는 전문성과 친근함 사이에서 균형을 잡는 것이 쉽지 않다. 이러한 이유들로 인해 의사에게 브랜딩은 여전히 낯설고 익숙하지 않은 과제다. 의사로서 전문가의 역할을 넘어서 공인이 된다는 것, 대중에게 얼굴과 정보를 공개한다는 것은 큰 용기를 필요로 한다.

그럼에도 브랜딩은 선택이 아니라 필수인 시대가 되었다. 의사들도 변화하지 않으면 도태될 수 있는 환경에 놓여 있다. 세상은 빠르게 변하고 기술의 발전은 의사의 역할과 의료 시스템의 근본을 흔들고 있다. 디지털 헬스케어의 확산은 의사들에게 새로운 과제를 던진다. 인공지능이 의사를 완전히 대체할 수는 없지만, 의사가 맡는 일의 본질은 변화하고 있다. 예전처럼 의사는 단순히 진료를 제공하는 것만으로는 충분하지 않으며, 기술과 융합된 의료 모델을 제안하고 이를 효과적으로 활용하며, 환자에게 명확히 설명하고 전달할 수 있는 능력을 갖춰야 한다.

또 다른 의료 변화의 핵심은 '환자 중심 의료 시스템으로의 전환'이다. 환자는 과거처럼 수동적으로 진료를 받는 대상이 아니라, 치료 과정에 직접 개입하고 선택하며 자신의 목소리를 반영하길 원한다. 좋은 치료 결과뿐만 아니라, 치료 과정에서의 소통과 공감을 중요하게 여기는 것이다. 인터넷, 소셜미디어, 다양한 디지털 플랫폼을 통해 환자들이 의사를 검색하고 비교하며 신뢰할 수 있는 전문가를 직접 찾는 환경을 만들어가고 있다. 환자 경험과 리뷰는 의료 선택의 중요한 기준이 되었고, 이는 의사가 환자와의 소통을 통해 자신의 전문성을 적극적으로 보여줄 필요성을 강조한다. 대중과 연결되지 못하는 의사는 자신의 실력을 발휘할 기회를 잃을 위험이 있다.

이와 함께 의료 서비스의 경쟁도 날로 심화되고 있다. 의료 공급 과잉과 함께 민영화 가능성이 논의되며, 환자 유치를 위한 마케팅과 브랜딩의 중요성이 커지고 있다. 하지만 경쟁이 심화될수록 의료비 절감 압박 또한 강해지며, 의사들에게는 더욱 어려운 도전이 될 것이다.

그러나 이러한 변화는 동시에 기회를 제공한다. 새로운 기술은 새로운 산업과 시장을 창출하며, 이는 창의적이고 혁신적인 개인에게 더 큰 가능성을 열어준다. 변화 속에서 성공하려면 단순히 현재에 안주하지 않고 지속적인 학습과 적응을 통해 성장해야 한다. 스스로를 혁신할 수 있는 의사만이 기회를 잡고, 새로운 환경에서 성공할 수 있을 것이다.

이러한 변화 속에서 젊은 의사들은 앞으로 어떻게 살아가야 할까? 그리고 브랜딩은 어떤 의미를 가질까? 브랜딩은 단순히 개인의

의사는 이렇게도 일한다

이름을 알리는 것을 넘어, 대중에게 의료의 전문성을 효과적으로 전달하고 환자들과 신뢰를 형성하는 데 핵심적인 역할을 한다. 환자들은 친근하면서도 전문적인 의사를 찾으려고 하며, 의사는 이러한 기대에 부응할 필요가 있다.

그러나 진정한 브랜딩은 단순히 이름을 알리고 이미지를 관리하는 것에 그치지 않는다. 브랜딩이란 평생의 목표를 설정하고 이를 달성하기 위해 지속적으로 노력한 최종 결과물이다. 자신의 전문 분야, 진료 철학, 가치 등을 명확히 정의하고, 목표하는 이미지를 구축하며 이를 위해 지속적인 학습과 혁신이 필요하다. 브랜딩은 단시간에 이루어지지 않는다. 개인의 경험과 성과, 실패와 성공이 모두 축적되어 형성된다. 이것은 개인의 진정성 있는 이야기와 전문적 경험들이 모여 만들어지는 결과물이며, 시간이 지나면서 더욱 풍부하고 견고한 브랜드가 된다.

그동안 가까이에서 본 많은 의사 동료와 선후배들은 좋은 의사이자, 성실한 사회의 구성원으로 묵묵히 최선을 다해 살아왔다. 과거 의사의 브랜딩이 '실력 있는 전문가'로 정의되었다면, 미래의 의사 브랜딩은 훨씬 더 다채롭고 다양할 것이다. 과거에는 환자들이 단순히 실력 있는 의사를 찾는 것이 중요했다면, 이제는 의료 서비스에 대한 기대와 선호가 더욱 다양해지고 있다. 치료의 질뿐만 아니라, 환자 개개인의 가치관과 라이프스타일을 고려한 맞춤형 의료 서비스가 점점 더 중요해지고 있는 것이다. 이제 환자들은 최고의 의사를 찾는 것이 아니라 자신과 잘 맞는 의사를 원한다. 친절하고 소통이 원활한 의사를 선호하는 경우도 있고, 최신 의료기술을 적극적으로 활용하는 병원을 찾는 사람들도 있다. 자연 친화적인 치료법을 중요하게 생각하는 환자들도 점점 늘어나는 추세다.

이런 변화 속에서 의사들도 자신만의 강점과 철학을 바탕으로 한 브랜딩이 필요하다. '친절하고 편안한 진료를 제공하는 의사' '최신 의료 기술을 활용하는 전문가' '자연 치유를 중시하는 의사' '환자의 삶을 깊이 이해하는 주치의' 등 자신만의 색깔을 분명히 할수록 환자들이 보다 쉽게 자신에게 맞는 의료 서비스를 선택할 수 있다.

후배 의사들에게 바라는 것이 있다면, 자신에게 시간과 에너지를 투자하며 진정으로 원하는 것이 무엇인지 알아가는 과정을 경험해 보라는 것이다. 어떤 이는 임상의사로서의 자부심을 느끼며 환자와의 관계 속에서 기쁨과 보람을 찾는 삶을 살아갈 수도 있다. 또 어떤 이는 안정된 직업을 기반으로 일과 삶의 균형을 추구하며, 여가 시간을 개인적인 즐거움으로 채우는 과정에서 새로운 분야의 전문가로 성장하기도 한다. 본인이 원하는 삶이 남들과는 전혀 다른 길일 수도 있다. 새로운 환경이나 조직에서, 의사로서의 전문성을 바탕으로 공익에 기여하는 삶을 선택할 수도 있다. 만약 아직 뭘 해야 하는지, 뭘 좋아하는지 잘 모르겠다면 지금 순간순간 최선을 다하며 하루하루를 살아가는 것 자체로 충분하다는 것을 명심했으면 좋겠다. 그렇게 지내다 보면, 우연히 기회의 순간을 만나게 될지도 모른다. 그 순간, 활짝 날개를 펴고 날아오를 수 있기를 바란다.

이 여정 속에서 뜻이 맞는 친구, 인생 선배, 멘토가 있다면 더할 나위 없이 좋을 것이다. 자신의 고민과 삶의 목표를 함께 이야기하고 들어주며 도와줄 수 있는 사람들과 함께하는 것은 인생을 살아가는 데 큰 힘이 되기 때문이다.

어린 시절 "미래는 언제나 예측불허, 그리하여 생은 그 의미를 가

의사는 이렇게도 일한다

진다."라는 문장을 읽고 가슴이 두근거렸던 기억이 있다. 이는 아직도 내게 미래에 대한 설렘과 도전의 의미를 상기시킨다. 지금, 그런 무한한 가능성과 기회를 가진 후배 의사들이 진심으로 부럽다. 새로운 기회를 앞둔 젊은 의사들의 모든 선택을 진심으로 응원하고 지지하며, 그들이 펼칠 미래를 기대해 본다.

의사는 이렇게도 일한다

지은이 | 이해원

펴낸날 | 1판 1쇄 2025년 4월 1일

대표이사 | 양경철
편집주간 | 박재영
편집 | 지은정
디자인 | 박찬희
발행처 | ㈜청년의사

발행인 | 양경철
출판신고 | 제313-2003-305(1999년 9월 13일)
주소 | (04074) 서울시 마포구 독막로 76-1(상수동, 한주빌딩 4층)
전화 | 02-3141-9326
팩스 | 02-703-3916
전자우편 | books@docdocdoc.co.kr
홈페이지 | www.docbooks.co.kr

ⓒ 이해원, 2025

이 책은 ㈜청년의사가 저작권자와의 계약을 통해 대한민국 서울에서 출판했습니다.
저작권법에 의해 보호를 받는 저작물이므로 무단전재와 복제를 금합니다.

ISBN 979-11-93135-30-3 (13320)

- 책값은 뒤표지에 있습니다.
- 잘못 만들어진 책은 서점에서 바꿔드립니다.